What we know we know.

지은이__ **William Arntz**
영화감독, 작가.
주요작품으로는 Clouds(2000), What the Bleep 시리즈(2004, 2006),
Ghetto Physics(2009)등이 있다.

지은이__ **Mark Vicente**
카메라맨, 영화감독, 작가.
주요 촬영작품으로는 Sarafina!(1992), Lady in Waiting(1994), Lunker Lake(1997), Chasing Destiny(2001) (TV) 등이 있으며, What the Bleep 시리즈(2004, 2006) 공동제작에 참여했다.

지은이__ **Betsy Chasse**
제작자, 배우, 작가, 감독.
주요 작품으로는 Extreme Days(2001), Just One Night(2000), Labor Pains(2000),Nowhere Land(1998) 등이 있고 배우로서 참여한 작품은 Goldie and Kids: Listen to Us(1982) My Demon Lover(1987)등 다수가 있다. What the Bleep 시리즈(2004, 2006) 공동제작에 참여했다.

옮긴이__ **박인재**
번역 프리랜서이자 명상지도가. 주로 외국의 자기 계발 및 영성 자료를 한국에 소개하는 일을 하고 있다. 옮긴 책으로 《호오포노포노, 평화에 이르는 가장 쉬운 길》, 《사랑에 대한 네가지 질문》(공역) 이 있다.

Original title: What the Bleep Do We Know
ⓒ 2005 Captured Light Distribution, LLC
published by arrangement with Health Communications, Inc.
3201 S.W. 15th Street, Deerfield Beach, FL 33442-8124, U.S.A.
All Rights Reserved
Korean Translation Copyright ⓒ 2010 by Tree of Wisdom Publishing Co.
through Inter-Ko Book Library Service, Inc.

이 책의 한국어판 저작권은 인터코저작권에이전시를 통한 저작권자와의
독점 계약으로 도서출판 지혜의나무에 있습니다.
신저작권법에 의하여 보호를 받는 저작물이므로 무단 전재와 무단 복제를 금합니다.

What tHē 블립 D̄θ ωΣ (k)πow!?

윌리암 안츠 · 마크 빈센트 · 벳시 체스 공저 | 박인재 옮김

지혜의나무

서문

우리는 이 프로젝트를 시작하여 영화라는 형태로 마무리지었다. 그 영화의 제목은 여러분도 이미 알고 있을 것이다. 만일 당신이 서점 통로에 서서 이 책을 읽으면서 이미 '어떤 것을 이룬' 진보된 존재가 당신에게 그 '방법'을 안내해 주기를 기대한다면, 아마 이 책을 다시 책장에 올려놓고 싶어질지도 모른다.

하지만 여전히 계속 읽고 있다면 우리는 여행을 떠날 것이다.

실제로 우리는 여행을 떠났다. 전국을 돌아다니며 명석한 사람들과 인터뷰를 나누고 그들의 말을 영화 속에 담았다. 그리고 그들이 이야기하고 싶어하는 것들이 무언가 다르다는 것을 깨닫게 되었다. 그들의 말은 서로 달랐고 우리가 그것에 대해 생각하고 있던 것과 달랐다. 우리가 학교에서 배운 것과도 달랐고, 교회의 설교와도 저녁 뉴스의 이야기와도 달랐다. 하지만 최종적으로 결정한 것은 우리였다. 진리가 어디에 있는지, 그리고 우리의 삶 속에서 무엇을 발견할 것인지를 결정한 것은 바로 우리 자신이었다.

사람들은 모든 것들을 한순간에 해결해 주는 비밀스러운 공식이나 숨겨진 전통 같은 것이 있다고 생각하는 경향이 있다. 하지만 그런 쉬운 공식이 정말 존재한다고 해도 오랜 세월 동안 영적인 체험을 통해서도 인류는 아직 그것을 발견하지 못했다.

우리는 그렇게 많이 알고 있지 못한다. 당신은 이 책에 어떤 내용이 실려 있는지 궁금해 할지도 모르지만, 이미 영화 《블립(What the Bleep Do we Know!?)》을 통해 많은 새로운 개념들과 세계관이 소개되었다. 어떤 사람들에게는 그들이 늘 진실이라고 느껴 왔던 것들이 증명되었을 수도 있지만, 사실 많은 사람이 그들과 같은 생각을 하고 있었다. 이 책에는 과학의 세계를 더 깊이 파고 들어가 그곳에서 얻은 정보를 전해 주는 부분도 포함되어 있다. 그리고 우리들 자신에 대한 이야기도 있다. 우리가 어떻게 인식하는지에(혹은 인식하지 못하는지에) 대한 이야기와 우리의 행동 양식, 그리고 우리의 태도가 경험과 현실에 어떤 영향을 미치는지를 알려 주는 부분도 있다. 또 우리는 인간 행동의 열쇠가 되는 발견들에 대해서도 탐구하게 될 것이다.

그리고 이 책은 예언에 관한 부분도 소개하고 있다. 우리가 인터뷰한 많은 사람들이 이상가들, 선구자들, 예언가들이었다. 우리는 영화를 만들면서 거대한 무엇에 다가가고 있다는 것을 느꼈다. 역사를 돌아보면 사람들이 세상을 바라보는 방식(패러다임)의 도약 이전에는 그것이 오고 있다는 것을 통찰했거나 그것을 이끈 신비가가 있었다. 그렇다면 이러한 신비가들이 새로운 패러다임을 창조한 것일까? 아니면 새로운 패러다임 자체가 시간을 거슬러 올라가 이러한 신비가들을 창조한 것일까? 어떤 것이 다른 어떤 것을 창조한 것일까? 아니면 일부 새로운 모델에서 말하듯 어떤 것이 다른 것을 창조하는 것은 존재하지 않으며 단지 원인과 결과가 뒤바뀌는 공존 상태만이 존재하는 것일까?

이것이 미지의 세계로 가는 입구이다. 이 책의 내용이 신비주의적이고 신기하게 보일 수도 있지만 사실로 입증된 과학적 데이터들도 포함하고 있다.

과학자들과 철학자들, 신비가들과의 인터뷰를 통해 우리는 완전히 그들의 이야기 속으로 빠져들어 갔다. 인터뷰가 끝날 무렵에는 촬영 스태프들까지 그들에게 질문 공세를 폈을 정도였다. 원래 촬영 스태프들은 각 도시에서 우리들이 뽑은 전문가들이지만 보통 이런 문제에 대해서는 문외한이었던 사람들이었다. 새로운 생각이나 개념들을 접하고 그들 역시 흥분해서 그 가능성들에 대해 궁금해 하지 않을 수가 없었던 것이다. 이것이 우리가 이 책을 쓴 이유이기도 하다. 왜냐하면 사람들, 아주 많은 사람들이 이러한 주제들에 관심을 갖고 있기 때문이다. 그리고 이렇게 관심을 갖고 있는 사람들 역시 직접 경험하기 전까지는 알지 못한다. 우리가 '양자요리'를 대접할 수 있다면 우리는 기쁘게 그 일을 할 것이다. 아무쪼록 경이로움으로 가득 찬 여행을 마음껏 즐기기 바란다.

- 윌 안츠

5년 전 할리우드가 정말 가치 있고 세상이 필요로 하는 영화를 만들지 않는다고 불평하던 기억이 떠오른다. 그 당시 나는 영화 촬영 기사로 일하고 있었는데 내가 정말로 바라던 것은 고정 관념을 깨뜨리는 영화를 만들어 줄 감독을 만나는 일이었다. 그렇게 생각하면서도 나는 할리우드 영화 산업의 천박함을 계속 불평하고 있었다. 그러던 어느 날, 어쩌면 인생을 변화시키는 영화를 만드는 일이 할리우드가 아니라 나의 일이라는 생각이 들었다. 오랜 시간 동안 나의 기대에 부응하지 못하던 할리우드만을 계속 비난해 왔지만 이것은 다소 건방진 생각이었다.

이렇게 불평하는 대신 나는 직접 제작을 시작해야만 했다. 그리고 얼마 지나지 않아 내가 아는 가장 용감한 사람 중에 하나인 윌리엄 안츠를 만나게 되었다. 아주 극소수의 사람들만이 자신의 생각을 행동으로 보여 준다. 윌은 바로 그런 사람이었다. 후에 재능이 가득한 벳시 체스가 합류하여 이 영화를 탄생시킨 창조적인 작업팀이 구성되었다. 공동 작업의 결과 영화와 이 책이 나왔고, 우리 자신에 대한 의식도 바뀌었다. 3년여에 이르는 제작 기간 동안 우리는 영화에도 나오는 감정적인 중독 상태에서 살았고 그곳에서 빠져나오자 더 성숙하고 현명해져 있었다. 이 책에는 영화에는 포함되지 않았던 다양한 아이디어들 뿐 아니라 영화를 흥행하게 했던 같은 개념들과 정보들이 실려 있다. 나는 지식과 정보가 삶을 바꾼다고 믿는다. 우리가 들여다본 인류의 미래를 즐기기를 기원한다.

— 마크 빈센트

4년 전 나는 예쁜 구두와 내가 운전하는 차에만 관심을 쏟으며 행복하게 살고 있었다. 그리고 말 그대로 이 영화 제작에 관한 이야기가 나에게 다가왔다. 그것도 우주로부터 당신에게 보내는 메시지에 관한 영화라니! 나는 지난 4년을 사람들에게 다음과 같은 질문을 하며 보냈다. "이 메시지가 나와 무슨 관계가 있을까? 그리고 이것을 나의 삶에 어떻게 적용할 수 있을까?" 가끔은 이 메시지를 이해하고 삶에 적용시키는 일이 너무나 벅차게 느껴질 수도 있다. 하지만 적어도 나에게는 이 책에 나오는 내용들은 우리가 살고 있는 기묘하고 이상한 세계를 이해하게 해주는 놀라운 기회였다. 당신도 이 책을 통해 도움을 얻기를 바란다. 이것은 우리의 여
행이고 우리의 경험이다. 나는 선생이나 스승이 되고 싶은 마음은 없다. 하지만 분명히 말할 수 있는 것은 영화를 만들면서, 그리고 이 책을 쓰면서 내 스스로가 엄청나게 변화했다는 것이다. 당신도 유용한 정보를 찾길 바란다. 하지만 우리의 말을 그대로 받아들이지 말고, 자신의 진실을 확인하길 바란다.

- 벳시 체스

CONTENTS

서문 | 5

위대한 질문 | 13
과학과 종교 | 27
패러다임의 도약 | 43
현실이란 무엇인가? | 57
시각과 인식 | 71
양자 물리학 | 85
관찰자 | 99
의식 | 115
물질을 넘어서는 마음 | 129
의식이 현실을 창조한다 | 145
나의 현실을 창조하기 | 159
마법사의 길 | 177
양자 뇌 | 193
뇌의 무한한 가능성 | 207
감정 | 225
중독 | 239

욕망 – 선택 – 의지 – 변화 | 255

쉬어 가는 글 | 269

패러다임 : 또 다른 면 | 277

관찰자로부터의 편지 | 295

동조, 서로 얽히는 마음 | 297

최후의 중첩 | 317

에필로그 : 양자 파티 | 329

양자(quantum) 마법사들 | 351

위대한 질문

이렇게 자신에게 깊은 질문들을 던지는 것은
새로운 세상으로 향하는 문을 열어 준다.
또, 신선한 공기 속으로 우리를 안내하며 삶을 더 기쁘게 해준다.
진정한 삶의 비법은 앎에 있는 것이 아니라 신비 속에 있는 것이다.

— 프레드 알랜 울프

어떤 질문이 위대한 질문일까?
왜 그런 질문을 해야 하는 것일까?
그 질문을 위대하게 만드는 것은 무엇인가?

당신 옆에 있는 커피 테이블 위에 우주선이 착륙했다고 하자(우주선의 크기는 문제가 되지 않는다). 그 우주선 안에는 우주의 모든 것을 기록한 책이 있다. 만일 당신은 단 하나의 질문만을 할 수 있다면 그 질문은 무엇인가?

약간 바보 같은 이야기처럼 들릴지 모르지만 충분히 해볼 가치가 있는 일이다. 잠깐 시간을 내어 생각해 보라. 그 질문은 무엇일까? 어떤 것도 될 수 있다. 그 질문을 노트에 적어 보자.

그 책이 충분히 이용되지 않은 이유로 당신은 보너스 질문을 얻었다. 평범한 호기심에서 나오는 질문을 생각해 보라. 그것은 엘비스 프레슬리가 아직도 살아 있는지, 혹은 자동차 키를 어디에 두었는지라는 질문이 될 수도 있다. 당신의 환상을 만족시키는 질문도 좋다. 그 질문 역시 적어 보자.

우주의 모든 것을 기록한 그 책에는 모든 사람들에게 질문을 하고 얻은 진실한 대답들 역시 적혀 있다. 자, 이제 당신에게 질문이 준비되어 있다 (당신의 대답도 그 책에 기록된다).

당신이 분명히 알고 있는 것이 하나 있다면 그것은 무엇인가?

의식을 열어 주는 위대한 질문들

우리 사회가 소중하게 생각하는 위대한 발견이나 발명은 모두 질문으로부터 온 것이다. 우리가 학교에서 배우는 것들도 이러한 질문으로부터 나온 것이다. 질문은 모든 인간 지식의 선구자이고 첫 번째 원인이다. 그리고 인류의 모든 지식은 질문이라는 가지로부터 뻗어 나온다. 인도의 성자 라마나 마하리쉬가 제자들에게 이야기했던 깨달음으로 이르는 길을 요약하면, "나는 누구인가?"라는 질문이었다. 물리학자 닐 보어 역시, "전자가 A에서 B로 이동하는 것은 가능하지만, 왜 그 중간 상태에는 머물지 않는가?"라는 질문을 던졌다.

이런 질문들은 우리가 전에는 알지 못했던 세계를 열어 준다. 그리고 질문은 미지의 세계로 이르는 유일한 길이다.

> 우리는 어디에서 온 것일까?
> 우리는 무엇을 해야 할까?
> 그리고 우리는 어디로 가는 것일까?
> – 미하일 레드위드

위대한 질문을 던지는 이유는 무엇일까? 위대한 질문은 모험과 발견의 여행으로 가는 초대장이다. 새로운 곳으로의 모험은 가슴 뛰는 일이며, 그곳에는 기쁨으로 가득한 자유, 새로운 영역을 탐험할 수 있는 자유가 기다리고 있다.

그렇다면 우리는 왜 이런 질문을 하지 않는 것일까? 그 이유는 질문을 통해 열리는 문이 혼돈과 알지 못하는 곳, 예측할 수 없는 곳으로 이어지기 때문이다. 도저히 답을 알 수 없을 것 같은 질문을 던지는 순간 당신 앞에는 무한한 가능성의 장이 펼쳐진다. 좋아하지 않거나 동의할 수 없는 대답들을 기꺼이 받아들일 준비가 되어 있는가? 만일 대답이 당신을 불편하게 한다면, 또 지금까지 쌓아 온 안전 지대 밖으로 당신을 데려간다면 어떻게 하겠는가? 혹은 그 대답이 당신이 듣고 싶어하지 않는 것이라면?

여기에는 많은 노력이 필요한 것이 아니다. 필요한 것은 용기이다.

 다섯 살의 나와 지금의 나의 차이점. 다섯 살 때 나는 우주가 어떤 식으로 존재한다는 데에 그다지 관심을 기울이지 않았다는 것이다. '틀리는' 것은 아무 문제가 아니었다. 나는 항상 배우고 있었다. 이제 지금의 나를 계속 돌아본다. 과학에서 실패한 실험은 존재하지 않는다. 실험한 것이 맞지 않다는 것을 배우는 것 자체가 실제로는 성공이라고 할 수 있다.

– 윌

그렇다면 질문을 위대하게 만드는 것은 무엇일까? 위대한 질문이 꼭 철학 책이나 삶의 중요한 문제와 관련될 필요는 없다. "다시 대학으로 돌아가 새로운 분야의 학위를 받기로 결심한다면 어떻게 될까?"라는 질문도 당신에게는 위대한 질문이 될 수 있다. 혹은, "마음속에서 캘리포니아나 중국으로 가라고 계속해서 이야기하는 목소리에 귀를 기울여야 할까?" 혹은, "중성 미자(neutrino) 내부의 물질을 발견해 내는 것이 가능할까?"라는 질문이 될 수도 있다. 이런 질문들을 던지는 것이, 또 다른 수많은 질문들이 당신 삶의 방향을 바꿀 수 있다. 위대한 질문은 바로 당신의 삶의 방향을 바꿀 수 있는 질문이다.

다시 우리가 그런 질문을 던지지 않는 이유로 돌아가 보자. 사람들은 대부분 문제를 찾아내기보다 앎이라는 안전함 속에 머물고 싶어 한다. 심지어 어떤 질문이 주어지는 경우에도 그 질문으로부터 도망치고, 귀를 막거나, 혹은 다른 곳으로 관심을 돌려 버린다.

위대한 질문은 대부분 인생의 위기에서 나타난다. 병에 걸리고 누군가의 죽음을 접했을 때, 사업이나 결혼에 실패했을 때, 도저히 떨쳐 버릴 수 없이 반복되고 심지어는 중독된 행동 패턴 속에서, 혹은 하루라도 더 이상은 참을 수 없을 것 같은 외로움의 순간에 나타난다. 이 순간 마치 부글거리는 용암처럼 우리의 존재의 심연으로부터 위대한 질문이 떠오른다. 그 질문들은 머릿속에서 생각해 낸 것이 아니라 영혼의 외침이다. "왜 내가? 왜 그가? 내가 무엇을 잘못했지? 이런 상황에서도 인생이 살 만한 가치가 있는 걸까? 신은 왜 나에게 이런 일이 일어나도록 내버려 두는 걸까?"

하지만 이런 위기 상황이 아니라도 우리가 위대한 질문을 할 수 있는 용기를 갖는다면 어떤 일이 일어날지는 아무도 알 수 없다. 울프 박사의 말처럼 위대한 질문을 던지는 것은 세상으로 향하는 새로운 문을 열어 준다. 그리고 도약의 촉매가 된다. 우리를 성장하고 도약하고 나아갈 수 있게 해주는 것이다.

 장난감을 가지고 놀면서 무엇인가를 발견해 내려고 하는 어린 딸의 얼굴에서는 순수한 기쁨을 볼 수 있다. 딸은 실망하지 않고 자신이 원하는 것을 얻을 때까지 계속해서 도전한다. 그리고 원하는 것이 이루어지면 다음

도전과 질문으로 향해 간다.

오늘 아침 딸이 찬장의 걸쇠를 열려고 하는 것을 보았다. 시간이 조금 걸리긴 했지만 딸은 찬장을 열 때까지 계속 시도했다. 마침내 찬장은 열렸고 딸이 기다리던 다음 기쁨은 문을 여는 것이었다! 문이 열리자 딸의 얼굴은 기쁨과 흥분으로 빛났다. 호기심을 가지고 안에 놓인 물건을 들여다보면서, 또 선반 위에는 뭐가 있을지 궁금해 하면서, 딸은 매순간 기쁨으로 가득 찬 발견의 여정을 즐기고 있었다.

내 자신과 당신에게 묻고 싶은 질문은 이것이다 : 당신의 걸쇠는 무엇인가? 당신이 오늘 알고 싶어하는 것은 무엇인가?

- 벳시

질문의 기쁨

다섯 살 무렵 계속해서, "왜요? 어째서요?"라고 질문을 해대던 자신의 모습을 기억하는가? 아마 부모님은 당신이 성가시게 굴려고 그런 질문을 한다고 생각했을지도 모르지만, 당신은 정말 알고 싶었던 것이다! 다섯 살 때는 무슨 일이 일어났던 것일까?

다섯 살 때 자신의 모습을 기억하는가? 그때의 기분을 느껴 볼 수 있는가? 이것은 중요한 문제이다. 다섯 살 무렵의 당신은 신비로움 속에 머무는 것을 사랑했다. 무엇인가를 추구하는 것을 좋아했고 그 여행을 사랑했다. 하루하루가 새로운 발견과 질문들로 가득 차 있었다.

그럼 그때와 지금의 차이는 무엇일까?

좋은 질문이다!

삶의 즐거움과 기쁨은 그런 여행 속에 있는 것이다. 인간의 문화는 '알지 못하는 것'을 받아들일 수 없는 것, 혹은 나쁜 것이라고 규정지어 왔다. 일종의 실패로 여기는 것이다. 시험에 통과하기 위해서 우리는 정답을 알아야 한다고 배웠다. 하지만 구체적인 사실을 다루는 실질적인 지식의 분야에서도 과학적으로 해명된 것보다 해명되지 않은 것들이 훨씬 많다. 우주와 지구의 삶에 대한 신비를 파헤쳐 온 수많은 과학자들 역시, "우리가 아는 것은 거의 없다. 대부분 수많은 의문만을 가지고 있을 뿐이다."라고 솔직하게 말한다. 이것은 우리가 인터뷰한 일류 과학자와 신비가들도 마찬가지였다.

답을 알지 못한다는 것을 깨달을 때 내가 특히 자극을 받는다는 것을 알게 되었다. 이것은 마치 마음속의 절벽 끝에 서 있는 것 같다.

이렇게 '아무것도 없는', 혹은 알지 못하는 공간 속에서 나는 강렬한 기대를 갖게 된다. 가슴이 뛰는 이유는 이미 내가 알고 있는 것의 끝에 이르렀으며, 이전에는 내 안에 없었던 깜짝 놀랄 만한 이해가 곧 다가오리라는 것을 알고 있기 때문이다.

그것은 엄청난 이해의 순간이 될 것이다. 최근에 나는 이런 이해가 뇌의 쾌락 센터를 자극한다는 것을 알게 되었다. 분명 나는 이런 감정에 중독되어 있다.

– 마크

"내 삶의 목적과 의미는 무엇인가?"라는 질문에 분명한 답을 찾는 것은 더욱 어려운 일이다. 이 위대한 질문들에 대한 대답은 삶의 여행 속에서만 솟아오른다. 그리고 우리는 모름의 길–아마도 아직 알지 못하는 길–에서

만 그 답에 이를 수 있다. 항상 답을 알고 있다고 생각한다면 성장도 있을 수 없고, 배움에 열려있을 수도 없다.

한 대학 교수가 남은(南隱) 선사에게 선(禪)에 대한 가르침을 얻으려고 방문했다. 하지만 교수는 선사의 말을 듣지 않고 계속 자신의 생각들을 이야기했다.

교수의 이야기를 들은 선사는 차를 대접했다. 하지만 컵이 넘치도록 계속해서 차를 따랐고, 차는 컵 받침까지 흘러 넘쳐 교수의 바지와 바닥까지 적시고 있었다.

"스님, 차가 넘치고 있습니다. 더 이상 들어갈 데가 없어요!"

"맞습니다." 선사는 조용히 대답했다.

"이 잔처럼 당신은 자신의 생각과 의견들로 가득 차 있습니다. 당신이 그 잔을 비우지 않는데 제가 어떻게 선에 대해 이야기할 수 있겠습니까?"

잔을 비우는 것은 위대한 질문이 들어갈 공간을 만드는 것이다. 즉 마음을 열고 스스로 마음을 돌려 알지 못한다는 것을 잠시 받아들이는 것을 의미한다. 그곳에서 위대한 앎이 싹튼다.

모든 시대와 세대에서는 지구는 평평하다거나 둥글다거나 하는 규정된 가정들이 존재했다. 진실이든 그렇지 않든 엄청나게 많은 숨겨진 가정들이 존재하고 있다. 현실에 대한 이러한 개념들은 대부분 유행하는 패러다임이나 세계관에 속하며 정확한 것이 아니다. 만일 역사를 통한 교훈에서 본다면 오늘날 세상이 당연하게 여기는 것들의 많은 부분 역시 진실이 아니다.

- 존 헤글린 박사

답을 알지 못해도 좋다

얼마 전 열여섯 살 된 조카가 나에게 메일을 보냈다. 내용을 요약하면 다음과 같다. "인생이 엉망이에요. 아빠는 매일 파김치가 되어 퇴근해요. 경쟁 사회의 소용돌이에 휘말리는 건 싫지만 그것을 피한다고 희망이 보이는 것도 아니에요. 이런 것이 삶일까요? 핵심은 무엇일까요? 이렇게 사느니 그냥 자살하는 편이 나을 것 같아요."

나는 답장을 썼다. "크리스티나, 이 답장이 그렇게 대단하게 보이지 않을 수도 있지만, 나는 네가 자랑스럽구나. 쉽게 딜레마를 풀고 답을 발견할 수 있을지는 알 수 없지만, 분명한 것은 지금 네가 답을 원하고 있다는 것이야. 하지만 삶 속에서 그 답들이 곧바로 다가오지는 않는단다. 너는 지금 올바른 질문을 하고 있어. 중요한 것은 바로 그것이야."

- 윌

위대한 동료들

수천 년 전부터 사람들은 위대한 질문을 던져 왔다. 별들을 바라보며 그 광활한 신비를 동경했던 사람들이나 주위 사람들을 돌아보며, "인생에는 더 이상의 무엇이 존재하는 것이 아닐까?"라고 생각했던 사람들이 항상 있었다.

고대 그리스 철학자들 역시 위대한 질문에 대해서 토론했다. 소크라테스와 플라톤 같은 학자들은, "미란 무엇인가? 선이란 무엇인가? 정의란 무엇인가? 사회를 통치하는 가장 좋은 방법은 무엇인가? 어떤 사람이 통치

자로 적합한가?"와 같은 질문을 던졌다.

부처, 노자, 예수, 모하메드, 성 프란체스코, 마이스터 에크하르트, 아폴로니우스와 같은 종교 지도자들과 신비가들, 영적 스승들 역시 위대한 질문을 던졌다.

과학자들도 역시 질문을 던졌다. 그것이 어떻게 움직이는가? 그 안에는 무엇이 있는가? 겉으로 보이는 것이 사물이 존재하는 모습일까? 이 우주는 어디에서 온 것일까? 지구가 태양계의 중심일까? 삶 속에서 일어나는 일들 밑에는 어떤 법칙과 패턴이 존재하는가? 몸과 마음은 어떻게 연결되어 있는가?

역사상 위대한 과학자들은 이런 질문을 통해 호기심을 넘어 알고자 하는 열정을 끌어 낼 수 있었다. 그들은 단순한 흥미를 넘어 꼭 알고 싶다는 강한 욕망을 가지고 있었다.

아인슈타인은 어린 시절 이렇게 자문했다. "만일 빛의 속도로 자전거를 타고 달리면서 빛을 보면 그 빛은 어떻게 보일까?" 그는 10년 동안 이 질문에 머리를 싸맸고 이런 단호한 추구 끝에 상대성 이론이 탄생한 것이다. 모르는 상태에서 질문을 던지고 그 질문에 몇 년 동안 몰두함으로써 완전히 다른 관점에서 현실을 바라보게 된 것이다.

삶에 대한 결론에는 결코 이를 수 없다.
우리가 불멸의 존재인 것처럼 삶 역시 그러하다.
우리 존재에 대한 더 많은 의미를 찾아야 한다.
그 의미는 아직 발견되지 않았다.

— 람타

패러다임의 붕괴

과학에서 주목할 만한 부분은 지금 과학의 가정이 내일 틀린 것으로 증명될 수도 있다는 점이다. 어제의 이론들은 더 높은 곳으로 도약하게 하는 발판이 된다. 뉴턴 역시 이렇게 말했다. "내가 다른 사람들보다 더 먼 곳을 볼 수 있었던 이유는 거인의 어깨 위에 서 있었기 때문이다."

당연한 '진실'로 여겨졌던 이러한 가정들에 도전하는 질문들을 통해서 과학은 진보한다. 만일 이것을 개인의 삶의 성장과 발전에도 적용한다면 어떤 일이 일어날까?

그렇다. 자신에 대한 숨겨진 가정들로부터 자유로워질 때, 당신이 가능하다고 생각했던 것보다 훨씬 더 성장할 수 있다.

고향으로

위대한 질문에 대해 조용히 생각해 보는 것은 '풍요로운 시간'을 보내는 멋진 방법이다. 가장 최근에 신비가 넘치는 세계에 생각을 자유롭게 풀어 놓은 때는 언제인가? 무한의 또 다른 면에 이르려고 했던 때는 언제인가? 질문을 던지는 것은 실질적인 면에서도 엄청난 가치가 있다. 질문은 변화로 가는 입구이기도 하다.

예를 들어 조 디스펜자처럼 이렇게 자문해 본 적이 있는가? "왜 우리는 똑같은 현실을 반복하는 것일까? 왜 우리는 똑같은 관계를 계속하는 것일까? 왜 우리는 같은 일 속에만 갇혀 있는 것일까? 우리를 둘러싼 이 무한한 가능성의 바다에서 왜 우리는 똑같은 현실을 계속해서 반복하는 것일까?"

아인슈타인의 말처럼 같은 일을 반복하면서 다른 결과를 기대하는 것은 광기의 또 다른 정의가 될 것이다.

여기서 위대한 질문이 등장한다. 그 질문들이 위대한 이유는 더 멋진 현실, 더 멋진 전망과 선택들을 열어 준다. 그리고 그것들이 질문이라는 형태로 다가오는 이유는 그것들이 앎의 반대편에서 나오기 때문이다. 그리고 그 반대편에 도달하는 것은 변화를 의미한다.

잠시 생각해 보자.

여기에 나오는 질문들에 대해 많은 사람들이 쉽게 대답할 수 있을 것이다. 하지만 비결은 알려진 부분만을 보는 것이 아니라 알려지지 않은 부분—잠재 의식—까지 보는 것이다. 그곳은 우리가 잘 살펴보지 않는 곳이다. 여기에 나오는 질문들을 숙고하면서 자신의 내면으로 시선을 돌리는 것을 잊지 않기를 바란다.

어린 시절에 가졌던 것들에 대해 생각해 보자. 두려움을 예를 들면, 개에 가졌던 두려움이 의식 속에서 침투해 있는가? 잠시 시간을 내도 좋다. 문 밖에서 시간을 재고 있는 사람은 없다!

- 앞에서 나온 세 가지 질문을 기억하는가? 그 질문에 대한 당신의 답은 무엇인가?
- 당신 앞에 착륙한 우주선 안에 '우주의 책'이 있다. 당신은 그냥 재미로 물을 수 있는 보너스 질문을 얻게 되었다. 그 질문은 무엇인가?
- 우리는 시작한 곳으로 돌아가고 있는 것일까? 아니면 앞으로 나아간 것일까?

이 책을 읽으면서 이 질문들을 가끔 떠올려 보기 바란다. 당신이 성장하는 만큼 그 질문들도 진화해 갈 것이다. 이것이 재미있는 부분이다! 일기처럼 계속 써 나가게 되면 스스로의 성장을 지켜볼 수 있다. 그리고 기억하라.

위대한 것들은 모두 밝은 마음에서 이루어졌다.

- 람타

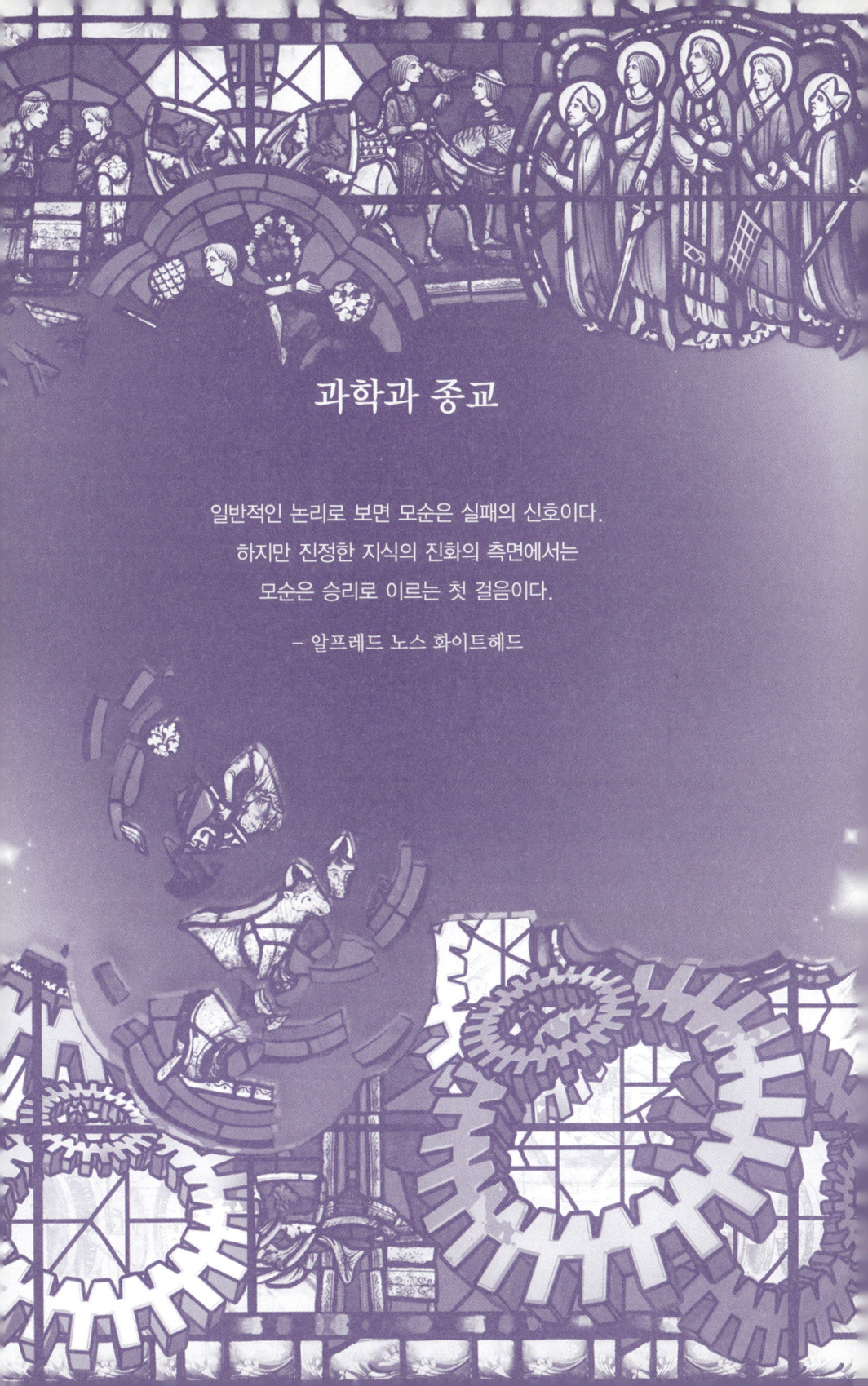

과학과 종교

일반적인 논리로 보면 모순은 실패의 신호이다.
하지만 진정한 지식의 진화의 측면에서는
모순은 승리로 이르는 첫 걸음이다.

– 알프레드 노스 화이트헤드

인류는 영성과 과학을 통해
자신의 존재와 우주의 진리에 대해 탐구해 왔다.
이 둘 모두가 위대한 질문에 대한 답을 찾으려는 시도이며,
동전의 양면 같은 것이다.

하나의 근원

역사상으로 가장 오래된 문명(기원전 3800년)으로 알려진 고대 수메르 인들은 세상에 대한 연구와 영적인 세계의 탐구를 같은 것으로 이해했다. 수메르에는 점성학의 신, 농업의 신, 관개(灌漑)의 신이 존재했다. 또 성직자들은 서기관과 기술자로서 지식의 세계를 탐구했다.

수메르 인들은 26,000년의 세차 주기와 주야 평준시의 원리, 야채나 과일을 재배하기 위한 식물의 돌연변이에 대한 지식뿐만 아니라 '비옥한 초승달(티그리스 유프라테스 강 지역)'에 물을 대기 위한 관개 설비에 대해서도 알고 있었다.

고대 그리스에서 철학자들은, "우리는 왜 존재하는가? 우리는 무엇을 해야 하는가?"와 같은 위대한 질문에 대해 사유했고, 또 원자에 대한 이론과 천체 운동을 연구함으로써 윤리적인 행위를 위한 보편적인 지식을 추구했다. 수천 년 동안 천체에 관한 분야는 점성학의 영역이었고 이것은 현대

의 천문학으로 발전했다. 이 천문학으로부터 수학과 물리학이 나왔고, 변형과 불멸을 추구하던 연금술은 화학이라는 과학을 태동시켰다. 나중에 이것은 입자 물리학과 분자 생물학으로 분화되었다. 오늘날 불멸에 대한 연구는 DNA 생화학 부문에서 이뤄지고 있다.

살아 있는 세계

과학이 나타나기 이전에 사람들은 이 세상이 살아 있다고 믿었다. 중국에서는 세상을 끊임없이 흐르는 에너지들의 역동적인 상호 작용으로 이해했다. 그곳에는 고정되고 변하지 않는 것은 아무것도 없다. 모든 것은 흘러가고 변해 가며 계속 태어나고 있었다.

서양 사람들에게 세상은 신성한 창조자의 지혜와 의지가 전체적으로 표현된 것이었다. 이 '거대한 존재의 고리'는 천사를 통해 신과 인간, 동물, 광물을 연결하고 있었고, 모든 것들은 전체의 삶 속에서 각자 알맞은 위치에 존재하고 있었다. 고립된 존재는 없었으며 모든 부분은 다른 부분들과 서로 연결되어 있었다.

각 대륙의 원주민들은 동물, 식물, 태양, 비, 살아 있는 지구와 같은 주위 환경과 조화로운 관계를 유지하며 살고 있었다. 그들은 산이나 강, 나무, 숲에 '정령들'의 이름을 붙임으로써 이러한 개념을 표현했고, 이렇게 하늘과 땅의 정령들의 뜻에 따르는 삶을 위해 과학과 종교가 발전하게 되었다.

고대의 위대한 문화 속에는 인간과 신성을 이어주는 계단이 있었다. 지구와 우주에는 '그것'이 아니라 '당신'이라고 하는 대명사가 붙었다. 사람들은 위대한 우주 속에 신비의 일부분으로 동참하고 있다고 느꼈고, 물질 세계에서 신성을 경험했다. 자연과 우주가 바로 신성의 존재였다. 땅과 하늘을 연결시키기 위해 스톤헨지(stonehenge, 영국 윌트셔주(州) 솔즈베리 평원에 있는 고대의 거석 기념물(巨石記念物). 역주) 같은 곳에서 거행된 의식을 통해 신성의 세계에 참여하고 있다는 느낌은 더욱 강화되었다.

– 안네 바링

이렇게 모든 문화에서 과학의 목적은 인간의 삶을 자연의 위대한 힘, 즉 물질 세계의 이면에서 감지되는 모든 초월적인 힘들과 연결시키기 위한 것이었다. 사람들은 자연이 어떻게 움직이는지를 알고 싶어 했지만, 그 이유는 그것을 통제하고 지배하기 위한 것이 아니라 자연의 흐름에 맞추어 살아가기 위해서였다. 물리학자이자 철학자인 프리초프 카프라는 그의 책 《새로운 과학과 문명의 전환(The Turning Point)》에서 이렇게 말한다. "고대로부터 과학의 목적은 자연의 질서를 이해하고 자연과 조화를 이루기 위한 지혜를 얻기 위한 것이었다. 과학은 '신의 영광을 위해' 추구되었고 중국 사람들이 말하는 '순리에 따르고' '도의 흐름을 타기' 위한 것이었다."

16세기에 들어 이러한 흐름은 급격하게 변화하기 시작한다.

교회 권위에 도전

중세 유럽에서 교회는 막강한 권력을 누리고 있었다. 정치를 지배하고 땅을 소유하며, 신의 진리를 전파하면서 교회는 말 그대로 전지전능의 존재로 여겨졌다. 교리가 곧 법이었고 교회의 권력은 절대적이었다. 영적 세계를 천국과 지옥이란 말로 나눈 것도 바로 그들이었다. 이뿐만이 아니었다. 교회는 물질계에 사는 사람들의 행동 방식까지도 규제했다.

1543년 코페르니쿠스가 대담하게 교회와 성경에 도전장을 던졌다. 그가 출판한 책에는 우주의 중심이 지구가 아니라 태양이라고 적혀 있었다. 교회가 이 상황에 직면해서 취했던 가장 논리적인 결정은 그 이론이 틀렸으므로 사람들이 코페르니쿠스의 책을 읽는 것을 금지시키는 것이었다. 그의 책들은 금서 '목록'에 올려졌고, 이 목록은 1835년까지 변하지 않았다!

코페르니쿠스는 교회의 공격을 받기 전 세상을 떠났지만, 그의 이론을 지지했던 두 과학자의 길은 순탄하지 않았다. 지오다노 부르노는 코페르니쿠스의 계산이 정확했음을 증명했고 태양계가 무한한 우주의 단지 한 부분일지도 모른다는 추측을 내놓았다. 교회에게 이것은 엄청난 신성 모독이었다. 결국 부르노는 교회의 부속 기관이었던 종교 재판소에 불려 가 이교도로 유죄 선고를 받고 화형에 처해졌다.

갈릴레이 역시 코페르니쿠스의 모델을 지지했다. 그 역시 종교 재판소에 불려 갔지만 교황의 친구라는 개인적인 이유 덕분에 70세의 나이로 죽을 때까지 가택 연금에 처해졌다.

갈릴레이는 종종 '근대 과학의 아버지'로 불리기도 한다. 그 이유는 그가 경험적 관측과 수학에 근거하는 연구를 시작했기 때문이다. 이후 과학 연구에서 경험적 관측과 수학의 이용은 과학을 특징짓는 2대 기둥으로 자리를 잡게 된다.

1600년대의 갈릴레이의 발견 덕분에 지식은 더 이상 성직자의 특권이 될 수 없었다. 과학의 정당성은 더 이상 전통적인 권위나 교회 권력에 의지하지 않게 되었고, 사람들은 자유롭게 조사와 관측을 통해 지식을 얻게 되었다. 그리고 다수의 합의에 근거하여 그 지식의 정당성이 인정되기 시작했고 결국 이것은 과학적 방식이라고 알려지게 된다.

과학자들은 교회에 싸움을 걸지 않았다. 그들은 그것이 가망 없는, 심지어는 위험한 시도라는 것을 잘 알고 있었다. 신, 영혼, 인간 본성과 사회에 관한 수학적 법칙을 만드는 대신 과학자들의 활동은 물질의 신비를 푸는 쪽으로 제한되어 있었다.

교회는 모든 권력을 써서 과학자들의 활동을 제한하고 그들의 권위에 위협이 될 수 있는 사상들이 퍼지는 것을 막았다. 하지만 이미 교회가 두려워하고 있는 일들이 일어나고 있었다. 과학자들은 꾸준히 연구를 계속해 나갔고, 과학을 더 강력한 기술을 만들어 내는 데 이용하기 시작한 것이다. 지식이 점점 커져 감에 따라 과학계를 향한 지지 역시 높아지게 되었다.

나는 삶의 대부분을 사실을 외면하면서 보냈다. 잠에서 깼을 때 내 유일한 관심사는 어떤 구두를 신을까 하는 것이었다. 하늘에 있는 어떤 존재가 나를 판단하고 있다는 개념은 결코 받아들일 수 없었고 또 내가 원숭이로부터 진화되었다는 개념 역시 진심으로는 받아들이기 어려웠다. 항상 다른 무엇인가가 있는 것처럼 보였다. 하지만 그 주제는 내가 생각하기에 너무나 방대한 것이었기 때문에 오랫동안 그 문제를 '더 똑똑한 사람'들에게 맡겨 두었다. 이제 나는 스스로 깨어나 이 대화에 참여하지 않는다면 과학과 종교는 서로 우월주의나 권력 다툼의 길을 계속하리라는 것을 깨닫게 되었다. 그들에게는 유능한 관계 치유사가 필요하다. 그것은 바로 우리이다!

— 벳시

데카르트의 이원론 : 마음과 몸, 자연과 인간의 분리

17세기 프랑스의 철학자이자 수학자인 르네 데카르트는 과학과 영성의 간격을 더 넓혔다. 그는, "육체라는 개념에는 정신이 전혀 포함되지 않으며, 마음에는 육체가 전혀 포함되지 않는다."라고 말했다.

이렇게 도끼가 하나의 동전(현실)을 반으로 쪼개 버렸다. 이것을 영성과 과학의 이혼이라고 부른다면 데카르트는 그 이혼을 수속한 변호사였다.

데카르트는 마음과 물질이 신에 의해 창조된 것이라고 믿었지만 그 둘을 완전히 다른 분리된 것으로 보았다. 그에게 인간의 마음은 지성과 이성의 중심으로 분석하고 이해하도록 만들어진 것이었다. 그리고 과학의 영역은 물질 우주였다. 그는 물질 우주를 수학적 공식의 법칙에 따라 움직이는 기계로 보았다. 시계 같은 기계 장치를 엄청나게 좋아했던 데카르트에게는 행성이나 산과 같은 무생물뿐 아니라 자연 속의 모든 것들까지 기계적 본성을 가지는 것이었다. 또 신체 기능 역시 기계적인 모델로 설명할 수 있다고 보았다. 그는, "나는 인간의 몸을 기계라고 생각한다."고 말했다. 데카르트가 과학의 기초적인 법칙으로 만든 마음과 몸의 분리는 앞으로 보게 될 끊임없는 문제들의 원인이 된다.

프란시스 베이컨과 자연의 지배

영국의 철학자이며 과학자였던 프란시스 베이컨 역시 과학적 방법론을 세웠고, 다음과 같은 공식을 만들 정도로 기계적이었다.

가설 → 연구와 실험 → 일반적 결론의 유추 → 더 깊은 연구를 통한 결론의 실험

물론 이 방법론 덕분에 자연에 대한 이해가 더욱 넓어져서 건강, 기술, 농업 등의 분야를 시작으로 우주 탐구를 향한 첫 걸음에 이르기까지 인류는 엄청나게 진보하게 된다. 하지만 이야기는 여기서 끝나지 않는다.

프리초프 카프라가 지적했듯이 베이컨은 과학계를 '종종 분명히 사악한' 집단으로 보았다. 자연은 '이리저리 쫓기며' '봉사하고' '노예'가 되어야만 했다. 과학자들의 임무는 '자연으로부터 비밀을 자백 받는 것'이었다. 불행하게도 자연을 통제하고 지배하기 위해 지식을 끌어내려는 이런 태도는 서양 과학의 지침이 되었다. 베이컨은 이 태도를 지금은 누구나 학교에서 배우는 "지식은 힘이다."라는 말로 요약했다.

뉴턴의 고전 모델

과학적 세계관을 체계화한 인물로 가장 먼저 떠오르는 사람은 아이작 뉴턴 경이다. 그의 세계관은 '뉴턴 물리학' 혹은 '뉴턴 모델'로 불리기도 하는데, 이렇게 불리는 것이 타당한 이유는 그가 앞선 과학자들을 훨씬 뛰어넘어 이전의 사상들과 방법론들을 통합하고 엄청난 발전을 이루어 냈기 때문이다. 뉴턴이 도달한 결론과 그가 제시한 수학적인 증명들은 너무나 정확해서, 거의 300년 이상 동안 과학자들은 자연 현상을 정확히 묘사하는 정확한 이론이라고 확신했을 정도이다.

데카르트와 마찬가지로 뉴턴 역시 세상은 3차원의 공간에서 움직이는

기계이며 그 안에서 다양한 현상들(별의 운행이나 사과의 낙하 등)이 일어난다고 보았다. 물질은 그 중심에 작은 입자를 가진 고체이며 행성같이 거대한 물체처럼 중력 등의 자연 법칙에 따라 움직이는 것이었다. 자연 법칙은 수학적으로 정확하게 표현할 수 있기 때문에 만일 행성의 현재 위치와 공전 주기, 궤도처럼 최초의 조건을 알고 있다면 미래의 행성의 위치도 정확하게 예측할 수 있었다. 이렇게 사과의 낙하나 행성의 운동처럼 동떨어진 사건을 함께 묶은 것은 실로 혁신적인 일이었다. 이 두 가지 현상이 함께 묶어질 수 있었던 것은 '힘(여기서는 중력)' 때문이었다.

이런 기계론적인 접근은 곧 천문학, 화학, 생물학 등과 같은 모든 과학 분야에 응용되었다. 보다 복잡한 원자 모델에서 약간의 변화는 있었지만 사람들은 교육을 통해 뉴턴의 세계관을 신봉하게 되었다.

17세기는 우주를 살아 있고 진동하는 존재로 보던 유기적인 관점에서 기계적인 관점으로 변화한 시기였다. 데카르트와 뉴턴은 과학과 수학을 이용하여 단순히 물질로 넘치는, 죽어 있는 세계를 설명함으로써 이런 개념을 확고히 했다. 그들은 실제로 훌륭한 계산을 통해 우리가 죽어 있는 시스템 속에서 살고 있다는 생각을 더욱 굳혀 갔다. 데카르트는 세상을 기계로 보았고, 또 시계에 대해 엄청난 관심을 갖고 있었다. 문제는 데카르트와 당시의 과학자들이 시계나 태엽 장난감 같은 모델을 살아 있는 시스템에 적용했다는 것이었다. 그 개념의 핵심은 우리가 시스템을 구성하는 각 부분들을 이해한다면 전체 시스템이 어떻게 움직이는지 알 수 있다는 것이었다. 시계의 경우 이 말이 맞을지도 모르지만, 문제는 우리가 살고 있는 세계는 시계나 장난감 같은 기계가 아니라는 점이다.

- 다니엘 몬티

뉴턴과 종교

생각해 보자. 뉴턴과 그의 동료 과학자들이 이룬 업적은 혁신적인 것이었지만 종교의 문제로 들어가면, 그들은 당시 지배적이었던 세계관에는 의문을 제기하지 않았다. 그 세계관 속에 빠져 있었던 것이다. 수세기 동안 변하지 않았던 개념들에 도전하여 그것들을 뒤집고 혁신적이고 새로운 패러다임을 가져온 그들조차 개인적 삶의 차원에서는 그들이 태어났던 중세의 사람들과 똑같은 삶을 살고 있었던 것이다.

다른 사람과 마찬가지로 그들 역시 신이 세상을 설계한 창조주라고 믿었다. 뉴턴은 그의 대표적인 저서인 《수학 원리(Principia Mathematica)》에서 다음과 같이 썼다.

> 이렇게 아름다운 태양, 행성, 혜성들도 오직 지적이고 전능한 존재의 계획과 주권 아래에서 창조된 것이다. (중략) 이 위대한 존재는 세상에 존재하는 각각의 영혼으로서가 아니라 모든 것의 주인으로 모든 것을 주관한다. 그는 영원하며 무한하고 전지전능하며 부소부재하다. (중략) 신은 삼라만상을 주관하며 모든 존재와 가능성을 알고 있다. 나는 왜 신이 우리가 살고 있는 세계에 빛과 열을 줄 수 있는 행성을 하나만 만들었는지 그 이유를 알지 못한다. 아마 창조주에게는 그렇게 하는 것이 편리했기 때문일 것이다.

뉴턴 역학이란 이름 아래 서양 사상을 지배했던 유물론에 도전하는 시기를 예견이라도 하듯 그는 다음과 같이 썼다. "무신론은 너무나도 어리석고 추악해서 인류는 그것을 전문으로 연구하는 학자는 결코 볼 수 없을 것이다."

 만일 과학과 영성이 무한한 현실의 본질을 탐구하는 것이라면 그 둘은 곧 접점을 찾을 것이다. 가장 오래된 경전으로 알려진 베다에서는 물질 세계를 마야, 즉 환영이라고 말한다. 양자 물리학에서 현실은 보이는 모습 그대로가 아니며, 잘 해야 대부분이 비어 있는 공간이며 실제로는 실체가 없는 물결 같은 것이라고 말한다.

티베트 불교에는 모든 것에는 '상호 의존적인 기원'이 있다고 말한다. 양자 물리학에서는 동조(entanglement)라는 개념이 있다. 즉 최초 빅뱅의 순간부터 모든 입자들은 연결되어 있다는 것이다. 조금 시적으로 말하면 선(禪)에서는, "한 손의 손뼉 소리가 무엇인가?"라는 유명한 공안이 있다. 이것은 양자 물리학의, "어떻게 한 입자가 동시에 두 장소에 있을 수 있는가?"라는 질문과 비슷하다.

양쪽 울타리 안의 전문가들은 각자의 분야를 파고들었다. 하지만 인류 역사의 진보를 통해서 보면 발전은 학문의 분야를 더욱 넓히고 그것들을 통합함으로써 이루어져 왔다. 두 상대가 합쳐지면 어떤 소리가 날까?

– 윌

쓰라린 결별

더 이상 신이나 영성이 필요하지 않다는 것을 발견한 것은 기계적인 세계의 연구에 몰두했던 다음 세대의 과학자들이었다. 종교의 도그마에서 해방된 과학자들은 보이지 않고 측정할 수 없는 모든 것은 환상이며 착각이라고 반격하기 시작했다. 하지만 많은 과학자들이 교회와 다름없을 정도로 독단적으로 변했고, 마침내 우리가 불변의 법칙에 지배받는 기계적인 우주 속에서 움직이고 있는 작은 기계일 뿐이라고 선언하기에 이르렀다.

물질주의자들의 승리에 마지막 펀치를 날린 것은 다윈 추종자들이었다. 그들은 신은 없으며, 더구나 우주의 생명을 이끄는 창조적인 지성 같은 것은 존재하지 않는다고 주장했다. 한때는 우주의 중심이었던 우리 인간이 아무 의미 없이 단지 돌연변이에 의해 만들어진 DNA를 전달하는 존재로 전락해 버린 것이다.

재결합의 가능성

데카르트가 과학의 기본 법칙으로 세운 정신과 육체의 분리는 수백 년 동안 신봉되었고 이후 셀 수 없을 만큼 많은 문제들을 일으켰다. 사람들은 마음 밖의 세계는 예측 가능한 기계적인 법칙에 따라 움직이는, 생명이 없는 물질에 지나지 않는다고 생각하게 되었고, 이렇게 정신이나 영혼이 없는 세계관 덕분에 인간은 생명을 유지시켜 주는, 살아 있는 자연과 분리되었다. 더구나 이런 세계관은 인간이 '자원'을 이기적이고 필요한 목적을 위해서라면 살아 있는 다른 존재나 행성의 미래는 전혀 신경 쓰지 않고 얼마든지 착취할 수 있다고 하는 구실을 안겨 주었다.

그리고 지구는 고통을 받았다. 자원들은 강탈당하고 순수함을 빼앗긴 채 우리의 오염된 고향은 사멸의 벼랑 끝으로 몰리기 시작했다.

이후 과학은 물질 우주를 더 깊이 파고들다가 열려 있는 신비와 우연히 마주치게 된다. 20세기 초반, 알버트 아인슈타인, 닐스 보어, 베르너 하이젠베르그, 어윈 쉬뢰딩거 등 양자 이론의 창시자들에 의해 물질주의의 벽은 서서히 무너져 내렸다. 그들은 물질을 깊이 파고들어 간 결과 물질이 측량할 수 없는 에너지로 바뀐다는 것을 알게 되었다. 갈릴레이의 말대로 그것을 수학적으로 표현하려고 해도 우주는 전혀 물질적이 아니었던 것이다! 물리적인 우주는 본질적으로 비물질적이며, 에너지 자체보다 훨씬 미묘한 장으로부터 나온다. 그 장은 물질이 아니라 정보나 지성, 의식 같은 것이다.

동전 하나의 양면

　최근까지 동전은 쪼개진 채로 있다. 그 한쪽은 종교이고 다른 한쪽은 과학이다. 왜 그럴까? 현실이 분리되어 있기 때문이 아니다. 세계관의 지지자들이 인간이기 때문이다. 인간이 위대한 질문을 하지 않는 이유를 기억해 보라. 대답이 그들이 원하는 것이 아닐지도 모르기 때문이다.
　만일 마음과 물질이 분리된 것이 아니라면? 만일 그 둘 사이의 고리를 관측할 수 있다면? 지금은 21세기이다. 하지만 주류 과학계는 이것을 살펴 보려고 하지 않는다.
　노에틱 사이언스 연구소의 수석 연구원인 딘 라딘 박사는 엄밀한 과학적 방법을 통해 초상 현상(超常現象)을 연구해 왔다. 하지만 아직까지도 주류 과학계의 저항에 부딪히고 있다고 말한다.

　그들[주류 과학자들]에게도 경험을 통한 개인적이고 사적인 믿음들이 있다. 하지만 그들은 대중 앞에서는 그런 말을 하지 않는다. 왜냐하면 대중 앞에서, 최소한 학계에서 그런 말을 하는 것은 용납되지 않기 때문이다. 이렇게 강한 터부가 1세기 이상 계속되는 곳은 학계를 제외하고는 거의 없을 것이다. 나는 심리학, 인지 신경학, 기초 신경 과학, 물리학 등 각자의 분야에서 저명한 동료들을 많이 알고 있다. 많은 과학자들이 사적으로 심령 현상에 대해 아주 깊은 관심을 갖고 있고, 실험을 통해 상당한 성과를 얻어 낸 과학자들도 있다. 그런데도 왜 우리는 그 이야기를 듣지 않는 것일까? 그 이유는 그런 말을 할 수 없는 학계의 풍토 때문이다. 우리는 벌거벗은 임금님이 나오는 이야기 속의 세상에 살고 있다. 즉 터부(taboo)가 너무 강해 그것에 대해 이야기하는 것조차 허락되지 않는 것이다. 마치 비밀 프로젝트가 존재한다는 사실조차 비밀로 부쳐지는 정부의 최고급 비밀처럼 느껴진다. 터부가 비밀이면 누구도 그것에 대해 이야기하려고 하지 않는다. 하지만 일단 터부가 공표되면 그것을 계기로 터부는 사라진다. 그렇게 되면 주류 과학자들 안에서도 얼마나 많은 사람들이 이러한 연구에 관심을 가지고 있는가를 알게 될 것이다.

답을 원하는 당신의 질문은 무엇인가?

기도가 치유를 가져올까? 마음이 물질계에 영향을 미칠 수 있을까? 시간과 공간을 넘어선 것을 인식할 수 있을까? 물 위를 걸을 수 있을까? 힉스 입자(Higgs Particle, 기본 입자들과 상호 작용해 질량을 갖게 해주는 독특한 입자로, 1964년 스코틀랜드의 물리학자 힉스에 의해 이론적으로 그 존재가 밝혀졌지만 아직까지 규명이 되지 않은 물질이다. 과학자들은 힉스 입자의 존재가 밝혀지면 중성 미자, 전자, 쿼크 등 모든 물질의 근원인 기본 입자들이 어떻게 질량을 얻게 되는지를 알 수 있을 것으로 기대하고 있다. 역주)는 존재할까?

이론 입자 물리학에서는 다른 입자에 질량을 부여하는 힉스 입자의 존재를 예측하고 있다. 힉스 입자를 찾기 위해 더 강력한 입자 가속기의 건설에 수십억 달러가 투자되고 있다. 하지만 일반인들은 앞서 말한 네 가지 질문에 관심을 갖는 것이 더 낫다고 생각한다.

분명 이 질문들에 대해 답을 찾아가는 과정은 또 다른 입자를 발견하는 것 이상으로 우리 자신과 세계관에 엄청난 영향을 줄 것이다(농담이 아니다). 하지만 현재 과학계는 '그들 영역의 외부'에 있다고 생각되는 것들은 쳐다보려 하지 않는다. 재미있는 일이다. 왜냐하면 돌파구가 존재하는 곳은 바로 그곳이기 때문이다.

누가 진리에 대한 탐구를 빼앗아 버렸는가? 하나의 동전에는 양쪽 면이 있다. 한쪽은 교회이고 다른 한쪽은 새로운 성직자들, 즉 과학자들이다.

잠시 생각해 보자.

- 진리에 대한 탐구를 포기한 것은 당신인가?
- 영성이 당신에게 의미하는 것은 무엇인가?
- 도그마와 자연 법칙의 차이점이 있다면 무엇일까?
- 당신 삶의 도그마는 무엇인가?
- 그 도그마들이 당신과 현실의 인식을 어떻게 지배하는가?
- 당신은 삶에서 과학적인 방법을 사용하고 있는가?
- 과학과 종교의 분리가 당신 삶에 영향을 주었는가?
- 과학과 종교의 차이는 무엇일까?
- 이원론이 당신과 현실을 바라보는 인식에 어떤 영향을 주었는가?
- 당신은 자연과 다른 사람으로부터 분리된 삶을 살고 있는가? 아니면 정말 연결되어 있다고 느끼는가?
- 종종 자신이 도마뱀 같다는 생각을 해본 적이 있는가? 거기서 꼬리가 자랄 수 있을까?

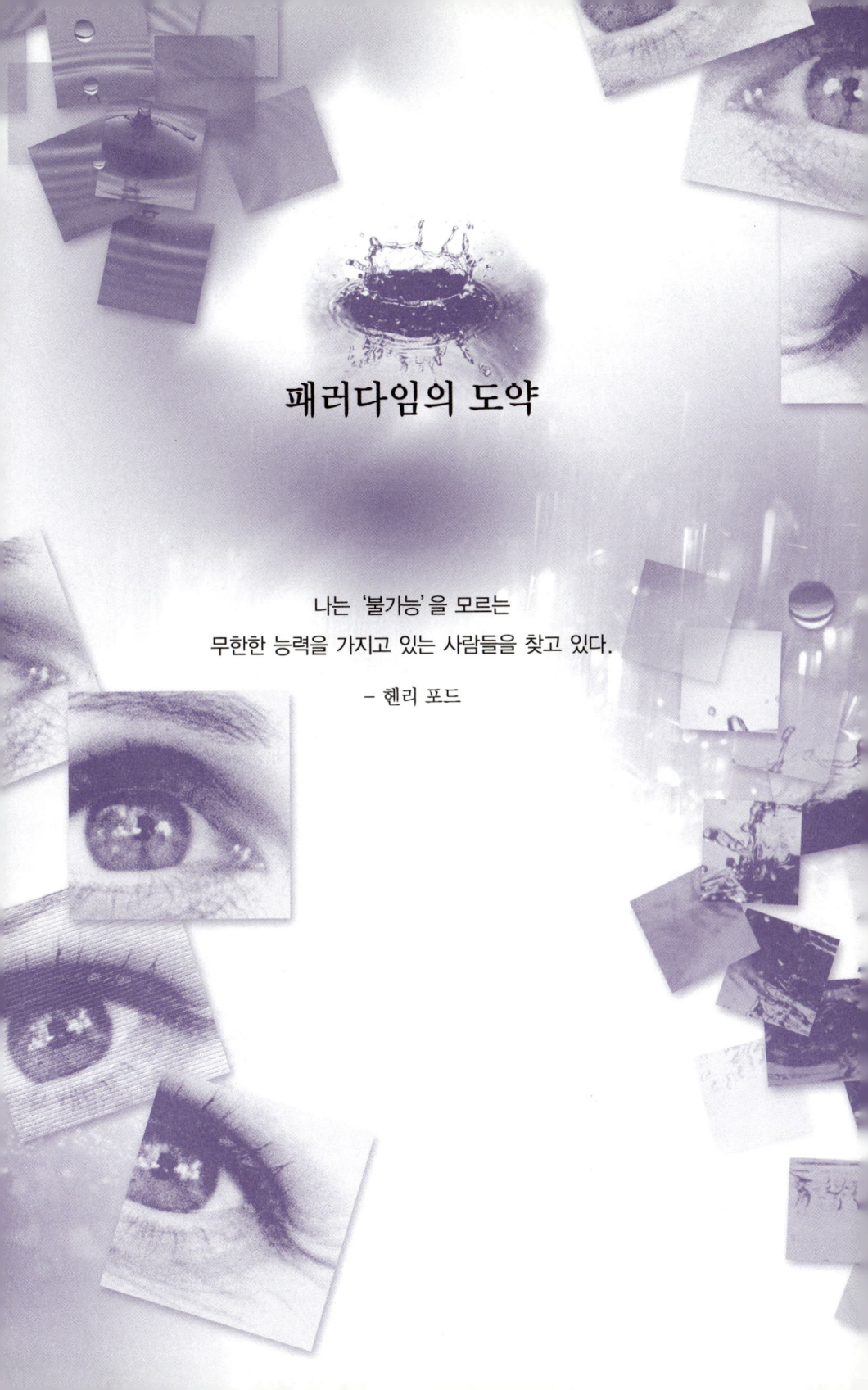

패러다임의 도약

나는 '불가능'을 모르는
무한한 능력을 가지고 있는 사람들을 찾고 있다.

– 헨리 포드

패러다임은 어떤 이론과 비슷하지만 약간 다른 부분이 있다.
이론은 다윈의 진화론처럼 사물의 구조를 설명하기 위한 개념이며,
실험과 검증에 의해 증명되거나 반증되고, 지지와 도전을 받는다.
이에 반해 패러다임은 검증되는 것을
목적으로 하지 않는 암묵적인 가정의 집합이다.
이 암묵적인 가정은 기본적으로 무의식적이다.
이 숨겨진 가정들은 개인과 과학자들에게 기능 모델의 일부분이다.

패러다임은 문제가 될 일은 없다. 왜냐하면 아무도 그것에 대해 생각하지 않기 때문이다. 이것은 마치 늘 노란색 안경을 쓰고 그 안경을 통해 세상을 바라보는 것과 같다. 이것이 우리가 살아가는 현실이다. 우리가 인식하는 모든 것들은 이 안경을 통해 들어오고, 그 시스템 안에서 우리는 모든 것들을 당연하게 생각하며 살아간다. 심지어 그런 틀을 인식할 때조차도 그것에 대해 의문을 품지 않는다. 하지만 벽에 부딪혀 안경이 깨지고 나면 세상은 다르게 보이기 시작한다.

 쿠키 틀을 이용하여 크리스마스 쿠키를 만들어 본 적이 있는가?
내용물이 무엇이든 나오는 쿠키의 모양은 똑같다.

– 월

패러다임과 믿음 체계

　패러다임을 믿음 체계로도 이해할 수 있다. 자신의 믿음 체계가 무엇인지, 즉 당신이 소중하게 생각하고 믿고 있는 것이 무엇인지를 정의해 본 적이 있다면 그것이 얼마나 힘든 일인지 알 것이다. 아마 의식적으로 생각한 몇몇 주제들은 그다지 어렵지 않을 수도 있다. 당신은 가정이나 우정, 운동, 건강한 몸의 중요성을 믿고 있을지도 모른다. 또 스스로 어떤 정치적 성향을 가지고 있다는 것도 알고 있을 수 있다. 하지만 수십 개의 아마도 수백 개가 넘는 검증되지 않은 믿음들이 의식의 빛이 비치지 않는 그늘에 숨어 당신의 삶을 지배하고 있다. 예를 들어 자신의 가치와 능력에 대한 믿음, 사람들에 대한 믿음 등이다. 이런 믿음들은 어린 시절부터 쌓여 와 당신과 세상의 관계를 계속해서 결정하고 있다.
　패러다임은 무의식적인 믿음 체계 같은 것이다. 우리는 이러한 믿음들과 함께 살고 있고 그 믿음들에 따라 생각하고 상호 작용하고 있다.

　내 삶을 지배하고 있는 패러다임을 이해하기 시작하면서, 내가 어떻게 삶 속의 여러 가지 상황들을 만들어 왔는지가 보이기 시작했다. 영화를 만들고 이 책을 쓰는 동안 내 안의 엄청난 무의식적 패러다임이 떨어져 나갔다. 그중 하나는 '나는 똑똑하지 않다'는 것이었다. 나는 결코 이 책에 나오는 개념들을 이해할 수 있으리라고 생각해 본 적이 없다. 분명 나에게는 영리하고 솜씨 있는 부분도 있고, 또 세상일을 능숙하게 처리하면서 성공한 부분도 있었다. 하지만 난 '책으로 똑똑한' 사람과는 거리가 멀었다. 이 영화를 만들기 시작한 첫 주에 윌과 마크가 나에게 스무 권 정도의 책을 건네며 말했다. "읽어 봐, 당신이 그 책에 나오는 과학자들에게 전화를 해서 우리 영화에 출연해달라고 설득해야 할 테니까." 그런 일은 할 수 없을 거라는 내면의 목소리를 멈추게 하는 데는 약간의 시간이 걸렸다. 하지만 이것은 나의 일이었고 나는 해야만 했다. 그리고 내가 쥐고 있던 한계들을 놓아 버리고, 무작정 앞으로 돌진했다. 지금도 내가 똑똑하지 않다는 믿음은 가끔 나를 괴롭히지만 그때마다 나는 이렇게 반복한다. "나는 천재야."

– 벳시

낡은 과학적 패러다임

매일 뉴턴의 고전 모델로는 설명할 수 없는 새로운 과학 정보들이 등장하고 있다. 상대성 이론, 양자 역학, 생각과 감정이 몸에 미치는 영향과 같은 정보들은 물론, 초능력이나 심리 치유, 원격 투시, 채널링, 임사 체험, 유체 이탈 체험처럼 '변칙적인' 현상들은 새로운 모델, 즉 이런 현상들을 포함하는 더 포괄적인 패러다임의 필요성을 시사하고 있다.

이것은 낡은 모델이 새로운 연구들이 제기하는 질문에 충분한 답을 주지 못하기 때문만은 아니다. 더 심각한 문제는 이 낡은 모델이 인류의 고통, 가난, 불평등이나 전쟁 같은 문제를 해결하는 데 거의 아무런 역할을 하지 못하고 있기 때문이다. 우리가 세상을 경험하는 방식을 오랫동안 지배해 온 이 기계적인 모델 때문에 실제로 이런 문제들은 더 악화되고 있다.

패러다임의 도약은 개인의 차원에서도 일어날 수 있다. 오랫동안 곁에 있었던 어떤 것을 어느 날 아침에 갑자기 깨닫는 경우가 될 수도 있다. 단지 그것이 있었다는 것을 몰랐을 뿐이다. 예를 들면 최근에 내가 지식에 대한 탐욕스러울 정도로 집착하는 이유를 알게 되었다. 그 이유는 호기심 때문이기도 했지만 대부분은 두려움 때문이었다. 나는 많은 것들을 두려워했던 어린 시절을 기억하고 있다. 불안이나 불명확한 느낌과 싸우기 위한 방편으로 나는 할 수 있는 한 많이 배워 현실에 대한 '예측 가능한' 모델을 만들려고 했다. 이런 식으로 고통을 주는 우발적인 사건들을 예측할 수 있었다. 하지만 그 당시 나는 슬픈 상태에 있었다. 어린 아이에게 일어날 수 있는 사건들에 대한 해석 때문에 끊임없이 불안한 상태에서 살았던 것이다. 하지만 그런 두려움이 없었다면 그렇게 왕성한 지식욕을 가질 수도 없었을 것이다. 이 깨달음의 순간 그동안 '힘들었던' 모든 경험들에 대한 깊은 감사를 느꼈다. 그 순간 과거를 바라보는 나의 관점은 완전히 변했다. 이것이 내가 패러다임의 도약이라고 부르는 것이다. 즉 오래된 상황을 새로운 눈으로 바라보는 것이다.

– 마크

뉴턴 패러다임의 영향

현실에 대한 물질주의자들의 모델은 단순한 '이론' 의 지위를 넘어 모든 사상과 연구의 암묵적인 기초로서 확고한 지위를 유지하고 있다. 이 모델은 400년 동안 과학계의 가능성과 불가능성에 대한 개방성뿐 아니라 과학적 연구까지 지배하고 있다. 이 기계적인 시스템에서 우주는 딱딱하고 물질적인, '쌓여진 덩어리들' 에 불과하다. 이 모델은 현실의 모든 것을 측정 가능하다고 말한다. 측정 가능한 것은 오직 우리가 오감으로 인식하는 것이며, 따라서 기계적인 연장선에 있는 것이라는 것이다. 또 확실한 지식을 얻기 위해서는 모든 느낌과 주관성을 배제하고 완벽하게 이성적이고 객관적이어야 한다고 말한다.

세상을 바라보는 이런 관점 속에서 인간 삶의 전체성은 몸과 마음으로 분리된다. 감정과 열정, 직관과 상상력은 가치가 없는 것으로 여겨진다. 자연도 객관화되어 우리와 분리되었다. 이러한 세계관 속에서 자연은 보존되고 유지되어야 하는 살아 있는 유기체가 아니라 통제하고 착취할 수 있는 '자원'이 되어 버렸다.

현재 과학의 패러다임에 따르면 우리가 살고 있는 기계적인 우주는 죽은 우주이다. 살아 있는 지성이 그것을 만들고 움직이게 만들었을지 모르지만(뉴턴과 당시의 과학자들이 확고하게 믿었듯) 지금 우주는 완전히 기계적이고 예측 가능한 것이 되어 초기 조건만 주어지면 그 결과는 완벽하게 산출해 낼 수 있다. 결과는 필연적인 것이다.

행성의 운동도 돌이나 사과의 낙하처럼 예측 가능한 것이 되었고 물질의 움직임이나 상호 작용 역시 계량화되었다(양자 물리학에서 제기하는 문제점은 나중에 살펴볼 것이다). 만일 이것이 사실이라면 인간의 삶은 무의미하고 쓸모없는 것이 되어 버린다. 이러한 삶이 결국 어디로 이르겠는가? 만일 아무런 자유도 없고 우리가 가는 곳이 완전히 결정되어 있다면, 삶이란 어떤 의미를 지니겠는가? 이 모델 안에서는 의식이나 영혼 자유나 선택이 설 자리는 존재하지 않는다.

고전적인 관점에서 보면 우리는 기계이며 그곳에는 의식적인 경험이 들어설 여지가 없다. 기계가 죽는 것은 아무런 문제가 되지 않는다. 기계를 죽여 쓰레기통에 던져 버려도 문제가 되지 않는 것이다. 정말 세상이 그렇게 존재한다면 사람들도 그런 식으로 행동할 것이다. 하지만 양자 물리학에서 지적하고 있는 것처럼 세상을 다르게 바라보는 방법이 있다. 즉 세상은 시계와 같은 것이 아니라 유기체와 같은 무엇이라는 것이다. 유기체 안의 모든 것은 시간과 공간을 넘어 긴밀하게 연결되어 있다. 도덕과 윤리에 대한 기본적인 관점에서 보더라도 나의 생각은 세상에 영향을 주고 있다. 어떤 의미에서 이것이 세계관의 변화가 중요한 이유이기도 하다.

- 딘 라딘 박사

내게 패러다임의 도약은 (여기) 앉아 있는 자신과 나를 제외한 (외부의) 우주와 모두 관련이 있다. 만일 우리가 똑딱거리는 우주 안에서 시계나 태엽 장난감 같은 존재라면 외부에서 무슨 일이 일어나든 나와는 아무런 관련이 없을 것이다. 이러한 태도를 통해 우리는 사람들에게 아무렇지도 않게 폭탄을 던지고 자원을 고갈시키며 미래 세대들에게 빈곤한 세계를 물려주게 될 것이다. 하지만 내가 시공간 사이에서 나의 경계를 확장하자 상황은 전혀 달라졌다. 예를 들어 귀찮아서 밤새 불을 끄지 않고 놓아두는 행동에 대해서도 그 불을 밝히기 위해 소비되는 석탄과 기름의 양에 대해, 그리고 그 전구를 만드는 회사를 생각하게 해주었고 오존층의 구멍과 몇 세대가 지나면 아무런 자원이 남지 않을 것이라는 생각에까지 이르게 되었다.

점심 식사로 무엇을 먹을까 고민하면서 100년 후의 사람들이 먹을 것에 대해 아무런 관심을 갖지 않는 것은 놀라운 일이다. 초원의 엘크는 결코 다음에 풀이 자라지 않을 정도로 풀을 다 먹어 치우지 않는다. 더구나 그들이 시계를 가지고 다니는 것도 아니다.

- 윌

새로운 패러다임

제프리 사티노버 박사는 이렇게 말한다. "많은 사람들이 양자 역학이 차갑고 무자비한 세상의 구원자가 되기를 원하고 있다. 사람들이 구원이 필요하다고 느끼는 이유는 냉정하고 무자비한 기계론적인 사상이 너무나 강력하기 때문이다. 사람들이 그것을 믿는다고 공언하지 않아도 기계론적인 사상은 사람들의 삶과 현대 문명의 세계관에 엄청난 영향을 미치고 있다."

생기가 전혀 없는 세상에서 기계 인간이 된 자신을 상상해보라(SF 영화에서 많이 보았으니 상상하는 것은 어렵지 않을 것이다). 그곳에 모든 것들은 추상적인 행동 규범에 의해 완전히 지배되고 의식도 감수성도 없는 물체 외에는 아무것도 존재하지 않는다. 어떤 느낌이 드는가? 사랑하는 사람은 어떻게 느껴지는가? 그곳에서 당신은 단지 기계일 뿐이고 사랑은 뇌의 화학 작용에 의해서 일어나는 우연한 일이며, 모든 일들은 DNA의 진화에 유리하도록 전개되고 있을 뿐이다.

그것을 믿을 수 있는가? 대부분의 과학자들은 그것이 사실이라고 말한다. 하늘이 푸른 이유와 차가 움직이는 구조, 그리고 나무가 이산화탄소를 산소로 바꾸는 과정을 설명하는 것도 바로 그들이다. 또 슈퍼컴퓨터가 있다면 그들은 당신이 지금 이 책을 읽는 이유까지 설명해 줄지도 모른다. 모든 것이(어쨌든 환상에 지나지 않는) '당신' 과는 아무런 관계없이 초기 조건들에 의해 결정된다.

이것을 믿을 수 있는가?

물론 자신이 완전히 기계라고 믿을 수는 없을 것이다. 그 이유는 우리가 그렇지 않기 때문이며 어느 누구도 그렇지 않기 때문이다. 우리는 모두 의식과 마음을 가지고 있고(혹은 우리가 의식이나 마음일 수도 있다) 스스로 선택을 해 나간다. 그렇지 않은가?

지금 우리는 패러다임이라고 하는 미지의 굴 앞에 서 있다. 왼쪽 길은 의식적인 존재인 우리가 스스로 길을 선택하는 삶이 기다리고 있다. 그리고 오른쪽은 당신이라는 환상을 만들어 낸 0과 1만이 존재하는 길로 통한다.

기존 체제의 저항

코페르니쿠스와 뉴턴, 그리고 16세기와 17세기 과학 모델의 선구자들이 겪었던 것과 마찬가지로 지금 새로운 지식들은 사회의 보수적인 원칙들에 의해 출구가 막혀 있을 뿐 아니라 강력한 반대에 부딪히고 있다. 정통파를 자부하는 기성 세력들은 완고한 벽을 쌓고 변화를 거부한다. 오늘날 교회 권력에 의해 화형에 처해지는 경우는 없다. 하지만 지금 그 권력은 다른 모습을 하고 있다. 일부(전부가 아니다) 대학과 정부 보조금을 집행하는 기관, 그리고 편협한 미디어들은 주어진 영역에 맞지 않는 연구나 이론을 주장하는 과학자들의 '생명'이 아니라(해고, 승진과 재직 거부, 보조금 보류, 조롱과 야유로) '생계'를 위협한다.

하지만 아밋 고스와미 박사는 희망을 본다. 그는 반대가 꼭 나쁜 것만은 아니라고 믿고 있다. "반대는 아주 중요한 의미를 지닌다. 사람들은 그것이 시시한 일이라고 생각하는 한 그것을 억지로 차단하려고 하지 않는다. 사소한 일들은 대강 조사해도 쉽게 없앨 수 있다. 하지만 중요한 상황이 되거나 간단한 조사로 그것을 없애는 것이 불가능해지면, 그때서야 사람들은 다른 것들은 억지로 차단하려고 한다. 그것이 너무 위험하기 때문이다. 즉 대안적인 과학자들이 내놓는 실험 결과는 이미 기존 과학계에 충격을 주고 있는 것이다. 양극화는 우리가 이미 어디론가 움직이고 있다는 좋은 신호이다."

나는 우리 시대의 가장 큰 흐름이 우주관의 도약이라고 믿고 있다. 즉 우주를 무생물로 생각하던 것에서 벗어나 우주를 살아 있는 것으로 경험하고 있는 것이다. 생명력이 있는 우주 안에서 우리 역시 그 생명에 의해 양육된다는 점에서 보면 존재하는 모든 것들은 밀접하게 관련되어 있다. 이러한 통찰은 세상과의 관계에 대해 새로운 시야를 제공하고 우리의 삶에 한계를 주었던 깊은 분리의 개념을 넘어서게 해준다.

- 두엔 엘진

과학적 패러다임의 진화

패러다임의 분명한 진실 중 하나는 그것이 변화해 나간다는 것이다. 특히 과학에서는 더욱 그렇다. 낡은 관점들이 불완전하고 잘못된 것으로 밝혀질 때 지식의 패러다임은 진화한다. 진화의 속도는 느릴 때도 있고 때로는 폭발적으로 가속하는 경우도 있지만 과학의 위대함은 계속 진보하고 있다는 것이다! 과학은 기존의 토대 위에 새로운 관점과 구조를 세우며 분명히 앞으로 나아가고 있다.

가끔 현재의 모델이 진행되는 지식과의 충돌로 사라지는 경우도 있다. 반대 세력의 힘에 지원을 받든 반대를 받든 그 모델은 새로운 모델로 대체된다. 헤글린 박사는 이 과정을 다음과 같이 설명한다 :

과학의 진보에는 이해의 단계와 지식 진화의 단계가 있다. 각 단계에는 그들만의 세계관과 패러다임이 존재한다. 그리고 그 안에서 사람들의 행동 양식과 정부, 국가, 제도, 교육이 탄생한다. 그래서 지식이 진보함에 따라 세계도 패러다임에서 패러다임으로 진화한다. 각 시대마다 고유의 세계관과 패러다임이 있었지만 그것들은 결국 다른 것들로 변화해 간다.

패러다임 속의 패러다임

많은 일류 과학자들처럼 윌리엄 틸러 박사 역시 완고한 편견에 부딪히고 있다.

"우리는 의지의 힘에 대한 많은 실험을 했고 그 결과 역시 확고하다. 그런데 왜 과학계는 주목하지 않을까? 이것은 정말 슬픈 일이다. 대부분의 과학자들이 전통적인 패러다임과 세계관에 갇혀 스스로 주위에 감옥을 쌓아 올리고 있다. 그들의 생각과 맞지 않는 실험 데이터가 주어지면 그들은 그것을 감추고 없애 버리려고 한다. 또 그것이 출판되는 것을 저지하고 관련된 의견이 교환되는 것을 필사적으로 막으려 한다. 그 이유는 그들에게 그 자료가 아주 불편하기 때문이다. 오랫동안 이런 상황이 계속되어 왔다는 것은 불행한 일이다. 어떤 특정한 세계관 속에서 안정을 구하는 것은 인간의 특징이기도 하다. 새로운 패러다임이 불편한 이유는 기존의 사고방식을 바꾸어야 하기 때문이다."

이어서 틸러 박사는 현재 과학계의 패러다임의 변화가 중요한 이유를 다음과 같이 말한다.

"현재 우리의 패러다임 안에는 의식, 의지, 감정, 마음, 혹은 영혼 같은 것들이 들어설 자리가 존재하지 않는다. 그리고 많은 연구 결과를 통해 우리의 의식이 물질 세계에 확실한 영향을 주고 있다는 사실이 드러나고 있기 때문에, 결국 의식을 허용하는 쪽으로 패러다임이 도약하지 않으면 안 된다. 우주의 구조는 현재 존재하는 것을 넘어 의식이 들어갈 수 있도록 확장되어야 한다."

개인의 패러다임 도약

현재 일어나고 있는 패러다임의 도약은 과학계에 국한된 것만 아니라, 사회나 문화에도 강한 영향을 미치고 있다. 아마도 가장 중요한 도약이 일어나고 있는 곳은 개인적인 차원일 것이다. 수십 년 동안 아마도 수백만 명이 가치관과 견해, 그리고 다른 사람들과 세계와의 관계에 극적인 변형을 경험했다.

이런 일이 일어나는 이유는 무엇일까? 그 이유 중 하나는 사람들이 더 좋은 차와 큰 집, 명품 구두를 끊임없이 추구한 결과가 공허함이라는 것을 조금씩 깨닫고 있기 때문이다. 이러한 공허감은 이전에 그들이 소유물과 경제적인 성공으로 메우려 했던 공허감과 똑같은 것이다. 물질주의 세계관에서는 '더 많은 돈=더 나은 삶'이라는 공식이 성립된다. 하지만 더 많이 가져도 여전히 공허함은 남는다. 결론은 물질주의적인 생각은 틀렸다는 것이다.

다른 이유도 있다. 만일 새로운 패러다임이 올바르다면, 즉 우주가 살아 있는 존재이며 우리의 생각과 행성들, 그리고 모든 아원자(亞原子) 입자들까지 모두 그 우주의 일부분이라면 새로운 세계관 자체가 저절로 일어났다고 말할 수도 있다. 우리가 새로운 관점을 취해 왔다고 하는 것은 어쩌면 인간의 오만일지도 모른다. 배고픈 유기체는 항상 음식을 찾고 있다. 우리는 그 유기체의 일부분이며 행성이나 우리의 생각, 아원자 입자들도 마찬가지이다. 아마 우리가 죽음의 문턱에 와 있는 것을 알기 때문에 우주는 스스로 새로운 길을 찾고 있는 것일지도 모른다.

지구는 그다지 편안한 곳이 아니다. 물과 공기는 오염되고 있고, 도처에 기아와 인구 과잉이 만연하며, 작은 무기로도 한 도시를 날려 버릴 수 있다. 캔디스 퍼트 박사는 이렇게 말한다. "몸은 항상 스스로를 치유하려고 한다." 만일 우리의 현실이, 즉 물질적이거나 비물질적인 것이 '새로운 물리학'에서 말하는 것처럼 거대한 유기체라면, 지금 이 순간 스스로를 치유하려고 하고 있는 것이다. 그리고 그런 충동으로부터 낡은 세계관을 뚫고 새로운 개념이 탄생한다.

이렇게 균형을 잡으려는 것 속에는 무엇이 존재하고 있을까? 현실에 대한 우리의 개념이 존재하고 있다. 균형은 누구를 말하는 것일까? 바로 우리 자신이다.

잠시 생각해 보자.

- 당신의 현실을 지배하는 패러다임은 무엇인가?
- (의식적으로든 무의식적으로든) 당신은 어떤 색의 안경을 쓰고 세상을 바라보는가?
- 당신은 무의식적인 안경을 어떻게 찾을 수 있을까?
- 현재 주도권을 가지고 있는 세계관은 무엇인가?
- 그것이 당신의 패러다임과 어떻게 다른가?
- 그 둘은 어떻게 상호 작용하는가?
- 사회 의식은 패러다임일까?
- 〈피플〉 잡지도 패러다임일까?
- 성경은 패러다임일까?
- 새로운 패러다임으로 도약하려면 무엇이 필요할까?
- 당신은 오래된 패러다임에 붙어 있는 것들을 기꺼이 포기할 준비가 되어 있는가?
- 당신의 새로운 패러다임은 무엇인가?
- 그것은 당신의 패러다임인가? 아니면 새로운 지구의 패러다임인가?
- 만일 우리가 정말 돌연변이를 하는 기계일 뿐이라면, 당신은 토스터와도 사랑에 빠질 수 있는가?

현실이란 무엇인가?

내가 비현실적이라 생각했던 것들이
어떤 면에서 내가 현실적이라고 생각하는 것보다 더 현실적인 것 같다.
그리고 내가 현실적이라고 생각했던 것들이
이제는 더 비현실적으로 보인다.

– 프레드 알랜 울프

일 장은 모든 장과 통한다.
〈위대한 질문들〉(정말 위대한 질문들이 아닌가?) 장
바로 뒤에도 갈 수 있고 혹은 〈과학과 종교〉 장의 중간으로
갈 수도 있다. (왜냐하면 과학과 종교 역시 현실과 밀접한 관련이 있기 때문이다)
또 〈패러다임의 도약〉 역시 주어진 현실의 도약이라고 부를 수도 있다.

이 장이 (다음 장인) 우리가 인식하고 실재로 받아들이는 것들을 다루는 〈시각과 인식〉 장 뒤로 가는 것은 어떤가? 혹은 실재(reality)의 핵심을 깊이 파고드는 〈양자 물리학〉 장 뒤로 가는 것도 괜찮을 것이다. 이 장은 어느 곳으로 가도 상관이 없다.

그렇지 않은가? 자, 처음 사랑에 빠졌을 때, 혹은 정말 사랑하는 사람이 죽었을 때 현실은 어떤 모습인지 말해 보라. (〈감정〉 장에서 이 내용을 다룰 것이다.) 이 장이 선택과 자유, 의지를 다루는 〈욕망〉의 장에 포함되는 것은 어떤가? 당신의 결정들이 현실에 기초한다고 생각하는가? 아니면 현실에 대한 가정에 근거한다고 생각하는가?

또 다른 장인 〈의식이 현실을 창조한다〉에서는 현실에 대한 우리의 상상력을 다룰 것이다. 물론 이 장은 그곳에 포함되어도 좋을 것이다.

이렇게 "현실은 무엇인가?"라는 질문은 어디에든 갈 수 있다. 어느 장에도 또 우리가 살아가는 어느 순간에도 던질 수 있는 질문이다. 모든 결정은

당신에게 실재하는 구조물(construct)에 근거하고 있다. 당신이 마지막으로 현실에 대한 가정들에 대해 깊이 생각해 본 적은 언제인가?

우리는 여러 과학자들에게, "현실은 무엇인가?"라는 질문을 던졌다. 데이비드 알버트 박사는 우리가 매일의 삶 속에서 이 질문을 던지는 이유와 방법을 다음과 같이 말한다.

만일 내가 아침에 일어나서 눈이 올바르게 기능하고 있다는 것을 명확하게 알 수 없다고 심각하게 생각해 본다고 가정하자. 그러면 침대 옆 딱딱한 바닥은 절벽 같은 것이 될 수도 있다. 즉 개연성으로 존재하는 여러 가지 가능성들을 정리하지 못한다면 나는 침대에서 나올 수도 없다! 말 그대로 나는 마비된 채로 움직일 수 없을 것이다.

침대 밖으로 발을 내딛기 전에 내가 가진 하나의 가정은 그곳에 정말 바닥이 존재한다는 것이다. 하지만 나는 바닥은 환상일 뿐이고 실제 그곳에는 절벽이 있다는 가정을 할 수도 있다. 즉 아침에 침대에서 나오면서도 당신은 이러한 가정들 중 하나를 다른 가정보다 더 인정하고 있는 것이다. 이것이 우리가 일상적인 삶을 살아가는 방식이다.

동물과 새들은 우리와는 매우 다른 현실 속에서 살아간다. 어떤 동물은 우리가 듣지 못하는 소리를 듣고, 보지 못하는 빛의 파장(적외선이나 자외선 등)을 본다. (개와 같은) 대부분의 포유류는 우리보다 시각에 훨씬 덜 의존하며, 냄새의 세계에서 살아간다. 몇 시간 동안 천정의 '텅 빈' 구석을 응시하는 아기들은 어떤가?

우리와 항상 함께 하며 우리 존재의 가장 근본이 되는 의식은 실재하는 것일까? 어떤 행위를 하기 위해서는 즉 생각하고, 꿈꾸고, 창조하고, 인식하기 위해서 의식은 존재해야 한다. 의식 역시 현실의 일부분일까? 그렇다면 의식은 어디에 존재하는 것일까? 그리고 무엇으로 만들어져 있을까? 물질과는 다르게 의식처럼 만질 수 없는 현상을 측정하는 것은 불가능하다. 하지만 그렇다고 그것들이 '실재' 하지 않는다는 의미는 아니다. 그렇지 않은가?

많은 과학자들이 이 문제에 대해 당혹해 한다. 만일 의식이 실재한다면 그 실체는 조사될 수 있을 것이다. 만일 의식이 실재하지 않는다면 그것을 찾을 필요도 없으며 의식의 실체를 아는 것은 불가능해진다.

그렇다면 '실재한다는 것' 은 무엇일까? 분명 아주 흔하지만 대답하기는 쉽지 않은 질문이다. 하지만 우리가 누구이며 삶은 무엇인지, 가능한 것은 무엇이고 불가능한 것은 무엇인지 등은 모두 그것이 실재한다는 가정에 기초하고 있다.

- 윌

눈으로 보는 현실을 인정한다면 그 순간 우리는, "실재하는 것은 무엇인가?"라는 질문에 답을 한 셈이다. 대부분의 사람들은 감각이 우리에게 투영한 것을 현실이라고 생각한다. 물론 과학 역시 400년 동안 이 관점을 유지해 왔다. 즉 오감으로(혹은 오감의 연장선 상에서) 인식되지 않는다면 그것은 실재하지 않는 것이다.

그러나 우리가 눈으로 바라보는 이 '현실' 도 현미경이나 원자 분쇄기를 통해 그 속을 더 깊이 들여다보면 그 모습은 달라진다. 현실은 완전히 다른 것이 되고 인지할 수 없었던 세계가 나타난다.

우리의 생각은 어떨까? 생각은 '현실'의 일부분일까? 지금 주변을 돌아보라. 창문과 의자, 불빛과 이 책이 있다. 아마도 당신은 그것들이 실재한다고 생각할 것이다. 그것들은 모두 창문이나 의자에 대한 '개념' 보다 앞서 있다. 누군가 이 창문과 의자를 상상하고 만들어 냈다. 창문과 의자가 실재한다고 하면, 그 개념 역시 실재하는 것일까? 대부분 사람들은 생각과 감정이 실재한다고 생각한다. 하지만 '현실'을 탐구하는 과학자들은 이런 것들에 관한 이야기를 애써 피한다.

나는 현실에 의문을 품어 본 적이 없다. 왜 내가 그런 바보 같은 짓을 하겠는가? 그리고 내가 처한 현실은 엉망이 되었을 때, 나는 현실에 대해, 즉 탁자나 의자와 같은 것이 아닌 그것들에 대한 나의 인식에 대해 의문을 갖기 시작했다. 일단 나의 현실이 내 스스로 규정한 한계의 구조물이라는 것을 깨닫자, 그 꿈들로부터 빠져나와야 한다는 것을 알게 되었다. 가질 수 없거나 될 수 없다고 믿는 것들을 아무리 바란다고 무슨 일이 일어나겠는가? 현실에서 '분명한' 것은 그 현실에 대한 나의 인식뿐이다. 만일 내가 눈을 뜨고 새로운 가능성을 볼 수 있다면 나의 현실은 바뀔 수 있다.

- 벳시

연구실로!

(정말 엄청난 질문으로 판명된) "현실이란 무엇인가?"라는 질문에 답을 얻지 못한 채, 인류는 연구소로 돌아가 더 단순한 부분을 연구했다. 모든 사람이

'실재'한다고 동의하는 우리 주변의 '사물'들을 가져와 그것이 무엇으로 만들어졌는지 탐구하기 시작한 것이다. 이렇게 하는 편이 꿈이나 생각 혹은 감정이나 다른 내면의 것들을 다루는 것보다 훨씬 간편하다.

원자에 대한 개념을 처음으로 제기한 사람은 그리스 철학자 데모크리투스였다. 그는, "원자와 빈 공간 외에는 아무것도 존재하지 않는다. 그 외의 모든 것은 의견일 뿐"이라고 말했다. 아주 멋진 출발이었다. 그리고 전자 현미경과 원자 분쇄기, 안개 상자(1897년 영국의 물리학자인 C.T.R. 윌슨이 고안해서 1911년 발표한 '윌슨의 안개 상자'로 대전 입자의 궤적을 직접 관찰하기 위해 개발되었다. 역주)와 같은 것들이 나왔고, 우리처럼 큰 인간들도 미세한 물질의 세계를 들여다볼 수 있게 되었다.

학교에 다닐 때 아마 딱딱한 원자핵과 궤도를 도는 전자로 구성된 그림을 본 적이 있을 것이다. 그리고 이런 말도 들었을 것이다. "원자는 자연을 구성하는 덩어리다." 아주 간단하고 깔끔한 개념이고, 설명하는 도표도 꽤 멋져 보이지만 실제로는 그렇지 않다.

이 딱딱한 원자들은 실제로는 에너지 다발이라는 것이 밝혀졌다. 그리고 곧 그것은 에너지 덩어리도 아니며, 실제로는 에너지 장 속에 존재하는 순간적인 응축체라는 것이 드러났다. 물론 '원자'의 거의 대부분은 '빈 공간'이다. 우리가 의자에 앉을 때 엉덩방아를 찧지 않는 것은 기적이라고도 말할 수가 있다. 왜냐하면 바닥의 대부분은 빈 공간이기 때문이다. 그렇다면 우리를 지지해 줄 만큼 딱딱한 것은 어디에 존재하고 있는 것일까? 여기서 더욱 신비한 것은 '우리'(적어도 우리의 몸) 역시 원자로 만들어져 있다는 것이다!

현재 최첨단의 연구를 통해 소위 원자들 사이의 '빈 공간'이 전혀 비어 있지 않다는 것이 밝혀지고 있다. 그 공간은 에너지로 넘쳐 나고 있으며, 1

입방 센티미터의 공간의 에너지는 전우주의 물질 에너지 이상의 에너지를 담고 있다! 자 이제 당신은 무엇이 실재한다고 말하겠는가?

근본적으로 물질이라고 하는 것은 존재하지 않는다. 모든 비물질들 중에서 가장 단단하다고 말할 수 있는 것은 생각 같은 것이다. 즉 응집된 정보 조각 같은 것이다.

– 제프리 사티노버 박사

더 깊이

고대 그리스 철학자들이 등장하기 전, (물론 양자 물리학자들이 등장하기 전 아득한 옛날에) 인도의 성자들은 감각의 영역을 넘어선 중요한 무엇이 존재하고 있다는 사실을 알고 있었다. 불교와 힌두교의 현자들은 외부 세계, 즉 우리가 감각으로 인식하는 세계가 마야, 환영이라고 가르쳤다. 그리고 이 물질의 영역 아래에 비록 실체는 없지만 훨씬 더 강력하고 근원적인 무엇이 존재한다고 말한다. 많은 경전들도 물질 우주보다 훨씬 더 근원적인 '고차원의 현실'이 존재하며 그것은 의식과 관련 있다고 말하고 있다.

이것이 바로 양자 물리학이 이야기하고 있는 것이다. 양자 물리학에서는 물질 세계의 핵심은 완전히 비물질 영역이며, 그것을 정보, 확률파, 혹은 의식이라고 말한다. 이것이 사실이라면 물질을 구성하고 있는 것이 원자인 것처럼 지성 아래에 존재하는 장이 우주의 '실재' 모습이라고 할 수밖에 없다.

나사의 우주 비행사 에드가 미첼은 우주에서 지구로 돌아오는 도중에 다음과 같은 결론에 이르렀다.

그 순간 나는 우주에 지성이 갖추어져 있다는 것을 깨달았다. 우주는 어떤 방향으로 계속 나아가고 있으며 그 방향은 우리 자신과 밀접한 관계가 있다는 것을 알게 되었다. 이 행성에 계속해서 존재해 왔던 이 창조적인 영혼, 창조적인 의도는 우리의 내면으로부터 나와 이렇게 존재하고 있는 것이다.

의식 그 자체는 가장 근원적인 것이며 에너지와 물질은 의식의 산물이다. 만일 우리가 진짜 모습에 고개를 돌린다면, 그리고 스스로를 물질적인 경험을 창조하는 불멸의 존재로 바라보고 의식이라고 부르는 존재의 차원과 하나가 된다면, 우리는 세상을 아주 다른 방향으로 바라보고 창조하기 시작할 것이다.*

위대하고 더 진실에 가까운 의식에 대한 진실

미첼의 깨달음은 여러 시대에 걸쳐 온 신비가들의 경험과 유사하다. 신비적이고 영적인 경험들을 신경 과학적인 관점에서 연구 중인 엔드류 뉴버그 박사는 깊은 신비 경험을 한 사람들이 일상의 세계로 '돌아와' 일상의 현실보다 그 경험을 보다 실재적이며 진실에 가깝고, 근원적인 모습으로

---

* 미첼 박사는 실제로 그렇게 했다. 그는 지구로 돌아와 그와 다른 사람들이 현실에서 경험하는 '신비로운' 작용들을 과학적으로 연구하는 신경 과학 연구소를 설립했다.

인식한다고 말한다. 그들에게 우리가 살고 있는 물질 세계는 부차적인 현실이다.

이런 이유로 뉴버그 박사는 말한다. "우리는 물질 세계와 의식의 관계를 정말 주의 깊게 살펴볼 필요가 있다. 물질 세계가 의식의 세계로부터 나왔는지, 혹은 의식 그 자체가 보다 더 근원적인 우주의 물질인지를 깊이 탐구할 필요가 있다."

정말 우리가 아는 것일까?

18세기 독일 철학자인 엠마누엘 칸트는 인간은 현실 자체를 결코 인식할 수 없다고 말했다. 인간은 관찰을 통해 여러 가지 질문에 대한 답을 얻을 수 있을 뿐이다. 그리고 그 대답은 우리의 마음의 가능성과 한계에 근거하고 있다. 우리가 (감각을 통해서든 과학을 통해서든) 자연 세계에서 인식하는 모든 것들은 의식이라는 필터를 통해서 들어오고 결정된다. 최소한 어느 정도까지는 마음 그 자체의 구조에 의해 걸러진다. 그래서 우리가 보는 것은 마음과 '실제 외부에 존재하는 것' 들 사이에 상호 작용인 '현상' 들이다. 우리는 현실을 보지 않는다. 단지 뇌의 신경망이 만들어 낸 현실에 대한 구조물을 보고 있는 것이다. '사물 그 자체' 는 결코 인식할 수 없다.

다른 식으로 말하면 과학이 우리에게 보여 주는 것은 현실 그 자체가 아니라 현실의 모델일 뿐이다. 미하일 레드워드는 다음과 같이 말한다.

현실에 대한 양자 물리학의 관점은 궁극적인 것은 아니다. 역사 속에서 과학이 시도하고 있는 것은 존재하는 현실을 최대한 완벽하게 표현하려는 것이다. 2, 30년 후가 되면 양자 물리학은 어떤 이름의 물리학이 될지는 모르지만, 더 깊고 완전한 이해로 대체될지도 모른다.

과학이 이러한 모델을 제공한 뒤에도 여전히 그 과학을 다루는 '우리'가 남는다. 엔드류 뉴버그 박사는 다음과 같이 지적한다.

우리가 거대한 홀로데크(공상 과학 영화의 대표작 중 하나인 스타트렉 시리즈에 나오는 장치로 어떤 환경이든 완벽하게 시뮬레이션 할 수 있다. 스타트렉의 승무원들은 홀로데크를 이용하여 무엇을 재창조하거나 다른 곳을 여행하기도 한다. 역주) 위에 살고 있는 한 질문들에 대해 반드시 만족할 만한 대답을 얻어야하는 것만은 아니다. 나는 과학이란 언어로 우리에게 전해지는 것 역시 우리가 다루어야 할 중요한 철학적 문제라고 생각한다. 왜냐하면 과학에서 우리는 항상 관찰자이기 때문이다. 우리는 뇌를 통해 사물을 바라보고 인식하지만 동시에 그 뇌에 의해 끊임없이 구속받는다. 실제 외부에 존재하는 것들을 볼 수 있는 길은 존재하지 않으며, 모든 것이 단지 거대한 환상이라고 말할 수도 있다.

현실의 차원들

현실에는 각각 다른 차원들이 동시에 존재하며 그것들이 모두 실재한다는 개념은 혼란스러운 질문들을 다루는 데 있어서는 도움이 된다. 다른 말로 하면 겉으로 보이는 현실은 그 자체로 실재하고 있지만, 더 깊은 차원의 현실과 비교해보면 실재하지 않는다고 말할 수도 있다. 즉 '궁극적인' 현실은 아닌 것이다. 팔과 다리는 실재한다. 세포와 분자도 실재한다. 원자와 전자도 실재한다. 그리고 의식 역시 실재한다. 존 헤글린 박사는 말한다.

말 그대로 우리가 살고 있는 세상에는 각기 다른 차원의 세계가 존재한다. 피상적인 진실과 깊은 진실이 존재한다. 눈으로 보이는 세계도 있고 내면의 세계도 있다. 원자의 세계도 있고 세포핵의 세계도 존재한다. 이것들은 모두 각자 다른 세계들이다.

그 세계는 각자 자신만의 언어와 수학을 가지고 있다. 이것들이 단지 더 작은 세계일 뿐이라는 의미는 아니다. 이 세계들은 완전히 다른 세계이지만 상호 보완적이다. 왜냐하면 나는 원자들이기도 한 동시에 세포들이기 때문이다. 또 나는 눈으로 보이는 생명체이기도 하다. 이것들은 모두 진실이다. 이 세계들은 진실의 각기 다른 차원들일 뿐이다.

그래서

1. 정말 그것들은 모두 존재한다.
2. 어떤 것도 존재하지 않는다. 그것들은 모두 모델일 뿐이다.
3. 우리는 결코 우리의 방식을 벗어나 모든 것을 인식할 수 없다.
4. 인식을 확장함으로써 우리는 모든 것들을 인식할 수 있다.
5. 위의 정의들은 모두 진실이다.
6. 위의 정의들은 모두 모델이다.
7. 혹은……

현실은 민주적인 절차인가?

일상의 삶에서 현실에 대한 순간순간의 결정들이 단순히 민주적으로 일어나고 있다고 말할 수 있을까? 혹은 우리 주위의 것들이 합의를 거쳐 현실이 되는 지점은 어디일까? 열 명의 사람들이 만일 방 안의 의자를 보고 있다고 하자. 여덟 명은 그것을 의자로 보고, 다른 두 명은 그것을 화성인으로 본다. 환상에 빠진 것은 누구일까?

열두 명의 사람들은 호수를 물로 보지만 한 사람은 호수를 걸을 수 있는 딱딱한 고체로 본다. 환상에 빠진 것은 누구일까?

앞 장에서 우리는 패러다임이 현실에서 가장 일반적으로 받아들여지는 개념(모델)이라는 이야기를 했다. 우리는 행동을 통해 무엇이 현실인가에 대해 투표를 하고 그 결과가 현실이 된다.

하지만 여기서 이런 의문이 생긴다. 의식이 현실을 창조하는 것일까?

현실이 환상이며 단지 모든 가능성이 합해진 모호한 무엇일 뿐이냐는 질문에 쉽게 대답하면 그렇다고 할 수 있다. 만일 누가 나에게 묻는다면 나는 기본적으로 그렇다고 할 것이다. 하지만 실제로는 그것보다 훨씬 복잡하다. 왜냐하면 당신이 현실과 상호 작용할 때만 그것이 딱딱한 현실로 태어나기 때문이다. 당신이 현실과 상호 작용하지 않을 때, 현실은 가능성으로 존재할 뿐이다.

– 제프리 세티노버

잠시 생각해 보자.

- 현실에 대한 당신의 가정은 무엇인가? 그리고 그 가정 중에 당신이 매일 창조하는 가장 기본적인 가정은 무엇인가?
- 생각이 무엇으로 만들어져 있는지 생각해 본 적이 있는가?
- 생각이 현실화된 적이 있는가? 있다면 그 예를 들 수 있는가?
- 꿈은 어떤가? 꿈과 인식이 모두 기본적으로 뇌의 작용이라면, 왜 외부의 세계를 더 현실적이라고 생각하는 것일까?
- 어떤 단계가 더 실재적으로 느껴지는가?
- 현실과 그 현실에 대한 당신의 인식의 차이는 무엇인가?
- 당신의 패러다임의 변화가 현실에 대한 당신의 인식을 어떻게 변화시킬까?
- 패러다임을 변화시키지 않고 현실에 대한 인식을 바꾸는 것이 가능할까?
- 지금 당신은 어떤 색깔의 안경을 쓰고 있는가?

이 세계

이슬의 세계

그리고 아직……

- 코바야시 이사

시각과 인식

마음은 눈이 보는 특정 지식과 가정을 결정짓는 뼈대를 제공한다.
마음이 우주를 만들어 낸 다음 눈이 보는 것이다.
다른 말로 하면 마음이 눈 속에 짜여 넣어지고 있는 것이다.

– 헨리크 스크리모프스키

이미 알고 있는 것들에 근거해서 어떤 것을 인식하고 있다면,
새로운 것은 어떻게 인식하는 것일까?
만일 새로운 것을 인식할 수 없다면 어떻게 변화하고 성장할 것인가?

가장 모호하고 알 수 없는 주제인 '현실'에 대한 여행을 끝낸 뒤, 이제 시험되고 검증되고 받아들여지고 있는 실제 과학의 세계로 돌아가 보자. 놀랍게도 과학은 사람들이 일반적으로 믿고 있는 것과는 정반대의 이야기를 한다.

누가 무엇을 보는가?

뇌가 시각 정보를 처리하는 것은 다섯 단계로 되어 있다. 당신이 지금 이 글자를 '보면서'도 그 단계를 거치고 있다. 눈이 보이는 영상을 '당신'에게 보내는 것에서 끝나는 것이 아니다. 뇌는 시각 정보를 처리한 뒤 다시 뇌로 보내 눈이 글자들을 조립하게 해준다.

뇌는 우선 들어오는 자극을 기본적인 모양, 색깔, 패턴으로 분해한다. 그리고 뇌에 저장된 기억을 통해 비슷한 것들을 결합시킨다. 즉 주어진 데이터를 감정에 결합시키거나 사건의 의미를 정해 통합된 '그림'으로 묶는

것이다. 이 그림은 1초에 40번씩 번쩍이며 뇌의 전두엽으로 보내진다. 그렇다. 정보들은 연속적인 것이 아니라 마치 점멸하는 영화의 필름 같은 것이다.

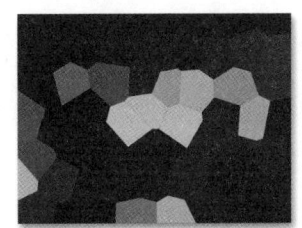

이 말은 뇌가 당신이 보는 모든 것들에 색을 칠한다는 것을 의미한다. 당신이 숲을 보고 있다고 하자. 당신의 뇌는 보고 있는 모든 잎들과 나무에 실제로 색을 입힌다. 잎들의 색깔과 크기, 모양 기억들과 신경망을 결합하고 연결시킴으로써 색을 입히고 있는 것이다.

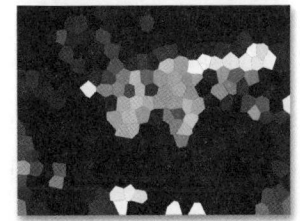

이것은 너무 엉뚱하고 우리 생각과는 정반대되는 것처럼 보인다. 신경 생리학자들은 어떻게 이런 주장을 하게 된 것일까?

일류 수영 선수나 다이버들, 높이뛰기 선수나 육상 선수들, 역도 선수들 같은 운동 선수들은 시각화 훈련을 통해 아주 세세한 것까지 그들이 원하는 행위에 대해 시뮬레이션을 한다. 남성 호르몬의 경쟁터인 운동 선수들에게 조용히 앉아 눈을 감고 하는 이런 훈련이 과연 쓸모 있을까라고 생각할 수도 있지만, 지금까지 그

시각과 인식 · 73

효과는 완벽하게 증명되었고 지금은 이 훈련은 흔하게 이루어지고 있다.

인식하는 뇌

과학자들이 뇌가 시각 이미지를 만들어 내는 것을 알게 된 것은 뇌졸중 환자를 연구하면서였다. 뇌졸중은 뇌의 일부분이 작동하지 않는 증상이다. 과학자들은 뇌졸중이 환자의 시각에 어떤 영향을 미치는지를 연구했다.

일례로, 뇌의 시각 정보를 처리하는 부분에 아주 미세한 손상을 입은 환자가 있었다. 손상된 곳은 코에 대한 정보를 처리하는 부분이었는데, 이 환자는 사람들의 모든 부분을 볼 수 있었지만 코는 볼 수 없었다. 피에로가 빨간 코 분장을 하고 이 사람 앞에 서 있어도 환자는 일반 사람들처럼 '코가 다르다'고 대답하지 못한다. 피에로의 코에 대해서 구체적으로 물어도 특별히 바뀐 것이 없다는 반응이 돌아올 것이다. 코 이외의 것들은 완벽하게 인식하고 있으므로 환자의 뇌는 정상적으로 신호를 보내고 있지만 코에 대한 정보를 받을 곳이 존재하지 않는 것이다. 환자는 (피에로의 코와 같은) 코를 보는 대신 사람들의 코는 '그럴 것이다'라고 환자가 생각하는 것을 볼 뿐이다.

실제 인식하는 것은 눈이 아니라 뇌라고 하는 증거는 이 밖에도 존재한다. 안구에서 뇌까지의 시신경에는 시각 수용체가 존재하지 않는다. 그래서 당신이 한쪽 눈을 감으면 중앙에 검은 점이 보일 것이라고 생각하지만 실제로는 그렇지 않다. 이것은 영상을 만들어 내는 것이 눈이 아니라 뇌이기 때문이다.

과학자들은 갓 태어난 고양이를 세로 차원의 선이 존재하지 않는 환경에 몇 주 동안 놓아두었다. 그 후 고양이를 '보통' 환경에 꺼내 놓자, 고양이들은 (다리가 달린 의자 같은) 세로 차원의 물건을 인식하지 못하고 계속 부딪혔다.

더 많은 정보들

과학자들은 어떤 사물을 볼 때 뇌에서 나오는 전기적인 신호를(컴퓨터 단층 촬영 등으로) 측정하고, 그 물체를 상상하도록 했을 때 나오는 신호와 비교한 결과, 뇌의 같은 부분이 활성화된다는 것을 발견했다.

눈을 감고 그 사물을 시각화하는 것이 실제 그 사물을 바라보는 것과 똑같은 뇌파를 만들어 낸 것이다.

뇌는 주변에서 실제로 보는 것과 상상하는 것을 구분하지 못할 뿐 아니라, 실제 행동과 시각화된 행동 역시 구분하지 못한다. 이 사실을 처음으로 발견한 사람은 1930년대 에드문트 제이콥슨 박사였다(그는 스트레스를 없애 주는 진행 이완 기법의 창시자이기도 하다). 제이콥슨 박사는 피실험자에게 몸을 움직이는 것을 시각화하라고 말하자 실제 몸을 움직일 때 움직이는 근육에서 미묘한 움직임이 관측되었다. 지금까지 이 방법은 전세계의 우수한 운동 선수들에게 적용되어 훌륭한 효과를 얻고 있다.

> 뇌는 외부에서 일어나는 일과 내면에서 일어나는 일을 구분하지 못한다.
> —조 디스펜자

인식에 대한 진실

인식은 복잡하고 다면적인 과정이다. 이 과정은 감각 신경이 외부로부터 정보를 집어 뇌로 전자기적 자극으로 보낼 때부터 시작된다. 다른 생물과 마찬가지로, 우리의 감각 기관으로 인식할 수 있는 것은 제한되어 있다. 우리는 자외선을 보지 못한다. 또 새가 감지할 수 있는 전자기장을 감지할 수 없다(새들은 이것을 네비게이션으로 이용한다). 하지만 오감으로 쏟아져 들어오는 정보의 양은 엄청나서 대략 1초에 약 4,000억 비트이다.

> '내면에서' 일어나는 것과 독립된 저 밖이라는 '외부'는 존재하지 않는다.
> – 프레드 알랜 울프 박사

분명 우리가 이 모든 정보를 의식적으로 받아들이고 처리하는 것은 아니다. 과학자들은 우리가 의식을 통해 처리하는 정보는 겨우 2,000비트 정도라고 말한다. 엔드류 뉴버그 박사의 말처럼 뇌는 '외부의 이야기를 창조하면서' 동시에 '엄청난 양의 정보를 제거하지 않으면 안 되는' 것이다.

예를 들어 당신이 지금 이 글을 읽는 동안에도 감각 기관은 방의 온도나 몸이 의자에 앉아 있는 느낌, 옷의 감촉, 냉장고가 돌아가는 소리나 머릿결의 샴푸 냄새와 같은 정보 등을 감지하고 있다. 단지 이 책의 글자들에 집중하고 있기 때문에 대부분의 정보들을 인식하지 못하고 있을 뿐이다. 뉴버그 박사의 말을 들어 보자.

> 뇌는 외부에 실제 존재하는 엄청난 양의 정보를 차단할 수밖에 없다.

뇌는 정보를 저지함으로써 이 일을 수행한다. 즉 특정 반응이나 특정 신경 정보가 최종적인 의식으로 떠오르지 못하도록 막고 있는 것이다. 이런 과정을 통해 우리는 앉아 있는 의자에 대한 정보를 무시한다. 즉 알려진 것을 배제하는 것이다. 그리고 알려지지 않은 것들도 배제한다…….

뇌는 식별할 수 없는 것을 보면 비슷한 어떤 것을 떠올린다(그건 다람쥐가 아니야. 하지만 비슷한 무엇이군). 비슷한 것이 없거나 그것이 실재하지 않는 것이라면, "이건 내 상상이 분명해."라고 하면서 그것을 무시해 버린다.

우리의 눈은 항상 움직이고 있다. 눈은 모든 에너지의 장을 넘어 움직이고 있다. 그렇다면 왜 눈이 집중할 때 하나의 영역을 받아들이고 다른 것을 받아들이지 못하는 것일까? 답은 아주 간단하다. 우리는 우리가 믿고 싶은 것만을 보기 때문이다. 즉 우리에게 익숙하지 않거나 불쾌한 것들에는 눈을 돌려 버리기 때문이다.
-캔디스 퍼트 박사

그래서 우리는 진정한 의미에서 현실을 인식하는 것이 아니다. 우리는 뇌 속에 감각적으로 입력되어 구축된 광대한 신경망으로 만들어진 이미지를 보고 있는 것이다. 뉴 버그 박사는 이렇게 말한다. "당신이 보는 것은 당신의 경험에 달려 있다. 그리고 그 정보를 풀어 내는 방법에 따라 실제 시각적 세계가 창조된다. 뇌가 현실을 읽어 내고 세상에 대한 해석을 창조하는 것이다."

영화 두 편에 대한 이야기

우리는 영화를 본 많은 사람들로부터 왜 영화를 계속 편집하느냐는 이메일을 많이 받았다. 즉 좋아하는 장면이 사라지고 다른 장면이 보태졌다는 것이다. 어떤 사람은 굉장히 불쾌해 하기도 했다. 하지만 우리는 어떤 편집도 하지 않았다. 게다가 사람들에게 사실을 이야기하자 사람들은 우리의 말을 믿지 않았다. 아마도 새로운 지식이 펼쳐짐에 따라 그들의 마음이 영화의 다른 부분에 다가선 것 같다.

그래서 우리는 영화를 다시 편집하기로 했다. 이전 인터뷰를 새로운 인터뷰로 바꾸고 더 심도 있는 인터뷰와 애니메이션 장면을 삽입했다. 그리고 드라마 부분도 새롭게 편집했다. 두 편의 신비의 굴속에서 혼란스러워 하는 사람들을 보는 것도 재미있을 것이다.

-윌

감정과 인식

국립 보건 연구소의 퍼트 박사는 우리가 현실을 인식하는 방식은 우리가 실재한다고 믿는 것에 의해 결정될 뿐 아니라 우리의 감정에 의해 정해진다고 말한다. "감정은 관심을 가질지 말지를 결정한다. 의식 위로 떠오르는 생각들과 몸속의 깊은 차원으로 묻히는, 소화되지 않는 생각을 조절하는 것은 수용체들이다."

조 디스펜자 박사는, "감정은 어떤 것을 생화학적 측면에서 장기 기억으로 강화시키기 위한 것이다. 이것이 우리가 감정을 갖는 이유."라고 말한다. 감정은 아주 기본적인 차원에서부터 시각 정보 처리 기능과 연결되어 있다. 이것은 아주 혁명적인 관점이다. 만일 당신이 길을 걷고 있는데 갑자기 호랑이가 당신 앞에 나타난다면 당신은 이유를 알기도 전에 영상을 처리하고 도망치기 시작할 것이다.

쏟아져 들어오는 4,000억 비트의 정보들 중에서도 (화성인처럼) '비현실적인' 정보를 버리고 (샴푸 냄새와 같은) '관계없는' 정보를 없애더라도 여전히 많은 양의 정보들이 남는다. 그 정보들이 상대적으로 얼마나 중요한지가 감정을 통해 걸러지는 것이다. 감정들은 인식을 손쉽게 하기 위해 조건화된 것이다. 또 감정의 특이한 능력 중의 하나는 보고 싶지 않은 것을 보지 못하게 하는 것이다.

나는 얼마 전 서스캐쳐원(캐나다 남서부의 주(州). 역주)에서 일어난 비행기 사고에 대해 보험회사가 조사했던 이야기를 들었다. 항공기가 엔진 고장으로 가장 가까운 곳의 고속도로 위에 비상 착륙을 하게 되었다. 그 비행기는 착륙하느라 속도를 줄인 상태여서 고속도로 밖으로 움직일 수 없었다. 그리고 몇 대의 자동차들이 비행기에 충돌했다. 그런데 비행기에 충돌했던 운전자들은 모두 경찰 조사에서 비행기를 전혀 보지 못했다고 진술했다. 운전을 하고 있는데 갑자기 무엇인가에 부딪혔다는 것이었다. 결국 보험회사는 이런 일이 일어난 이유가 운전자가 고속도로 위에 있을 수 있다고 최대한 예상할 수 있는 것은 작은 소형 비행기였기 때문에 운전자들이 항공기를 보지 못했다고 결론 내렸다.

- 마크

패러다임과 인식

만일 이미 존재하는 기억들과 감정들을 연합해서 현실을 만들어 낸다면, 도대체 우리는 어떻게 새로운 것을 인식하는 것일까?

정답은 새로운 지식이다. 패러다임을 확장하고 가능한 모델을 확장함으로써 우리는 뇌가 수행할 수 있는 새로운 선택들의 목록을 더해 갈 수 있다. 기억하라. 그 목록은 단지 개인적인 경험에 근거한 현실에 대한 해석들일 뿐이다. 그것들은 결코 현실 그 자체가 아니다. 하지만 새로운 지식은 우리의 마음을 열어 새로운 형태와 차원의 인식과 경험을 가져다 줄 수 있다.

새로운 정보는 중요하지만, 완전한 지식은 이해와 경험 모두를 포함한다. 복숭아 맛을 궁금해 하는 사람에게 '수분이 많고, 달콤하고, 부드럽고……' 처럼 복숭아에 관한 정보를 줄 수 있다. 하지만 직접 먹어 볼 때까지 복숭아가 어떤 맛인지를 알 수 없다. 패러다임을 확장하고 더 큰 삶에 자신을 열어 두기 위해서 우리에게 더불어 필요한 것은 경험이다.

예를 들어, 당신이 마지막으로 흥분했던 적은 언제인가? 가장 최근에 '그 일을 해낸 것이 믿어지지 않을 정도로' 놀랐던 적은 언제인가?

카를로스 카스타네다는 《익스트란으로의 여행(Journey to Ixtlan)》이란 책에서 돈 주앙의 '자신에게 다가가기'에 대한 가르침을 이야기한다. 즉 자신의 습관에 대해 연구함으로써 그런 습관적인 일을 하는 자신을 넘어 완전히 새로운 일을 할 수 있다는 것이다.

다시 질문으로 돌아가 보자. 만일 우리가 이미 알고 있는 것만을 인식한다면 어떻게 새로운 것을 인식할 수 있을까? 우리가 스스로를 창조하고 있다면, 도대체 어떻게 새로운 자신을 창조할 것인가?

우리가 이미 알고 있는 범위 내에서의 삶을 경험할 뿐이라는 것을 깨닫는다면, 더 넓고 풍요로운 삶을 원하고 있다면, 그리고 성장과 성취, 행복을 위한 더 많은 기회를 원한다면 우리는 위대한 질문을 통해 앞으로 나아갈 필요가 있다. 그리고 새로운 감정들을 경험하고 신경망 속으로 더 많은 정보를 채울 필요가 있다.

우리가 현실을 창조한다

지금까지 과학이 발견한 것 중 가장 기본이 되는 것은 이것이다. 즉 우리가 인식하는 세상은 우리가 창조한다는 것이다. 그 세상은 내가 눈을 떠 주위를 돌아보았을 때 그냥 보이는 '세상'이며 인간의 감각 기관이 볼 수 있는 세상인 동시에 나의 신념 체계가 보게 해주는 세상, 그리고 나의 감정들이 보게 하거나 보지 못하게 하는 세상을 의미한다.

이런 개념을 거부하고 모든 사람들이 똑같이 인식하고 동의하는 '실제 세계'의 존재를 믿는다고 해도 사람들은 같은 것들을 종종 (어쩌면 항상) 아주 다르게 인식한다. 예를 들어 범죄 사건에 대해 진술하는 목격자들의 진술을 들어보면 (일본 영화 라쇼몽에서처럼) '실제 일어난 일'에 대한 해석들은 제각각이다. 가해자와 피해자 사이에 있었던 범죄의 세세한 사항들 뿐 아니라 (머리 색깔, 키, 옷 등과 같은) 외모도 달라진다. 목격자들은 각자 그들이 맞는 이야기를 하고 있다고 믿지만 실제 그들이 이야기하는 것은 일어난 일에 대한 각자의 인식일 뿐이다.

우리는 모두 무수히 많은 방법으로 자신의 세계를 창조하고 있다. 시각과 인식의 측면에서 이것은 아주 분명하고 과학적으로 드러난다. 여기서 가장 중요한 질문은 이것이다. 이야기는 여기서 끝나는 것일까? 시각과 인식이 우리가 보는 세상에 영향을 미치는 끝일까?

한걸음 넘어

과학이 시각의 신비에 대해 밝혀 낸 것은 여기가 끝이 아니다. 더 깊은 곳으로 들어가 보자.

칼 프리브램은 뇌가 본질적으로 홀로그램의 성격을 가지고 있다는 발표로 사람들의 뇌에 대한 생각에 혁명을 가져왔다. 즉 정보 처리 과정은 뇌의 모든 부분에서 일어나며, 뇌는 각각의 부분들이 전체를 담고 있다는 홀로그램의 구조를 가지고 있다는 것이다. 이상하게 들릴지도 모르지만 프리브램은 이 이론을 인식 모델에 적용했다. 그는 우주는 본질적으로 홀로그램의 성격을 띠며, 우리가 현실을 단지 '인식하는 것'을 넘어 현실 '속에' 있다는 감각을 갖게 되는 이유는 뇌와 '외부'가 홀로그램처럼 연결되어 있기 때문이라고 말했다(여기서도 시간과 공간은 문제가 되지 않는다).* 그는 우리의 인식이 뇌에서 처리되고 있을 뿐 아니라 뇌의 바깥으로 빠져나와 '외부'와 함께 작용하고 있다고 주장했다.

아무리 완벽한 가상 현실 장치를 통해서도 그 현실 '속에' 있다고 완벽하게 느낄 수 없는 이유도 이 때문이다.

하지만 현실이 홀로그램적이라면 그것을 직접 인식하는 것이 가능할까? 우리의 감각은 제한되어 있고, 쿠키 틀처럼 현실을 찍어 낸다. 의식 탐구자

---

* 공간은 주파수와 위상 관계의 변화일 뿐이다.

들은 모든 우주와 백사장의 모래 한 알에 이르기까지 이 세계를 완전히, 그리고 직접적으로 한 번에 경험하는 것이 가능하다고 말한다. 이런 관점에서 보면, 우리가 감각을 통해 인식하는 모든 것들은 마야, 즉 환상이다. 단지 하나의 관점에 지나지 않는 것이다.

잠시 생각해 보자.

- 패러다임과 태도는 당신이 보는 것에 어떻게 영향을 주고 있는가?
- 가장 자주 경험하는 감정 상태는 무엇인가? 그리고 그것이 당신의 인식에 어떤 영향을 주는가?
- 당신은 그런 감정 상태의 외부에 존재하는 것을 인식할 수 있는가?
- 만일 우리가 이미 알고 있는 것만을 인식한다면, 새로운 것은 어떻게 인식할 수 있는가?
- 당신이 인식하고 싶은 새로운 것은 무엇인가?
- 왜 당신은 오라를 보지 않는가?
- 새로운 인식은 어디로부터 오는 것일까?

토마스 쿤에게 패러다임에 관한 영감을 주었던 폴란드의 인식론 학자이며 미생물 학자인 루드윅 플렉은 학생들에게 현미경으로 대상을 관찰하라는 과제를 주면 처음에 학생들은 그것을 관찰하지 못한다고 말했다. 존재하는 것을 볼 수 없는 것이다.

반면 존재하지 않는 것을 관찰하는 경우도 있다. 어떻게 된 일일까? 답은 간단하다. 모든 인식들은, 특히 인식의 형태가 복잡한 경우, 아주 정밀한 훈련과 능력 개발이 요구되기 때문이다. 시간이 지나면 모든 학생들은 그곳에 존재하는 것을 보기 시작한다.

양자 물리학

나는 어느 누구도 양자 물리학을 이해하지 못했다고 생각한다.

– 리차드 파인만(1965년 양자 전기 역학 발전의 공로로 노벨상을 수상함)

처음 양자 이론을 접하고 충격을 받지 않은 사람들은
아직 양자 물리학을 이해하지 못한 것이다.

-닐스 보어(1922년 원자 구조에 대한 업적으로 노벨상 수상)

노벨상을 수상한 사람들이 양자 이론을 이해하지 못했다면 우리가 그것을 이해할 가망은 있는 것일까? 지금부터 전자, 광자, 쿼크 등에 대한 가벼운 이야기를 나눠 볼 것이다. 그리고 어떻게 그렇게 작은 것이 (만일 그것이 어떤 물질이라면!) 측정할 수 없는 에너지를 가지는지, 그리고 우리가 알고 있는 질서 있고 이해하기 쉬운 세계와 차이점도 살펴볼 것이다.

양자 이론은 심각할 정도로 모순되고 어려우며 개념적으로 혼란을 주는 이론이다. 반면 이 이론을 던져 버리거나 무시할 수도 없다. 왜냐하면 양자론은 물리학 시스템의 작용을 예측하는 데 있어 지금까지 우리 손에 들어온, 검증되고 가장 강력한 도구이기 때문이다.

– 데이비드 알버트 박사

지식이 만난 미지의 세계

고전적인 뉴턴 물리학은 사과의 낙하에서 행성의 운행까지 일상에서 경험하는 사물들을 관찰하는 데 기초를 두고 있다. 이 법칙들은 수백 년 동안 수없이 검증되고 증명되어 왔고, 이 법칙의 충분한 이해를 통해 산업혁명의 대성공에서 보는 것처럼 물질 작용을 예측하는 데 큰 역할을 했다. 하지만 19세기 물질의 아주 작은 영역들을 탐구하는 데 필요한 도구를 개발하던 물리학자들은 아주 곤혹스러운 상황에 처하게 된다. 뉴턴의 물리학이 더 이상 적용되지 않았던 것이다! 또 뉴턴 물리학은 과학자들이 발견했던 결과를 설명하거나 예측하지도 못했다.

이후 백 년 동안 극미의 세계를 설명하기 위한 완전히 다른 과학적 이론이 성장해왔다. 양자 역학, 혹은 양자 물리학으로 알려진 이 이론은(간단히 양자론이라고도 한다) 크고 거시적인 사물들을 잘 설명해 주는 뉴턴 물리학을 대신하지는 않는다. 이 새로운 물리학은 (대담하게 말하자면) 뉴턴 물리학이 가지 못하는 곳, 즉 아원자 세계를 위해 발명된 것이다.

스튜어트 해머오프 박사는 말한다. "이 우주는 아주 이상하다. 두 개의 법칙이 우주를 지배하는 것처럼 보인다. 수백 년 동안 운동의 법칙을 설명한 뉴턴의 법칙이 적용되는 일상의 삶, 고전적인 세상이 존재한다. 하지만 원자처럼 아주 작은 단위로 내려가게 되면 또 따른 법칙이 지배한다. 이것이 바로 양자의 법칙이다."

퀀텀(Quantum)이란 말이 과학에서 처음으로 쓰인 것은 1900년에 독일 물리학자인 막스 플랑크에 의해서이다. 퀀텀이란 말은 라틴어로 단순히 양량의 합을 의미한다. 하지만 곧 에너지나 물질의 물리적 특성을 나타내는 가장 작은 단위를 의미하게 되었다.

사실인가? 허구인가?

양자 물리학이 드러내는 이론은 너무나도 어처구니가 없어서 SF 영화처럼 들릴 정도이다. 입자는 동시에 둘이나 그 이상의 장소에 존재할 수 있다 (최근 실험에서 입자는 3,000군데 이상의 장소에 동시에 존재할 수 있다는 것이 밝혀졌다). 또 한 장소에 위치하는 '물체'는 입자로도 나타났다가 파동으로 나타나기도 하고 시간과 공간을 넘어 퍼져 나가기도 한다.

아인슈타인은 빛보다 빠른 것은 존재하지 않는다고 말했지만 양자 물리학에서 아원자 입자들은 공간 속에 아무리 멀리 떨어져 있더라도 동시에 정보를 교환할 수 있다.

고전 물리학은 결정론적이다. (물체의 위치나 속도처럼) 어떤 조건이 주어지면 그것이 어디로 움직일 것인가를 예측할 수 있다. 양자 물리학은 확률론적이다. 특정 물체가 어떻게 변할지 결코 확실하게 알 수 없다.

고전 물리학은 환원론적이다. 각각의 부분들을 안다고 전제하면 결국 전체까지 이해할 수 있다. 양자 물리학은 좀 더 유기적이고 홀로그램적이다. 양자 물리학이 그려 내는 우주는 모든 부분이 서로 상호 작용하며 영향을 주는 통일된 우주이다.

하지만 가장 중요한 점은 양자 물리학에서는 400년 동안 과학을 지배해 온 데카르트식의 주체와 객체, 관찰자와 관찰 대상 사이의 구분이 사라진다는 것이다.

양자 물리학에서 관찰자는 관찰 대상에 영향을 미친다. 물질 우주에서 독립된 관찰자는 존재하지 않으며 우주 안의 모든 것들은 참여하고 있다(이것은 아주 중요하기 때문에 다른 장에서 별도로 논의할 것이다).

놀라운 사실 1 – 빈 공간

가장 친숙한 것에서부터 출발해 보자. 물질 우주가 딱딱한 입자라고 보는 뉴턴 물리학에 양자 물리학이 가하는 첫 번째 일격은 원자의 대부분이 빈 공간으로 구성되어 있다는 사실을 발견한 것이다. 얼마나 비어 있을까? 수소 원자의 핵을 농구 공 크기로 놓고 보면 전자들은 약 32킬로미터 주변에서 그 주위를 돌고 있다. 그리고 그 핵과 전자 사이는 빈 공간이다. 우리 주변의 물질은 사실 아주 작은 점에 불과하며 실제로는 빈 공간으로 둘러싸여 있는 것이다.

하지만 이것도 진실은 아니다. 이렇게 '텅 비어' 있는 곳도 실제로는 전혀 비어 있지 않다. 그 공간은 미묘하고 엄청나게 강한 에너지로 꽉 차 있다. 물질의 미세한 부분으로 내려갈수록 에너지의 양은 증가한다(예를 들어 핵에너지는 화학 에너지보다 백만 배 더 강력하다). 1센티미터의 구슬 크기에 존재하는 빈 공간의 에너지는 전 우주의 모든 물질의 에너지보다 더 크다. 과학자들은 아직까지 이 에너지를 직접 측정할 수는 없지만 이 무한한 에너지 효력은 알고 있다.*

---

* 더 많은 정보를 얻으려면 '반 데르 발스의 힘'과 '카시미르 효과'를 찾아보길 바란다.

놀라운 사실 2 - 입자, 파동, 혹은 파립자

과학자들이 원자 속으로 깊이 들어가 발견한 것은 입자들 사이의 '공간' 뿐만이 아니다. (원자의 구성물인) 아원자 입자는 전혀 고체의 성질을 띠지 않으며 두 가지 성질로 나타난다. 우리가 그것을 어떻게 바라보느냐에 따라서 아원자 입자들은 입자처럼 움직이기도 하고 파동의 성질을 띠기도 한다. 입자는 공간에서 특정 위치를 점하는 분리된 고형의 물질이라 정의할 수 있다. 반면 파동은 위치가 정해져 있지 않고, 고체의 성질을 갖지 않으며 음파나 물결처럼 퍼져 나간다.

파동으로 나타나는 전자나 광자(빛 입자)는 특정한 장소를 점하지 않고 '확률의 장'으로 존재한다. 입자로 관찰될 때 그런 확률의 장은 '붕괴되어' 특정 위치와 시간 속에서 위치를 점하게 된다.

놀랍게도 파동과 입자의 차이를 만드는 것은 관찰이나 측정 행위이다. 측정하거나 관찰되지 않으면 전자는 파동처럼 움직인다. 실험을 통해 그것을 관찰하는 순간 그 파동은 '붕괴하여' 특정한 입자로 변해 특정 위치를 점한다.

아원자 '물체'가 파동의 상태에 있을 때 그것이 관찰 후 무엇으로 변하고 어디에 위치할지는 불명확하다. 이 상태를 중첩(superposition)이라고 한다. 이것은 마치 어두운 방에서 동전을 던지는 것과 같다.

수학적으로 동전이 바닥에 떨어진 후에도 그 동전의 앞면이 나왔는지 뒷면이 나왔는지가 알 수 없다. 불을 켜는 순간 우리는 중첩을 '붕괴시키고' 그때서야 동전의 앞뒤가 결정된다. 불을 켜는 행위처럼 파동을 관찰하는 행위가 양자의 중첩을 무너뜨리고, 입자는 '고전적인' 상태에서 측정 가능한 모습으로 나타난다.

어떻게 한 물체가 고형의 입자의 성질과 부드럽고 물과 같은 파동의 성질을 동시에 가질 수 있을까? 아마도 이 모순은 앞에서 말한 것을 상기함으로써 해결될 수도 있다. 입자는 파동과 입자의 '성질을 띤다.' 하지만 '파동'이란 말은 단지 하나의 비유일 뿐이다. '입자'란 말 역시 우리가 일상생활에서 쓰는 비유이다. 파동의 개념은 쉬뢰딩거에 의해 양자 이론으로 확립되었는데, 그는 유명한 '파동 방정식'에서 관찰되기 전 입자의 파동을 확률을 이용해 수학적으로 계산했다.

과학자들도 이 문제를 명확하게 다루고 싶어하지만, 실제 그들이 무엇에 대해 이야기를 하고 있는지 알지 못한다. 그것이 무엇이든 그것을 실제로 본 적이 없기 때문에 일부 물리학자들은 이것을 '파립자(wavicle)'라고 부르기도 한다.

놀라운 사실 3 - 양자 도약과 확률

원자를 연구하면서 과학자들은 전자가 원자 핵 주위의 궤도에서 다른 궤도로 이동하는 것을 발견했다. 하지만 전자들은 일반적인 물체가 움직이는 것처럼 궤도 사이의 공간을 거치지 않고 순간적으로 이동한다. 즉 하나의 장소, 궤도에서 사라졌다가 갑자기 다른 곳에서 나타나는 것이다. 이것을 양자 도약이라고 부른다.

이것만으로도 상식적인 물리 법칙을 깨뜨리기에는 충분하지만, 더 놀라운 것은 이 도약의 과정에서 언제 어디서 전자가 나타날 것인지를 예측할 수 없다는 것이다. 과학자들이 할 수 있는 것은 기껏해야 (쉬뢰딩거의 파동 방정식으로) 새로운 전자 위치의 확률을 계산하는 것뿐이다. 사티노바 박사는 이렇게 말한다. "우리가 경험하는 현실은 이 확률의 바닷속에서 매순간 끊임없이 새롭게 창조되고 있다. 하지만 진정한 신비는 그러한 개연성으로부터 실제 어떤 일이 일어나는지를 결정하는 것이 이 물리적 우주에는 존재하지 않는다는 것이다. 즉 그것을 일으키는 프로세스가 존재하지 않는 것이다."

흔히 말하듯 양자적 사건들은 이 우주에서 진정한 의미의 무작위 사건들이다.

 재미있는 질문은 '양자가 이렇게 흥미로운 이유'가 아니라 '이렇게 많은 사람들이 양자에 관심을 가지는 이유'이다. 양자 물리학은 세상이 존재하는 방식에 대한 모든 개념에 도전한다. 그리고 우리가 진실이라고 분명하게 알고 있는 사실 역시 그렇지 않다는 것을 말해 준다. 그리고 과학에 취미가 없는 수백 만 사람들의 마음을 사로잡는다.

-윌

놀라운 사실 4 - 불확정성의 원리

고전 물리학에서 모든 물체의 속성은 그 위치와 운동량을 포함해서 정확하게 측정될 수 있었다. 하지만 양자 차원에서는 어떤 물체의 고유한 성질, 예를 들어 속도를 측정하려고 하면 다른 특징들, 위치 같은 것을 정확히 측정하는 것은 불가능해진다. 즉 어떤 사물의 위치를 알고 있다면 그것이 얼마나 빨리 움직이고 있는지를 알 수 없어지고, 그 물체의 속도를 알고 있다면 그것의 위치를 알지 못하게 된다. 아무리 섬세하고 진보된 기술로도 이것을 정확하게 파악하는 것은 불가능하다.

불확정성의 원리는 (불확정성이라고 불리기도 한다) 양자 물리학의 선구자 중 한 사람인 베르너 하이젠베르그에 의해 체계화되었다. 이 이론에 따르면 아무리 노력한다고 해도 물체의 운동량과 위치를 동시에 정확하게 측정할 수 없다. 하나에 초점을 맞출수록 다른 하나의 불확정성은 더욱 증가한다.

놀라운 사실 5
– 비국소성, 전자 상자(常磁) 공명, 벨의 정리, 양자 얽힘 현상

(부드럽게 말해서) 아인슈타인은 양자 물리학을 좋아하지 않았다. 그는 위에서 이야기한 무작위성에 대해서, "신은 주사위 놀이를 하지 않는다."라는 유명한 말을 남겼다. 여기에 닐스 보어는 이렇게 응수했다. "신에게 명령을 하지 마라!"

양자 물리학을 꺾기 위한 노력으로 아인슈타인과 포돌스키, 로젠은 (세 명의 이름을 따서 EPR 실험이라고도 불린다) 양자 물리학이 모순점을 보여 주기 위해 사고(思考) 실험을 통해 당시에는 알려지지 않았던 양자의 성질을 논문에서 지적했다. 그 실험은 다음과 같다. 우선 같은 시간에 만들어진 두개의 입자를 준비했다. 이때 두 입자는 얽힘 상태에 있거나 중첩 상태에 있게 된다. 하나의 입자를 아주 먼 거리를 두고(우주의 반대쪽까지) 이 상태에서 하나의 입자에 자극을 주어 그 상태를 변화시키자 멀리 떨어져 있던 입자 역시 동시에 자극에 반응했다. 동시에!

이 개념은 너무 기묘해서 아인슈타인은 이 현상을 '도깨비 같은 원격 작용'이라고 불렀다. 상대성 이론에 따르면 어떤 것도 빛보다 빨리 움직이지 못한다. 하지만 이 실험에서 전자의 속도는 무한하다! 더구나 전자가 우주 반대편에 있는 또 다른 전자로부터 끊임없이 정보를 얻어 낸다는 개념은 일반적인 상식을 깨뜨린 것이었다.

1964년 존 벨은 EPR 실험의 주장이 사실임을 입증하는 이론을 발표했다. 즉 모든 것은 비국소성(non-local, 특정 지역에만 존재하지 않는다는 개념)의 성질을 가지며 시간과 공간을 넘어 밀접하게 연결되어 있다는 것이었다.

벨의 정리가 발표된 후 이 개념은 연구실에서 수없이 검증되었다. 잠시 생각해 보라. 우리가 살고 있는 세계의 기반은 시간과 공간이다. 하지만 양자의 세계에서는 모든 것들이 항상 연결되어 있다는 개념이 시공간의 개념을 앞선다. 아인슈타인이 이 개념을 양자 역학에 일격을 가하는 것이라고 생각했던 것도 무리가 아니다.

그럼에도 이것은 우주를 움직이고 있는 법칙처럼 보인다. 사실 슈뢰딩거는 이러한 얽힘 현상이 양자의 흥미로운 한 부분이 아니라 양자의 특성이라고 말했다. 1975년 이론 물리학자인 헨리 스탭은 벨의 정리를, "과학사에서 가장 위대한 발견"이라고 말했다. 그가 물리학이 아니라 과학이라고 말한 점에 주목하라.

양자 물리학과 신비주의

물리학과 신비주의가 서로 만나게 된 이유는 간단하다. 떨어져 있는 사물은 항상 서로 연결되어 있다. (비국소성) 전자는 A라는 위치에서 B라는 위치로 이동하지만 그 중간에는 머물지 않는다. 물질은 (수학적으로) 파동으로 존재하지만 관찰되면 그 성질이 무너지고 특정한 위치를 점한다.

신비주의에서는 이러한 개념들이 문제가 되지 않는다. 오히려 입자 가속기보다 이 개념을 앞서서 받아들여 왔다. 양자 물리학의 선구자들 중 많은 사람들이 영적인 부분에 지대한 관심을 가지고 있다. 닐스 보어는 태극의 음양을 그의 문장(紋章)에 사용했고, 데이비드 봄은 인도의 성자인 크리슈나무르티와 오랫동안 교류하며 대화를 나누었다. 어윈 슈뢰딩거는 우파니샤드에 대한 강의를 했다.

하지만 양자 물리학이 신비적인 세계관을 증명하는 것일까? 물리학자들에게 질문한다면 여러 가지 대답을 듣게 될 것이다. 물리학자들이 모인 칵테일 파티에서 이 부분을 강조해서 주장한다면 아마 (어쨌든 양자 물리학은 확률론적이다) 주먹다짐까지 갈지도 모른다.

극단적인 물질주의자들을 제쳐두면 선(禪)과 양자 물리학이 비슷하다는 것에서는 의견이 일치되고 있는 것 같다. 일치되는 점들은 무시할 수 없을 정도로 놀랍다. 선과 양자 물리학의 공통점은 모순된 세계관을 받아들이는 것이다. 라딘 박사의 말처럼, "세상을 바라보는 또 다른 방식이 존재한다. 그것이 양자 역학이 가리키는 세계관이다."

파동의 성질을 무너뜨리는 원인이나 양자의 차원에서 일어나는 사건들이 정말 무작위적인지에 대한 의문은 대부분 해명되지 않고 있다. 하지만 양자의 신비에 대해 답해 줄 통일된 개념을 끌어내려는 충동이 계속 되고 있는 가운데 동시대 철학자인 켄 윌버는 이렇게 말한다.

봄, 프리브램, 윌러와 같은 과학자들의 업적을 단순히 신비주의에 대한 추측으로 함께 묶어서는 안 된다. 또 신비주의 그 자체의 심원함 역시 과학적 이론으로 쉽게 나눌 수 없다. 과학과 신비주의는 서로를 존중하고 대화를 통해 끊임없이 의견이 상호 교환되어야 한다. 요점은 새로운 패러다임의 어떤 측면을 비판하는 것이 앞으로의 시도될 노력들을 미리 막는 것이 결코 아니라는 점이다. 오히려 현재 존재하는 복잡한 문제들을 더 분명하고 확실하게 하려는 노력으로 보아야 한다.

결론

결론? 과연 결론이라는 것이 존재할까? 만일 어떤 결론을 내렸다면 그것들을 잘 살펴보기 바란다. 어쨌든 이론의 여지가 풍부하며 활기찬 세계, 복잡하고 추상적인 개념들이 드러나는 세계로 온 것을 환영한다. 과학, 신비주의, 패러다임, 현실 속에서 인류가 탐사하고 발견하고 논쟁해 온 것들을 살펴보라. 그리고 인간의 마음이 탐구해 온 이 이상한 세계를 살펴보라. 아마 그곳에서 우리 자신을 발견할지도 모른다. 이것이 우리의 진정한 위대함이다.

잠시 생각해 보자.

- 뉴턴 물리학이 당신의 삶 속에서 적용되는 예를 생각해 보라.
- 뉴턴 물리학이 당신의 패러다임을 규정지었는가?
- 이 기묘하고 이상한 양자의 세계에 대한 새로운 지식들이 당신의 패러다임을 변화시켰는가? 만약 그렇다면 어떻게 변화시켰는가?
- 당신은 지식을 넘어선 경험을 하고 싶은가?
- 당신 삶에서 양자 효과의 예를 생각해 보라.
- '입자'의 위치와 본질을 결정하는 '관찰자'는 누구일까? 혹은 무엇일까?

관찰자

거울아 거울아, 그렇게 작은 세계를 무너뜨리는 건 누구지?

— 옛날 이야기의 퀀텀판

내가 의식적으로 전자를 어떻게 관측하느냐가
전자의 성질을 결정한다.
전자를 입자라고 보고 질문을 하면 입자로서 대답이 돌아온다.
전자를 파동으로 보고 질문을 하면 파동으로 대답이 돌아온다.

― 프리초프 카프라

관찰자가 관찰 대상에 영향을 준다는 경험적인 증거들에 직면해서, 과학자들은 4세기 동안 유지되던 가정들을 내려놓고, 우리가 현실에 참여한다는 이 혁신적인 개념과 씨름하고 있다. 관찰자가 대상에 영향을 미치는 것에 대한 본질과 그 정도에 대해서는 아직 뜨거운 논의가 진행되고 있지만 분명한 것은 프리초프 카프라의 다음과 같은 말이다. "양자 이론의 가장 중요한 특징은 관찰자가 원자의 현상에 대한 특징을 관찰하기만 하는 것이 아니라는 점이다. 관찰자는 그러한 특징들을 일어나도록 하는 요인이다."

관찰 대상에 영향을 주는 관찰자

관찰이나 측정이 이루어지기 전에 물체는 개연성의 파동으로 존재한다

(전문적인 말로 하면 파동 함수로 존재한다). 그 물체는 특정 위치나 속도를 갖지 않는다. 이 파동의 성질 혹은 개연성 속에는 관찰이 시작될 때 이곳이나 저곳에 존재하게 될 가능성이 포함되어 있다. 즉 잠재적인 속도와 위치를 가지고 있는 것이다. 하지만 관찰되기 전에 그 위치와 운동량은 알 수 없다.

브라이언 그린은 그의 저서 《우주의 직물(The Fabric of the Cosmos)》에서 다음과 같이 말하고 있다. "전자의 위치를 측정할 때 전자가 객관적으로 그 이전에도 존재하고 있었던 특징들을 측정하는 것이 아니다. 오히려 그 측정의 행위가 바로 관측되는 그 현실을 창조한다." 프리초프 카프라는 이렇게 결론을 내린다. "나의 마음과 무관한 전자의 객관적인 특성은 존재하지 않는다."

주관적인 관찰자와 '외부 세계'를 명확하게 구분하는 것은 불가능하며, 세상을 탐구하는 과정(아니면 창조의 과정일까?) 속에서 이 둘은 마치 합쳐지거나, 혹은 함께 춤을 추고 있는 것처럼 보인다.

관찰자에 대한 논의에서 간과되고 있는 것 중 하나가 그 관찰자가 도대체 무엇인가 하는 것이다. 아마 우리는 실제 이해하지도 못하는 말에 너무 익숙해져 있는지도 모른다. 성별이나 인종 사회적 지위, 혹은 신념과는 상관없이 관찰자는 모든 사람들이다. 이 말은 모든 사람들에게는 관찰하고 아원자의 세계를 변화시킬 능력이 있다는 것을 의미한다. 실험실의 과학자들만이 아니라 사장, 수위, 창녀, 바이올린 연주자, 경찰 등 길 가는 사람들 누구도 그렇게 할 수 있다는 것이다. 과학은 우리 모두에게 속해 있다. 왜냐하면 과학은 그 자체로 우리 자신에 관해 설명해 주는 하나의 상징이기 때문이다.

— 마크

측정 문제

오늘날 관찰자 효과는 보통 '관측 문제'로 해석된다. 처음 이 현상 속에는 의식적인 관찰자에 대한 설명이 있었지만, 과학자들은 이 골치 아픈 '의식적인'이란 단어를 없애려고 계속 노력해 왔다. 하지만 곧 의식적이라는 말의 의미에 대한 의문이 나타난다. 만일 개가 전자 실험의 결과를 관찰한다면 그 관찰 행위가 파동의 성질을 붕괴시킬 수 있을까?

의식이라는 말을 없애면서 물리학자들은 앞서 말했던 사실을 깨달을 수 있었다. 즉 관측을 하면서 관측 대상에 영향을 주지 않는다는 환상은 영원히 환상에 불과하다는 것이었다. 즉 사건에 아무런 영향을 주지 않는 '벽 위에 앉아 있는 파리' 같은 것은 존재하지 않는다(여기서 파리가 의식을 가졌는지에 대해서는 고민할 필요가 없다).

관찰자, 측정, 마음, 수축(collapse) 등의 문제에 대해 합의를 보기 위해 수많은 이론들이 발표되고 있지만, 이와 관련된 최초의 이론은 지금도 여전히 논의되고 있는 코펜하겐 해석이다.

아마, 의문은 다음과 같은 것이 될 것이다.
우리는 관찰자의 행위에 대해 수학적인 모델을 만들 수 있는가?
관찰 행위가 현실을 변화시키는가?
관찰자가 물리학 방정식에서 제외된 이유는 간단하다.
그렇게 하는 편이 더 간편하기 때문이다.

- 프레드 알랜 울프 박사

코펜하겐 해석

물리적으로 어떤 대상을 관찰할 때 관찰자가 피할 수 없는 영향을 미치며, 우리가 사물들이나 사건들에 대해 객관적이고 중립적인 목격자가 아니라는 급진적인 개념을 처음으로 주장한 사람은 닐스 보어와 그의 동료들이었다. 닐스 보어가 코펜하겐에서 살았기 때문에 이 이론은 종종 코펜하겐 해석이라고도 불린다. 보어는 아원자 입자의 속도와 위치를 정확하게 예측할 수 없다는 하이젠베르그의 불확정성의 원리에는 그 이상의 의미가 있다고 주장했다. 이런 보어의 논쟁에 대해 프레드 알랜 울프 박사는 이렇게 설명한다. "단지 그 입자를 측정할 수 없을 뿐 아니라 입자는 관찰되기 전까지 '입자'가 아니다. 하이젠베르그는 '입자'가 외부에 존재한다고 생각했고, 관찰되기 전까지 '입자'는 존재하지 않는다는 것을 받아들이지 않았다. 보어는 우리가 관찰하기 전까지 입자는 나타나지 않으며, 양자의 차원에서는 관찰되거나 측정되기 전까지 입자는 존재하지 않는다고 믿었다."

수많은 과학자들이 일상의 경험과 상식을 벗어나는 이 난해하고 골치 아픈 개념에 반대를 표시하고 논쟁했다. 아인슈타인과 보어 역시 수많은 경우에 대해서 밤새도록 논쟁했지만, 결국 아인슈타인은 아무래도 받아들일 수 없다고 말했다.

아인슈타인의 우주는 물질의 물리적인 특징들 속에 확정된 값이 포함된 우주였다. 그 특징들은 중간 지대에 머물지 않으며 또 관찰자의 측정이 그것을 존재하도록 기다리지도 않는다. 대부분의 물리학자들은 아인슈타인이 이 부분에서 틀렸다고 말할 것이다. 입자의 특징은 측정될 때 존재로 나타난다는 것이 주된 관점이다. 관찰되지 않을 때 입자는 현실화될 수 있는

가능성을 가진 채 모호하고 불분명하게 존재한다.

- 브라이언 그린 《우주의 직물》

관찰자에 대한 의견의 불일치는 지금도 존재하며 가끔 격렬한 논쟁으로 이어진다. 즉 이것은 (비인간이라는 개념과 반대되는) 인간의 의식과 인간이라는 관찰자가 파동의 성질을 무너뜨리고 입자를 가능성의 장에서 구체적인 대상으로 가져오는지에 대한 논쟁이다.

린 마가렛은 조금 덜 과학적인 언어로 이 현상을 설명한다. "현실은 아직 굳어지지 않은 젤리 같은 것이다. 이것이 우리 삶의 가능성이다. 우리가 알아채고 관찰하는 바로 그 개입의 행동이 젤리를 굳게 만든다. 그래서 우리는 모든 현실이 형성되는 과정에서 빠뜨릴 수 없는 존재이다. 우리가 관련됨으로써 현실이 창조된다."

수많은 이론들

물리학자 휴 에버렛은 양자 관측으로 파동의 기능이 붕괴해서 단지 하나의 결과만이 나타나는 것이 아니라 가능한 모든 결과가 현실화된다고 주장했다. 그리고 이 현실화의 과정 속에서 우주는 가능한 측정의 결과들을 모두 수용할 필요가 있으므로 많은 차원으로 쪼개진다. (다루기 어렵다기보다 마음을 확장시켜 주는) 이 이론은 모든 양자의 가능성이 풀려 나오는 수많은 평행 우주가 존재한다는 개념을 낳게 되었다.

이 개념을 이해하고 싶다면 잠시 이렇게 생각해 보는 것이 좋다. 당신이 어떤 결정을 내릴 때마다 셀 수 없는 가능성, 혹은 그 결정의 결과들이 동시에 존재하고 있다는 것이다!

양자 논리

수학자 존 폰 뉴만은 양자 물리학에 정밀한 수학적 근거를 전개했다. 그는 관찰자와 관찰 대상의 문제를 다음과 같은 세 단계의 과정을 통해 풀었다.

과정 1. 관찰자가 양자의 세계에 문제를 제기하기로 결정한다. "거울아 거울아."라고 부르는 것이다. 이 결정 속에는 이미 양자의 세계에서 반응 가능한 자유는 제한된다(사실 어떤 질문을 던지는 것 자체는 반응을 제한하는 것이다. 만일 오늘 저녁에 어떤 과일을 먹었느냐는 질문에 스테이크는 타당한 반응이 될 수 없다).

과정 2. 파동의 상태가 발전하는 단계이다. 가능성이 펼쳐지거나 쉬뢰딩거의 파동 방정식에 따라 발전한다.

과정 3. 과정1에서 제기된 질문에 양자가 '아주 작은 것으로 수축함으로써' 반응하는 단계이다.

이 논리의 재미있는 부분 중 하나는 양자의 세계에 무엇을 묻느냐를 결정하는 부분이다. 모든 관찰 행위는 무엇을 관측할 것인가에 대한 선택을 포함하고 있다. 갑자기 전체 양자의 사건 속에 '선택'과 '자유 의지' 같은 말들이 포함되어 버리는 것이다.

존 폰 뉴만의 양자 논리에서도 관측 문제는 중요한 요소로 등장한다. 관찰자가 선택하는 관측이 (전자와 같은) 물질 시스템에 얼마나 자유롭게 반응할 것인가를 제한하고, 그 결과(현실)에도 영향을 준다.

신사실주의

아인슈타인이 주도했던 신사실주의는 일상의 현실이 관찰이나 측정에 상관없이 혼자 힘으로 존재할 수 없다는 것에 대한 어떤 해석도 받아들이지 않았다. 신사실주의자들은 현실이 고전 물리학에 가까운 물질들로 구성되어 있으며 양자 역학이 보여 주는 모순은 단지 이론상의 불완전과 결함 때문이라고 주장했다. 이러한 관점은 양자 역학의 해석에서 '숨겨진 변수'로도 알려져 있다. 즉 누락된 요소들이 발견되면 모순은 사라진다는 것이다.

아마 신물질주의 이론 지지자들은 이렇게 말할 것 같다. "양자 물리학은 틀렸다. 왜냐하면 양자 물리학은 이해하기에 너무 많은 모순을 가지고 있기 때문이다. 우리의 이론이 옳은 이유는 그것은 상식적으로 타당하기 때문이다. 우리에게 더 많은 지식이 주어진다면 (숨겨진 변수들이 발견된다면) 우리의 말이 옳다는 것이 증명될 것이다." 그렇다면 이 말은 이렇게 해석할 수도 있다. "엘비스 프레슬리는 아직 살아 있다. 다만 우리가 아직 그를 발견하지 못했을 뿐이다."

- 월

의식이 현실을 창조한다

양자 물리학에 대한 다양한 해석은 관찰이라는 의식적인 행위가 현실 형성에 주된 요소가 된다는 극단적인 이론들로 이르게 된다. 즉 가능성이 실제적인 것으로 구체화되는 데에 관찰 행위가 독점적인 역할을 하는 것이다. 대부분의 주류 물리학자들은 이런 해석이 뉴에이지식 사고가 조금 더 희망에 찬 생각으로 나타난 것일 뿐이며, 이것은 관측 문제의 모호함으로 빚어지는 오해라고 여긴다.

이 문제에 대해서는 다른 장에서 다시 자세히 논의하겠지만 지금도 논쟁은 계속되고 있다고만 말해 두자. 고대의 영적, 형이상학적 전통에서는 이러한 관점을 오랫동안 유지해 왔다. 아밋 고스와미의 말을 들어 보자. "의식은 모든 존재의 근원이다" 양자와 중성자가 논의에 대상이 된 것은 비교적 최근의 일이며, 그것들이 논의의 대상이 된 것은 놀라운 사건이라고 할 수 있다.

> 과학이 가장 깊은 곳까지 진보함에 따라 자연 속에 포함되어 있던 마음이 다시 위치를 회복하게 되었다. 우리는 미지의 해변에서 이상한 발자국을 발견했다. 그 뒤 마음의 근원을 설명하는 깊은 이론들이 하나 둘 나오게 되었고, 마침내 그 발자국을 만든 생물을 재조명하게 되었다. 하지만 이상하게도 그 발자국은 우리 자신의 것이었다.
> – 아더 에딩턴 경

전체성

아인슈타인의 문하생이었던 데이비드 봄은 양자 역학은 일반적인 시공간의 한계를 초월해서 모든 것들은 깊게 연결되어 있는, 쪼개질 수 없는 전체라는 것을 보여 주고 있다고 주장했다. 그가 제안한 개념은 '내재된 질서'(물질 우주에서는 발견되지 않는 숨겨진 질서)에서 '펼쳐진 질서'가 나온다는 것이었다. 이러한 질서들은 접힘과 펼침을 반복하며 양자 세계의 다양성을 만들어 낸다. 현실의 본질에 대한 봄의 이런 시각은 이후 홀로그램 이론을 낳게 되었다. 처음 홀로그램 이론을 주장한 사람은 칼 프리브램이었지만, 그 뒤 많은 과학자들이 홀로그램 이론을 통해 뇌와 인식을 설명했다. 최근의 대화에서 에드가 미첼은 코펜하겐 해석은 부정확하며 홀로그램 이론이 현실을 더 잘 설명해 주는 모델이라고 말했다.

나는 항상 내가 정말 꽤 침착한 사람이라는 생각을 하고 있었다. 사람들을 대하면서 어떤 장소나 사물, 사건들을 대할 때도 나의 감정과 반응을 완벽하게 통제하고 있다고 생각했다. 그런데 프레드 알랜 울프 박사와 존 헤글린 박사를 비롯한 다른 사람들과 인터뷰를 나누면서 삶의 겉부분만을 맴돌며 살아왔다는 것을 깨달았다. '내면'에서 일어나는 일들을 더 주의 깊게 관찰하면서 '외부'에 대한 나의 인식을 변화시킬 수 있었고, 그때 내 삶 속의 가능성의 문이 열렸다. 이전에는 전혀 알지 못했던 것들을 볼 수 있게 되었고, 시간은 훨씬 더 천천히 움직였다. 그렇게 천천히 움직이는 시간 속에 반응하고 후회하는 대신 관찰하고 선택할 수 있는 능력이 존재하고 있었다.

― 벳시

그리고 나

지금까지 우리는 관찰자에 대한 물리학적 개념을 다루었다. 관찰자의 다른 측면은 아마도 우리 모두에게 아주 친숙한 감각인 자기 자신이 될 것이다. 우리는 내면에서 늘 우리를 바라보고 있는 '관찰자'에 대한 느낌을 가지고 있다. 이것은 종종 '조용하고 작은 목소리'로 해석되기도 하지만, 많은 영적 전통에서는 관찰자를 표현할 수 없는 자아, 혹은 내면의 본질로 이해하며, 내면의 본성을 깨닫거나 관찰함으로써 외부의 자아(에고)도 변해 간다고 말한다.

외부의 행위에 휩쓸리지 않으며 항상 이 순간에 사는 것을 가르치는 선 수행 역시 관찰자로 머무는 것으로 이해할 수 있다.

과학에서 관찰자라는 문제를 다루면서 관찰자라고 하는 주관적인 관점을 과학적 관점과 묶으려는 충동이 일어나는 것은 당연한 일이다. 주관과 객관은 밀접하게 관련되어 있다. 우리의 내면의 관찰자는 다소 수동적인 느낌으로 다가오지만, 과학에서 관측은 능동적인 행위이다. 관찰이 물리적인 결과에 미치는 영향이 존재하기 때문이다.

의식이 영향을 미치는 주체인지는 알 수 없지만, 모든 관측 행위 자체가 물질계에 영향을 준다는 것은 놀라운 발견이라고 할 수 있다. 이것은 시스템의 물리적 성질(physical-ness)을 변화시키지 않고 물질계에서 어떤 정보를 꺼내는 것은 불가능하다는 것을 의미한다.

"양자의 관점에서 보면 우주는 엄청난 상호 작용이 이루어지고 있는 곳이다." 과학 저술가인 댄 윈터스는 〈발견(Discover)〉 잡지에 기고한 글에서 다음과 같이 이어서 말한다. "우리가 바라보지 않는다면 우주는 존재하는 것일까?" 이 글은 프린스턴 대학의 물리학자인 존 휠러의 '관찰에 의한 창조'란 개념을 요약하고 있다. 휠러는 (그는 아인슈타인과 보어의 동문이었으며 '블랙 홀'이란 말을 처음으로 쓴 사람이기도 하다) 다음과 같이 말한다. "우주라는 무대에서 우리는 단순한 구경꾼이 아니다. 우리는 참여하는 우주에서 살아가며 그 우주를 만들어 내는 창조자들이다."

관찰자는 관찰 대상에 얼마나 영향을 줄까?

이 질문은 아주 중요하다. 프레드 알랜 울프의 말을 들어 보자.

외부의 현실을 변화시키는 것이 아니다. 의자나 트럭, 불도저, 혹은 로켓의 이륙을 변화시키는 것이 아니라 당신이 그것들을 어떻게 인식할 것인지를 변화시키고 있는 것이다. 즉 사물을 파악하는 방법, 그것에 대한 느낌, 세상을 어떻게 느끼고 있는가를 변화시키고 있는 것이다.

하지만 왜 우리는 트럭이나 불도저, 혹은 환경 위기 같은 것들을 변화시킬 수 없는 것일까? 조 디스펜자 박사는 우리가 관찰의 힘을 잃고 있기 때문이라고 말한다. 그는 양자 물리학의 핵심을, "관찰 행위는 관찰자의 세계에 영향을 준다."라는 말로 아주 간단하게 요약한다. 이 정의는 사람들이 조금 더 나은 관찰자가 되기 위해서는 집중해야 한다는 동기를 부여해 준다.

아원자의 세계는 우리의 관찰에 반응한다. 하지만 개인은 평균적으로

약 6에서 10초 간격으로 집중력을 잃는다. 초점을 맞추고 집중할 능력이 없는 개인에게 어떻게 큰 일들이 반응할 수 있겠는가? 아마도 우리는 서투른 관찰자일지도 모른다. 혹은 아직 관찰의 기술을 터득하지 못했는지도 모른다. 관찰은 기술의 문제일지도 모른다.

우리는 매일 하루의 일정 시간을 할애하여 관찰을 연습하고 새로운 미래의 가능성을 그려 보아야 한다. 우리가 이것을 올바르게 해내고 올바로 관찰하게 된다면 그 새로운 미래는 우리의 삶 속에 나타날 기회를 얻게 될 것이다.

일상적 현실을 변화시키기

양자 단계에서 일상생활의 단계로 올라와 보자. 관찰이란 무엇일까? 인간에게 관찰로 가는 입구는 인식이다. 즉 당신의 인식이다. 그리고 앞 장에서 인식이 얼마나 의심할 만한 것인지에 대해 나눈 이야기를 기억하는가? 아밋 고스와미가 말하는 관찰에 대해 들어 보자.

모든 관찰은 양자 관측이라고 할 수 있다. 왜냐하면 양자 관측을 통해 뇌의 기억이 만들어지기 때문이다. 뇌의 기억들은 매순간 자극을 만나고 경험할 때마다 활성화된다. 반복되는 자극은 원래의 인상뿐만 아니라 기억 속의 인상들까지 왜곡한다.

우리는 항상 기억의 거울에 비치는 영상을 통해 어떤 것을 인식한다. '나'라고 하는 느낌, 나는 누구인가 하는 느낌을 부여하는 것도 이 기억의 거울에 비친 영상이다. 즉 이 느낌은 습관의 패턴이고, 기억의 패턴이며 과거의 패턴이다.

이 말을 바꾸어 말하면 다음과 같은 공식이 성립된다.

기억(과거) → 인식 → 관찰 → (영향을 받는) 현실

'기적 수업' 같은 훈련에서 현실을 바꾸는 중요한 요소로 용서를 강조하는 이유가 궁금하지 않은가? 예수가 얼마나 용서에 대해 많이 가르쳤는지를 생각해 보라. 예수는 인식에 대해서도 많은 가르침을 남겼다. 그는, "다른 사람의 티를 보기 전에 제 눈의 들보를 먼저 빼 내라."고 가르쳤다. 예수가 말한 궁극적인 관찰의 가르침은 다음과 같다. "네 이웃을 네 몸과 같이 사랑하라."

이 책의 부제는 '일상의 현실을 바꾸는 무한한 가능성의 발견'이다. 만일 현실이 우리가 안고 있는 문제들이나 태도들에 대한 응답이라면, 그리고 기억-인식-관찰이라는 고리의 끝에 존재하는 것이라면, 우리에게 더 중요한 질문은 어떻게 현실을 변화시키느냐가 아니라 왜 같은 현실이 계속해서 반복되느냐는 것이 될 것이다. 이 질문의 답에 변화의 열쇠가 있다.

이 관찰의 문제가 유일한 '문제'이다. 왜냐하면 양자 물리학을 통해 관찰 대상이 우리의 외부에 존재한다는 개념은 철저하게 무너지며 심지어 간단한 관측 장치조차 관찰 대상의 시스템과 서로 작용하여 그것을 변화시키기 때문이다. 관찰 대상에는 커피 잔이나 로켓 이륙의 세계와는 상반되는 것처럼 보이는 유동성이 존재한다. 하지만 이 유동성은 현실의 모든 것들이 서로 접속되어 있는 근원적인 모습이다.

여기서 핵심 단어는 '접속' 되어 있다는 것이다. 이것을 연결이나 얽힘,

혹은 같은 파동 방정식의 일부라고 말할 수도 있지만 본질적으로 모든 것들은 나눌 수 없다는 개념은 양자 물리학을 고찰하는 가운데 계속해서 등장한다.

그러면 무수히 셀 수 없는 전자와 대화하는 우리는 누구일까?

누가 이렇게 작은 것들을 붕괴시키는가? 누구가 아니다. 무엇이다. 모든 것이다.

문제는 여전히 남는다. 그것이 사물인가? 아니면 마음, 영혼, 의식이라고 하는 비물질인가? 만일 마음이나 의식이 가능성의 장을 구체적인 대상으로 붕괴시킨다면, 그것들 역시 실재하는 것이라고 할 수 있을까? 이 환상의 세계에서 물질과 비물질의 분리는 다른 모든 환상들이 의지하고 있는 또 다른 환상일지도 모른다.

잠시 생각해 보자.

- 당신이 관찰자라면 스스로를 관찰자로 규정하는 것이 가능할까?
- 자아란 무엇, 혹은 누구일까?
- 관찰자는 무엇, 혹은 누구일까?
- 자아와 관찰자는 분리되어 있을까?
- 자신 안에 존재하는 자아가 아닌 것을 관찰할 수 있을까?
- 당신의 '자아'를 관찰할 수 있는 관찰자라면, 현실에 대한 당신의 인식은 어떻게 바꿀 수 있을까?
- 현실을 창조하는 데 관찰이 필요하다면 당신은 얼마나 집중하는 관찰자인가? 만일 당신이 관찰을 하고 있다면 당신이 지금 창조하고 있는 현실은 무엇인가?
- 당신은 하나의 생각을 얼마나 오래 유지할 수 있는가?
- 당신이 관찰하지 않을 때도 현실은 계속 존재하고 있을까?
- 확률을 붕괴시키는 데 관찰자가 필요하다면, 당신이 자고 있는 동안 당신의 몸을 유지시키는 것은 무엇일까?
- 그렇다면 도대체 관찰자는 누구일까? 혹은 무엇일까?

의식

의식은 정의하기 아주 어려운 것이다.
사람들은 의식을 설명하고 그것이 무엇인지 알아내려고 노력해 왔다.
인간인 우리에게 의식은 어떤 의미를 갖는 것일까?
왜 우리가 의식을 가지고 있는 것일까?

– 엔드류 뉴버그

> 의식을 한마디로 정의할 수 있을까?
> 알다시피 의식은 가장 정의하기 어려운 것이다.
>
> – 프레드 알랜 울프

닉 허버트 박사는 스텐포드대학에서 실험 물리학 박사 학위를 받고, 수년 동안 실리콘밸리에 있는 기업인 메모렉스의 수석 연구원으로 자기, 정전기, 광학 물리학과 열 물리학에 대해 연구했다. 그는 《양자와 현실 : 신물리학을 넘어서(Quantum Reality : Beyond the New Physics)》을 저술했고 모든 학년(유치원에서 대학원 졸업생까지)에게 과학을 가르쳤다. 앞 장에서 나온 (전자가 특정 지역에만 존재하지 않는다는 것을 증명한) 벨의 정리를 기억하는가? 닉 허버트는 우주가 시간과 공간을 넘어서 상호 연결되어 있음을 보여 주는 이 혁명적인 특징을 수학적으로 간결하게 증명했다. 지금 그가 관심을 갖고 있는 것은 무엇일까? 바로 의식이다.

"나는 의식이 가장 다루기 어려운 문제라고 생각한다. 과학은 기본적으로 쉬운 문제로부터 출발했고, 어쩌면 자연에 존재하는 모든 힘과 입자들을 발견할지도 모른다. 하지만 그 다음에는 마음과 신의 본질 같은 더 어려운 문제들과 필연적으로 만날 수밖에 없다. 이것들은 과학이 아직 어떻게 접근해야 할지도 모르는 더 큰 문제들이다."

종교적 광신자나 벽지의 주술사보다 과학이 의식이라고 하는 뜨거운 감자를 더 잘 이해할 수 있다고 생각하는가?

- 람타

의식은 무엇일까?

우리는 모두 의식을 가지고 있다. (그렇지 않은가?) 우리는 (컨디션이 좋은 날에는) 모두 의식적인 존재이다. 양자 역학은 현실과 인식을 탐구하는 과정에서 의식이라고 하는 문제에 부딪힌다. '그것'은 항상 우리와 함께한다. 감각적 체험, 생각, 행동, 상호 작용 등은 모두 의식이라는 장(field) 위에서 일어난다.

의식은 예술, 과학, 관계, 삶 등 우리의 모든 행동들에 기본이 되지만 과학에서는 여전히 미지의 영역이다. 허버트에 따르면 지난 400년 동안 '과학은 쿼크에서 별에 이르는 모든 범위의 물질 우주를 이해하는 데 놀라운 진보를 이룩했지만', 의식은 여전히 '지적인 블랙홀'로 남아 있다.

심리학뿐 아니라 물리학의 많은 과학자들은 여전히 물질주의적인 뉴턴의 패러다임에 묶여 의식을 뇌의 기능의 결과라고 섣불리 결론 내린다(그들이 가장 자주 쓰는 말은 동반 작용이나 부산물을 의미하는 부대 징후(epiphenomenon)이다). 즉 기본적으로 '나'라고 하는 것은 진화의 과정에서 우연히 생긴 결과이고, 뇌가 죽으면 의식도 사라지며, 사용이 끝난 빈 껍질은 쓰레기처럼 버려진다는 것이다.

대부분 사람들은 의식이라는 말이나 개념을 당연하게 여긴다. 의식은 몸을 내려다볼 때, 몸을 움직이고 생명을 주는 어떤 것이 존재한다는 느낌이다. 우리는 그 어떤 것이 무엇인지 묻지 않는다. 왜냐하면 우리가 바로 그것이기 때문이다. 가끔 내가 몸을 빠져나와 그것을 돌아볼 때 그것을 아주 깊이 인식할 수 있는 경우도 있다. 그 순간 나는 잠시 나 자신이라고 생각했던 인간의 몸을 본다. 하지만 그 순간에도 나는 여전히 존재하고, '생각하고', 자아 감각을 지닌 무엇이다. 이 경험은 언어를 넘어서 있다. 이것이 누구도 말로 의식을 훌륭히 설명하지 못하는 이유이다.

- 마크

잘못 짚음

만일 의식이 그렇게 중요하고 근본적인 것임에도 불구하고 의식에 대해 알려진 것이 거의 없는 이유는 무엇일까? 이것은 마치 코 위에 걸친 채 안경을 찾고 있는 것과 같다. 즉 항상 존재하고 있기 때문에 당연하게 여기는 것이다. 또 다른 이유는 우리가 극도로 물질주의적인 시대를 살고 있다는 것이다. 달리 말하면 우리는 물질 과학이 지배하는 문화 속에서 단지 '외부'에 존재하는 것들에만 관심을 가지고 '자신 안에' 있는 것에는 흥미를 갖지 않는다.

우리가 내면으로 관심을 돌릴 때도 우리는 의식 그 자체보다 생각, 꿈, 계획, 추측 같은 의식의 내용물에 더 흥미를 가진다. 우리는 영화의 장면에 관심을 가진다. 그러나 그 장면들을 있게 한 스크린이 없다면 어떤 것도 나타날 수 없음을 잊어버린다.

하지만 가장 중요한 이유는 의식이 뉴턴 패러다임에 맞지 않기 때문일 것이다. 의식은 자로 잴 수 있는 것처럼 측정할 수 있는 것이 아니다. 대부분의 과학자들은 수백 년 전 데카르트가 나누어 놓은 이 세계관에 빠져 있다. 이 세계관 속에서는 만질 수 없고 비물질적이거나 영적인 것은 물질적인 것과 영원히 분리된다. 그래서 그들은 뇌를 기초로 한 화학 현상이나 신경 회로를 근거하여 의식을 설명할 수밖에 없다. 이런 패러다임 속에서 의식을 변칙 현상이라고 부르는 과학자가 있을 정도이다.

 우리의 유물론적인 사회를 잘 보여 주고 있는 현실 :
교육, 지식, 배움 등의 정신적인 삶의 학교에서 영웅은 누구일까?
영웅은 물질적인 삶을 추구하는 운동 선수들이다.
-월

정말 그럴까? 우리 존재의 기본적인 사실인 나와 당신의 의식이 '표준에서 벗어난 변칙 현상' 뿐일까?

현재 과학은 의식을 이해할 수 있는 체제가 아니다. 의식은 '어려운 문제'이기 때문에 대부분의 과학자들이 의식에서 등을 돌려 다른 것들을 연구한다. 이런 상황은 패러다임이 도전받을 때(또 그들의 생계가 문제가 되는 경우) 일어나는 표준 절차이다. 물리학자이며 철학자인 피터 러셀은 이 현상을 이렇게 말한다. "패러다임에 예외가 발생하면 사람들은 보통 그것을 간과하거나 거부한다."

서로 부딪히는 공들

19세기 후반 뉴턴 모델에서 세상은 커다란 기계였다. 그 안에서 당구공처럼 딱딱한 기계들이 서로 부딪히고 있다는 것이 이 모델의 기본 원리였다. 콜럼비아 대학의 물리학자인 데이비드 알버트는 다음과 같이 지적한다. "19세기 중반까지는 이러한 관점으로 충분했다. 하지만 그 이후 패러데이의 전자기 실험을 시작으로 19세기 말 최고조에 달한 맥스웰의 연구에 이르자, 더 이상 우주를 입자만으로 설명할 수 없게 되었다." 전자기 현상은 당시 물리학의 원리로는 설명할 수 없는 현상이었다. 그렇다고 그것을 무시할 수도 없었다. 당시 유행하던 통설을 뒤집고, 장이라는 개념을 고려할 필요가 생겼다. 알버트 박사는 이렇게 말한다. "장(fields)이란 적어도 19세기 초반부터 논의되었지만 오랫동안 그다지 진지하게 받아들여지지 않았다." 지금 전자기장은 우주 고유의 본질적인 면으로 받아들여지고 있다.

의식에 대해서도 똑같이 해야 할 때인지도 모른다. 그리고 도전 역시 그때와 비슷하다. 의식은 뉴턴 모델의 핵심이었던 고체나 전자기장, 전기장, 자기장과는 다른 특징과 성질은 가지고 있다. 어쩌면 의식은 이러한 힘이나 장(fields)보다 훨씬 더 미묘한 단계의 현실일지도 모른다. 그것이 현실의 어떤 단계라면, 그리고 물리학이 진정한 우주의 '통일 법칙'을 제시한다면 의식은 분명히 그 속에 포함되어야 할 것이다.

닭이 먼저일까? 계란이 먼저일까?

에드 미첼은 이렇게 말한다. "우리는 모든 것들이 단지 물질이나 에너지로 환원되는 과학 모델 안에서 움직이고 있었다. 모든 것은 실제로는 에너지이며, 그 에너지가 형태로 나타난 것이 물질이다. 이 모델 속으로 더 깊이 들어가 보면 우리가 경험하는 의식은 단지 우발적인 징후에 지나지 않는다. 의식은 뇌 활동의 부산물이며 실제로 근본적인 것이 아니다.

하지만 오랫동안 내려온 종교적인 전통에 따르면 이야기는 달라진다. 의식 그 자체가 근본적인 것이며 에너지와 물질은 의식의 부산물이라는 것이다. 이것은 우리가 아주 오랫동안 다뤄 왔지만 아직까지 시원하게 밝혀내지 못한 기초적인 문제이다.

초상 현상들

과학 연구와 과학 방정식의 본질에 대한 물리학자들의 개념이 깊은 곳에서부터 변화한 것은 사소한 움직임이라고 할 수 없다. 그것은 최후의 수단이다.
- 헨리 스탭

위의 말을 기억하는가? 〈관찰자〉 장에서 양자 세계의 이상한 현상 때문에 과학자들이 생각을 바꾸지 않을 수 없게 되었을 때 나왔던 말이다. 이렇게 말할 수도 있다. "불편한 사실 때문에 아름다운 이론이 무너졌다." 과학자들을 '최후의 수단'으로 몰고 가는 '불편한 사실'에는 어떤 것들이 있을까?

- 대부분의 사람들은 상식적으로 설명하거나 '단지 우연'으로 돌릴 수 없는 경험들을 최소한 하나 이상 가지고 있다.

- 수많은 임사 체험 경험은 유체 이탈 경험과 아주 유사한 것으로 보고 되고 있다.
- 전생 퇴행 사례에서 피험자는 전혀 알 수 없는 사실을 밝혀 냈다.
- 시공간을 넘어 볼 수 있는 원격 투시의 경우, 그 결과가 아주 성공적이어서 미국과 소련은 원격 투시로 스파이 업무를 수행하는 팀을 운영했다.
- 실험을 통해 인간의 의지가 무작위적 성질을 띠는 양자의 프로세스(단지 양자 붕괴뿐만 아니라)를 변화시킬 수 있다는 것이 통계적으로 입증되고 있다.
- 기적적인 치유의 사례들
- 예지몽들

이러한 예는 계속 된다. 위의 예들을 단지 환상이나 우연, 기분 탓이라고 말하는 것은 약간 바보스럽게 보인다(어떤 사람들은 꺼림칙하다고 말할 것이다). 아마 의식을 부정하는 것 자체가 또 하나의 현실일지도 모른다.

자신에 대해서 그리고 나와 모든 것들이 연결되어 있다는 것을 점점 더 알아 갈수록 내가 의식, 혹은 의식의 표현이라는 것을 깨닫게 되었다. 나는 자신이나 개성보다 더 큰 어떤 것과 연결되어 있다고 느낀다. 이러한 느낌 때문에 그 의식이 무엇으로 나타날 수 있는지를 더 깊이 파고들게 되었다. 나는 조용히 마음을 가라앉히고 있으면 어디에선가 영감이 떠올라 그대로 행동하게 되는 느낌을 좋아한다. 마법과 같은 일이 일어나는 것은 바로 그때이다.

- 벳시

드러나는 의식

아밋 고스와미, 피터 러셀, 데이비드 찰머스(애리조나 의식 연구소 소장)와 같은 과학 사상가들은 과학의 범위에 의식이 포함되어야 한다고 강력하게 주장한다. "만일 의식의 존재를 물질 법칙에서 끌어낼 수 없다면 물리학 이론은 모든 것에 응용할 수 있는 완벽한 이론이라고 말할 수 없다. 그래서 최종적인 이론은 기존에는 포함되지 않았던 기본적인 요소를 추가해야만 한다. 결국 의식적인 경험이 다른 요소들처럼 근본적인 특성으로 간주될 필요가 있다."

닉 허버트 역시 비슷한 결론을 내린다. "나는 마음이 자연에 널리 퍼져 있는 빛이나 전기처럼 그 자체로 어떤 근본적인 과정이라고 믿고 있다."

과학 역시 부단한 노력 끝에 이런 방향으로 움직이고 있다. 스튜어트 해머오프와 로저 펜로즈는 뇌의 미세 소관에 근거한 의식 이론을 내놓았다(〈양자 뇌〉 장에서 다른 양자 물리학에 기초하는 이론들과 함께 이것을 자세하게 다룰 것이다). 지금은 수많은 대학에서 의식을 연구하는 프로그램들이 실시되고 있다. 아주 다양하고 흥미진진한 과학자들과 학자들, 신비가들이 모이는 세미나가 열리고 있고, 모두들 아주 간단해 보이는 질문에 부딪히고 있다. 의식이란 무엇인가? 하지만 이 질문은 전통적인 과학에서 부딪히고 있는 문제와 다르지 않다. 과학에서도 역시 간단해 보이는 '현실(reality)이란 무엇인가?' 하는 문제에 부딪히고 있다. 많은 경우와 마찬가지로 이것 역시 동전의 양면이다.

피트 러셀은 이제 그 동전을 뒤집을 시간이라고 생각한다. "대부분 과학자는 의식이 물질 세계로부터 일어나는 것이라고 생각하지만 우리는 많은 영적인 전통에서 제시하는 또 다른 세계관을 검토해 볼 필요가 있다. 즉 의식은 현실-시간, 공간, 물질-의 가장 근본적인 구성 요소이며 어쩌면 그것들보다 더 근원적인 것일지도 모른다는 것이다."

의식은 왕인가?

사실 대부분 영적 전통에서는 의식이 기본 요소 중 하나가 아니라 의식 그 자체가 기본 요소라고 단언한다. 모든 것은 아래에 놓인 의식이라는 샘에서 솟아오른다.

헤글린 박사 역시 그렇게 확신하고 있다.

최초의 경험이라고 할 수 있는 우주의 시작은 본질적으로 통일된 장으로 존재하는 순수 의식이 관찰자, 관찰 대상, 그리고 관찰 행위의 삼중 구조를 기본으로 통일된 본질 속에서 창조한 것이라고도 할 수 있다. 현실의 가장 깊은 레벨인 그곳에서부터 의식은 창조 활동이 일어나고, 물론 관찰자와 관찰 대상은 밀접하게 관계하고 있다. 창조의 근원에서 관찰자와 대상은 서로 나눌 수 없는 전체성이며 통일된 장이다. 또 그것은 우리의 가장 깊은 곳에 존재하는 의식, 자아라고도 할 수 있다.

만일 우리가 현재 모습에서 고개를 돌려 스스로를 물질 경험을 만들어 내는 창조적이고 영원한 존재로 볼 수 있다면, 그리고 우리가 의식이라고 부르는 존재의 단계와 결합하게 된다면 우리는 이 세상을 아주 다르게 바라보고 창조하기 시작할 것이다.

- 에드 미첼

그렇다면 의식에 대한 명확한 정의도 없는 상태에서 헤글린 박사나 테레사 수녀, 예수, 노자, 에크하르트 톨레, 베단타의 성자 같은 사람들은 어떻게 명료한 의식 상태에 이르게 된 것일까? 그들은 의식을 탐구하기 위해 의식을 이용했다. 물리학자들이 물리적인 측정 도구를 이용하는 것처럼 의식의 탐구자들은 그것을 발견하기 위해 의식이라는 수단을 이용한 것이다. 에드 미첼이 우주 의식을 경험한 순간의 이야기를 기억하는가? 그런 체험을 한 사람들에게 이것은 일상적인 경험처럼 보인다. 자아의 경계는 사라진다. 자아는 모든 것이 되고, 영원히 그리고 어디에서나 존재한다. 이 경험은 의식이 뇌에 의해 창조되는 것이 아니라 오히려 뇌가 의식을 제한하고 있다는 것을 보여 준다. 의식 탐구자들이 일상의 생활로 돌아오면 어떻게 될까? 엔드류 뉴버그 박사는 이렇게 말한다.

(신비) 경험을 한 사람들은 일상의 삶의 현실보다 그 경험이 더 근원적인 차원을 보여 주고 있다는 것을 알아챈다. 사실 그들이 더 이상 신비 경험을 하지 않을 때도 여전히 그 신비적인 현실을 더 실질적으로 인식하며, 더 진실에 가까운 근원적인 현실로 인식하고 있다. 그들에게 우리가 살고 있는 물질 세계는 일종의 2차적인 세계가 된다.

그렇다면 물질 현실로부터 당신을 깨어나게 해줄 충격적이고 높은 신비 경험을 기다리고 있을 필요가 있을까? 만일 당신의 의식 안에서 신비 경험을 창조하기 시작한다면 어떤 일이 일어날까? 물론 당신은 현실을 변화시킬 것이다.

하지만 '외부'의 현실을 변화시키는 것일까? 분명, 물질 세계가 2차적으로 변해 갈수록 당신의 경험은 근본적으로 변화할 것이다. 예를 들어 새 차에 난 작은 흠집은 큰 문제가 아니다. 하지만 그 흠집이 변할 수 있을까? 좋은 소식인 동시에 나쁜 소식은 오직 당신만이 결정할 수 있다는 것이다. 그 흠집은 '나쁘다.' 어느 누구도 당신을 대신해서 그것을 찾아낼 수 없기 때문이다. 흠집은 '좋다.' 왜냐하면 당신이 아무 문제가 아니라고 결정하면 어느 누구도 아니라고 할 수 없기 때문이다.

잠시 생각해 보자.

- 의식은 통일 장일까? 당신의 답은 무엇에 근거하고 있는가?
- 임사 체험을 경험한 사람들은 대부분 같은 이야기를 한다. '몸에서 빠져나와' 터널을 지나고 터널 끝에서 빛을 보고 지복감을 느낀다. 이러한 설명이 과학이 될 수 있을까? 만일 가능하다면 그 방법은 무엇일까?
- 그것이 '사실'이 되려면 얼마나 많은 사람들이 동의해야 할까? 지구가 평평하다고 믿었던 중세 시대는 어떠한가?
- 당신이 알고 있는 또 다른 초상 현상은 무엇인가? 그중에 당신이 체험했던 것은 무엇인가?
- 만일 의식이 '모든 존재의 근원'이며 원인이라면 '의식을 어떻게 의식할' 수 있을까?
- 현실과 의식의 관계를 어떻게 정의할 수 있을까? 그것은 (하나가 다른 하나를 낳는) 계층으로 존재할까? 아니면 (계란과 닭처럼) 뒤엉킨 계층으로 존재할까?
- 왜 (의식이라는) 닭이 (현실이라는) 도로를 건너는 것일까?
- 조금 우스운 질문이지만 진짜 질문은 이것이다. 만일 의식이 최초의 원인이라면 왜 현실을 경험하지 않으면 안 되는 것일까? 당신이 현실을 경험하는 이유는 무엇일까?

물질을 넘어서는 마음

지금 우리의 모습은 과거 우리가 생각한 결과이다.
마음은 모든 것이다.
우리는 자신이 생각한 대로 된다.

― 부처

글쎄? 이것이 사실일까?
마음이 물질을 넘어서는 일들이 실제로 일어나고 있는 것일까?
아니면 이 딱딱한 세계의 평범한 삶에 싫증난 사람들이
환상으로 꾸며 낸 정신 분열증적인 착각일 뿐일까?

마음이 물질을 넘어선다는 실질적인 증거를 알고 싶지 않은가?
그 증거들이야말로 모든 사람들이 정말 간절히 기다리는 대답이 아닐까?

우리는 물질이 마음에 영향을 미친다는 것을 안다. 이것을 증명하는 간단한 실험이 있다.

- 지금 마음의 상태를 적는다.
- 그랜드 피아노처럼 큰 피아노를 발 1미터 위에 놓는다.
- 피아노를 떨어뜨린다.
- 마음의 상태를 적는다.

당신이 로저 래빗이나 대피 덕, 혹은 와일드 코요테(1988년 발표된 애니메이션 《누가 로저 래빗을 모함했나(Who Framed Roger Rabbit)》에 나오는 캐릭터. 역주)가 아닌 이상, 당신의 마음 상태는 극적으로 변할 것이다. 마음이 덧없고 텅 빈 것인데 반해 물질은 딱딱하고 실체가 있는 것이기 때문에 놀랄 일은 아니다. 그렇지 않은가?

과학적 기법

이 피아노 실험은 단순히 생각으로 하는 실험이 아니다. 이 실험은 과학의 토대-과학적 기법-이다. 제프리 사티노버 박사의 설명을 들어 보자.

과학적 기법은 인류가 취할 수 있는 가장 객관적인 기법이다. 그 기법은 절대적이다. 과학적 기법은 문화나 성별에 관계없이 원하는 사람은 누구나 현실을 연구할 수 있게 해주는 아주 강력한 도구이다.

과학적 기법은 이렇게 요약할 수 있다 : 이론을 세운다. 모든 예외적인 영향들이 사라질 때까지 그 이론을 검증할 실험 계획을 세운다. 실험을 실시한다. 이론이 모순되면 다른 이론을 찾는다.

현 시대를 사는 우리는 현실에 대한 답을 얻기 위해 우선 과학을 찾는다. 하지만 현대 과학에서도 물질을 넘어서는 마음은 논쟁의 여지가 있는 문제이다. 여기 또 다른 실험이 있다. 열 명의 사람들에게 물질을 넘어서는 마음의 개념에 대해 어떤 과학적인 근거가 있는지를 묻는 것이다(마음이 물질을 넘어선다는 사례에 대해서는 언급하지는 마라. 그렇게 되면 사람들은 그 현실을 너무 쉽게 받아들이게 된다).

보통 사람들처럼 편견을 가지고 있는 과학자들이 있다. 과학적 기법은 특히 편견의 영향을 최소화하는 것이다. 그것이 바로 과학의 본모습이다.

-제프리 사티노버 박사

도전장

앞서 패러다임과 변화에 따른 자연스러운 저항에 대한 이야기를 나누었다. 하지만 결국 과학을 다루는 것은 인간인 과학자들이다. 최근 세미나에서 존 헤글린 박사는 참석자들에게 다음과 같이 말했다. "과학자들이 과학적인 사고를 한다는 생각은 실수다."

조금 직설적으로 말해 보자. 심령 현상이나 초능력 현상처럼 물질을 넘어서는 마음의 영역에서 과학계의 편견은 아주 완고하다. 이것은 과학자들 스스로가 설명하는 방법론 자체를 훼손하는 일이다.

우리가 물질을 넘어서는 마음의 사례들에 관심을 갖는 이유는 무엇일까? 지금 세상에서 일어나고 있는 대부분의 것들이 과학적 이해에 기반을 두고 있기 때문이다. 과학의 역사는 우리에게 중요한 점을 시사한다. 과학이 어떤 것에 대해 탐구를 시작하면 그 행진은 쉼 없이 진행되며, 실험적인 증거에 맞는 것이 나올 때까지 다른 이론들과 추측은 배제된다.

딘 라딘 박사는 오랫동안 초상 과학 연구소에서 실험을 계속해 왔다. 특히 그는 최전선에서 초상 현상이나 신비적인 현상의 증거들을 과학계가 받아들이도록 하기 위해 싸워왔다. 라딘 박사가 연구한 것은 기본적으로 물질을 넘어서는 마음에 관한 것들이다.

나는 증거를 발견하기 위해 노력해 왔다. 증거는 당신이 생각하는 것보다 더 강력하며, 또 당신이 생각하는 것보다 훨씬 더 많은 증거들이 존재한다. 나는 그 증거들을 편견들과 똑같이 다룬다. 편견과 싸우기 위해서는 그것이 민족적인 것이든 성별에 관한 것이든, 혹은 다른 어떤 것이라도 단호한 자세를 취하지 않으면 안된다.

그래서 나는 다른 연구를 할 때와 똑같이 공격적인 자세로 그 증거들을 연구하고 또 연구한다. 만일 당신이 실제 이렇게 집중하게 된다면, 이렇게 증거를 중심으로 바라보는 모든 것들도 기존의 이론에 의해 걸러져 버린다는 것을 알게 될 것이다. 즉 그런 증거들이 존재하지 않는다는 이론에 근거하고 있다면 당신은 그 증거들을 바르게 바라볼 수 없다.

실험들

라딘 박사가 지적하듯 물질을 넘어서는 마음에 대한 증거는 수없이 존재한다. 그중 하나가 의지가 무작위 사건 발생기(REG)에 미치는 영향에 관한 것이다. 이 장치는(무작위 숫자 발생기라고도 불린다) 기본적으로 동전의 양면을 전기적으로 발생시키는 장치로 방사능 붕괴와 같은 단일 양자 사건이나 전자 회로가 발생시키는 '노이즈'처럼 방사능이 단계적으로 입자의 수를 늘려 가는 단일 양자 사건에 기반을 두고 있다. 라딘 박사는 이 실험에서 있었던 경험을 다음과 같이 말한다.

1600년대 경험주의 과학을 발전시킨 프란시스 베이컨은 주사위를 확률이라고 불렀다. 매순간 주사위가 구를 때 그 주사위가 나타내는 원인이 되는 양자 사건의 특성을 추적해 볼 수 있다. 즉 주사위를 많이 굴리게 되면 그 결과는 기본적으로 양자 역학의 불확실성이 된다.

전자 공학의 출현 후 과학자들은 전기 회로를 이용하여 주사위의 확률을 실험하게 되었다. 이 장치가 편리한 이유는 결과를 더 정확하게 측정할 수 있고 관측 결과를 자동적으로 기록할 수 있다는 것이다.

다른 말로 하면, 전자 기기를 사용하면 관측 결과를 기계에 의존할 수 있게 되므로 인간의 실수를 없앨 수 있다. 그 결과 정확한 관측과 기록이 이루어졌을 뿐 아니라 무작위 사건 발생기를 이용한 실험이 폭발적으로 증가하게 되었다.

무작위 숫자 실험에서는 지난 40년 동안 계속해서 동전의 앞뒷면처럼 0과 1만을 연속적으로 만들어 낸 경우도 있다. 실험 대상자에게 단순히 버튼을 누르도록 지시할 수도 있지만 0보다 1이 더 많이 나오도록 집중하게 하면서 버튼을 누르게 할 수도 있다.

그동안 실시되었던 수많은 실험들에 관한 논문들을 전체적으로 살펴보면 떠오르는 질문이 하나있다. 사람들이 0이나 1을 더 많이 나오도록 노력하는 것이 결과에 영향을 줄까? 전체적인 대답은 그렇다. 분명 영향을 준다. 어쨌든 의도는 무작위 숫자 발생기의 조작이나 결과와 상호 관련되어 있다. 만일 1이 더 나오도록 바란다면 발생기는 더 많은 1을 보여 준다.

최종적인 분석은 5만분의 1이다. 즉 실험자의 의도와 같은 방향으로 발생기가 우연히 움직일 확률이 5만분의 1인 것이다.

딘 박사의 발견은 단지 통계에 불과하다는 비판도 있다. 하지만 양자 파동 기능 역시 주어진 위치와 시간에 입자를 통계적으로 발견할 확률일 뿐이다. 만일 이 실험이 문제가 된다면 그것은 양자의 확률과 비슷한 것이라고 말할 수 있다.

> 나는 매일 아침 일어나 람타에서 내가 제일 좋아하는 부분을 떠올린다. "내가 위대해지는 유일한 방법은 몸에 무엇을 하는 것이 아니라 마음에 무엇을 하느냐이다." 내가 마음에 하는 모든 것들은 나의 몸에도 영향을 준다. 왜냐하면 몸과 마음, 현실은 같은 것이기 때문이다.
> – 벳시

무작위 사건 발생기 : 집단 의식

O. J. 심슨의 재판을 기억하는가? 수억 명의 사람들이 유죄냐 무죄냐의 운명적인 판결을 기다리던 사건을 대부분 기억할 것이다. 그것은 아주 긴박한 한 편의 법정 드라마였다. 딘 라딘과 로저 넬스, 그리고 딕 쉐오프에게는 이 사건의 의미는 단순한 의지를 넘어, 집중된 마음이 무작위 사건 생성기의 무작위성에 어떤 영향을 주는지를 살펴볼 수 있는 기회였다.

수백만 명의 사람들이 갑자기 어떤 것에 관심을 집중하면 어떤 일이 일어날까? 이런 의문을 갖게 되지 한 달 정도 지났을 때 마침 O. J. 심슨의 판결이 진행되고 있었다. 이것은 인류 역사상 이례적인 순간이었다. 사람들은 아주 짧은 순간 뒤 유무죄의 평결이 발표된다는 것을 미리 알고 있었고, 수천만 명의 사람들의 마음을 사로잡는 아주 흥미로운 일이 일어나는 순간이었다.

세 명의 과학자들은 무작위 숫자 생성기를 통해 그 순간을 기록하기로 했다. 그들은 미국의 실험실과 암스테르담, 그리고 프린스턴대학의 연구소에 각각 무작위 숫자 생성기(총 다섯 대)를 설치했다. 무작위 숫자 생성기가 판결문이 발표되는 순간을 기록할 준비를 갖춘 뒤 과학자들은 일어날 일을 기다리고 있었다.

우리는 생성기들을 작동시키고 그 결과를 수치로 정리했다. 실제 천분의 일의 확률로 일어날 수 있는 그래프의 급격한 변화를 볼 수 있었다. 이 변화는 두 시점에서 일어났는데, 하나는 카메라의 화면이 법원 바깥에서 법정 안을 비췄을 때였다. 아마도 사람들의 주의가 텔레비전에 집중되고 그것이 무작위 숫자 생성기에 반영되었을 것이다. 다른 하나는 판결문이 낭독되는 순간이었다. 동시에 다섯 개의 생성기에서 패턴의 급격한 변화가 관찰되었다.

그래프의 급격한 상승이 의미하는 것은 무작위로 보여 주는 생성기의 그래프에 큰 변화가 일어났다는 것을 의미한다. 보통 숫자 생성기는 1과 0을 각각 50퍼센트씩 기록하기 때문에 1과 0을 비교한 그래프는 평탄하다. 하지만 어떤 이유에서인지 수천만 명이 같은 것에 주의를 집중하자 평탄한 그래프가 갑자기 급격한 곡선을 그린 것이다. 이 현상은 양자적 사건이 기본적으로 무작위성을 띤다는 양자 이론에 모순되는 것이었다.

그때부터 라딘 박사는 동료들과 함께 지구 의식 프로젝트를 시작했다. 전 세계에 설치된 무작위 사건 발생기를 통해 5분마다 발생기에 기록된 데이터가 인터넷을 통해 24시간 프린스턴으로 전송된다. Y2K나 911사태, 다이애나 왕세자비 장례식 등의 사건이 일어났을 때 생성기는 큰 패턴의 변화를 보여 주었다. 이 실험 데이터는 지금도 계속해서 쌓이고 있으며 빌 틸러 박사는 그의 실험 결과는 확고하다고 말한다.

전자 의지 각인 장치(IIED)

빌 틸러는 스텐포드 대학 물리학과장을 지냈다. 하지만 수십 년 전 그는 학과장이나 정부의 요직에서 물러나 '다른 일'의 연구에 전념할 것을 결심했다. 특히 그가 관심을 둔 분야는 인간의 의지가 물질 시스템에 영향을 주는 것을 실험적으로 증명하는 것이었다. 즉 '단지' 파동 함수의 붕괴나 무작위 양자 사건 실험이 아니라 의지가 실제 눈으로 보이는 물질에 영향을 주는 특징들을 규명하는 것이었다.

그는 전자 의지 각인 장치(Intention Imprinting Electron Devices)를 개발했다. 이것은 몇 개의 진공관과 발진기, 이-프롬(E-prom, 반도체 메모리의 일종. 역주), 몇 개의 저항기와 축전기로 구성되어 있다.

우리는 이 장치를 책상 위에 두고 오랫동안 명상을 통해 내면의 자아를 능숙하게 다루는 네 명의 명상가들에게 깊은 명상 상태에 들어가도록 했다. 명상가들은 마음과 의지를 통해 주위를 정화하고 방 안을 신성한 장소로 만들었다. 그리고 그중 한 명이 이 장치에 특정한 의도를 이야기했다.

명상가가 말한 의도는 특정 목표를 향한 실험에 영향을 주는 것이었다. 구체적으로 말하면 정제수의 수소 이온 지수를 한 단계 올리고 내리는 것, 특정 간 효소의 활동 수치를 증가시키는 것, 알칼리 포스파타아제(생체 조직에 있는 유기 인산 에스테르를 가수 분해하는 효소. 역주)의 열 역학적 활동을 증가시키는 것 등이었다. 또 실험에는 파리 애벌레 유충의 생체 에너지 분자 비율(ADT 대 ADP)을 변화시켜 유충의 발육 기간을 짧게 하는 것도 포함되었다. 우리는 이 장치를 이용한 네 개의 실험에서 확실한 실험 결과를 얻었다.*

명상가들의 생각이 주입된 상자 외에 아무런 의도를 주입하지 않은 상자도 준비되었다. 이것들은 각각 알루미늄 포일로 분리 포장되어 1,600킬로미터 떨어진 실험실로 보내졌다. 그리고 각 대상물로부터 15센티미터 떨어진 상태에서 스위치를 넣었다. 이 장치와 대상물이 평형 상태에 이르기까지는 약 3~4개월이 걸렸다. 핵심은 이것이다. "실험 결과 각각의 장치는 뚜렷한 대조를 보여 주었다. 이런 결과가 나올 확률은 통계학적으로 1,000분의 1 이하이다."

간단하게 정리해 보자. 틸러 박사는 네 명의 명상가에게 집중을 통해 간단한 전기 상자에 어떤 의도(수소 이온 지수의 변화와 같은)를 집어넣게 했다. 그리고 멀리 떨어진 곳으로 이 장치를 보내 물 옆에 놓아두었다. 몇 개월 후에 물의 수소 이온 지수가 실제로 변화했다. 자연적으로 이런 일이 일어날 확률은 1,000분의 1이하이며, 더구나 아무런 의도를 주입하지 않은 장치에는 어떤 변화도 일어나지 않았다.

수소 이온 지수 같은 것이 얼마나 중요할까? 틸러 박사는 "수소 이온 지수가 한 단계만 변해도 사람은 죽을 수 있다"고 말한다. 이 실험 결과가 어떻게 받아들여지고 있는가에 대해 틸러 박사는 다음과 같이 말한다. "보통 과학자들은 이 결과에 당혹해한다. 그들의 눈빛은 약간 빛나지만 더 이상

---

* 자세한 내용은 빌 틸러 박사의 《의식적인 창조 행위들(Conscious Acts of Creation)》을 참조하라.

의 대화는 계속하지 않으려고 한다."

물의 메시지

마사루 에모토 박사는 《물은 답을 알고 있다(The Hidden Messages in Water)》란 책으로 큰 반향을 불러 일으켰다. 이 책에는 비물질적인 자극을 받은 후, 물의 냉동 결정이 놀랍게 변한 사진이 실려 있다. 처음 에모토 박사는 물의 결정에 음악(베토벤에서 헤비메탈까지)을 들려주고 물의 결정을 사진으로 찍었다. 음악이 물의 모양이나 크기에 분명히 영향을 준다는 것을 발견한 그는 의식이 물에 미치는 영향에 대한 실험으로 넘어갔다. 음악은 물질에 영향을 주는 음파를 발생시킨다. 하지만 생각은 어떤 영향을 주었을까?

에모토 박사는 인간의 감정이나 생각을 표현하는 단어들을 물병에 붙였다. 이 말들 중에는 '고마워', '사랑' 같은 긍정적인 것들도 있었고 '지겨워. 죽여 버릴 거야'와 같은 부정적인 것들도 있었다. 이런 말들이 측정 가능한 물리적인 작용을 가져오지 않는다. 그러나 물은 이 의식의 표현물에 반응했다. 이 결과는 일반적인 과학의 개념과는 정반대되는 것이다. 긍정적인 메시지를 붙여 놓은 물은 아름다운 결정을 만들었다. 반면 부정적인 메시지의 물들은 찌그러지고 추악한 결정을 나타냈다.

물의 반응 사진은 세계적인 주목을 끌었고 에모토 박사는 수많은 저작과 강연 세미나를 통해 대중적인 반향을 얻고 있다. 그리고 많은 과학자들이 그의 실험을 되풀이하고 있다. 이런 반복적인 실험은 과학적 기법의 일부분이기도 하다.

전 인류뿐 아니라 전 생명을 이어 주는 것은 물이다. 우리 몸의 70퍼센트에서 90퍼센트는(연구에 따라 다소 차이가 있지만) 물이다. 지구 표면을 구성하는 것도 대부분 물이다. 에모토 박사는 이 훌륭한 통찰을 통해 생명이 공통적으로 가지고 있는 하나의 물질적인 요소의 핵심으로 들어간 것이다. 만일 생명(우리)이 물질에 영향을 미칠 수 있다면 그 영향이 물에 나타나는 것은 가장 자연스러운 것일지도 모른다.

많은 과학 단체들이 에모토 박사의 실험에서 나타난 증거들에 주목하고 있다. 많은 실험들이 행해졌고 지금도 행해지고 있으며 그 결과들이 발표되고 있다. 그리고 동시에 많은 사람들은 여전히 궁금해 한다. 정말 마음이 물질에 영향을 주는 것일까? 만약 생각이 물에 이런 영향을 줄 수 있다면, 그 생각들이 우리 자신에게 주는 영향을 상상해 보라.

에모토 박사의 물 결정 사진

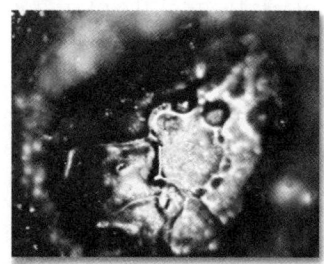

후지와라 댐의 오염된 물

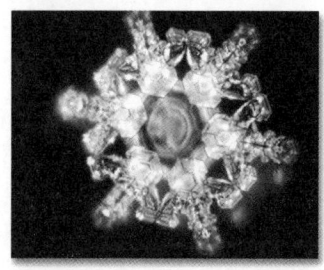

산부이치 야스이 샘의 물

프랑스 루드르 샘의 물

물질은 넘어서는 마음?

마음이 물질에 영향을 준다고 가정한다면, 앞의 피아노를 통한 실험에서 확인한 것처럼 물질이 마음에 영향을 주는 것 역시 현실의 특징이 아닐까? 그렇다면 이것은 무엇을 의미하는 것일까?

물질이 마음에 영향을 주고 마음이 물질의 영향을 준다는 것은 닭과 계란의 선후 논쟁처럼 우주를 또 다른 층으로 나누는 것이다. 람타의 말처럼 이런 관점은 본질적으로 이원론적인 것이다. 이원론의 세계관은 주체와 객체, 내면과 외면, 과학과 영혼, 의식과 현실 같은 개념으로 침투해서 우리의 언어와 생각 속까지 비집고 들어온다. 마음과 물질을 나누는 것이 아니라 그것을 같은 것이라고 보면 어떨까? 물질과 마음을 모두 정보로 보게 되면 어떨까?

의식에 반응하는 물

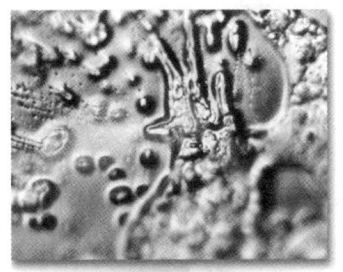

지겨워. 죽여 버릴거야

물질이 정보 같은 것이라는 사실이 물질과 마음이 같다는 것을 증명하는 것일까? 아마 확실히 그것을 증명한다고는 말할 수 없겠지만 올바른 방향을 향하고 있다는 것을 제시하는 것처럼 보인다.

고마워

발 위에 피아노가 떨어지면 통증이 연상되는 것처럼 관찰자가 (의식적이든 무의식적이든) 관찰 대상에 영향을 미치고, 입자들이 우주를 가로질러 서로 연결되어 있다는 사실은 이 세상이 이원적이지 않다는 것을 보여 준다. 아니 비이원론적인 세상을 보여 주는 것이 아니라, 그것을 증명하고 있다. 뉴턴의 분리된 우주의 꿈은 끝이 났다. 그리고

사랑의 기

여기서 사람들이 궁금해하는 것은 이것이다. 우리가 이 사실을 가지고 무엇을 할 것인가?

사람들은 모두 마음과 물질에 대한 이야기를 한다. 하지만 그것은 여전히 현실을 이원론적으로 바라보는 것이다. 시간과 공간을 접고 다른 은하까지 여행하기 위해서는 마음과 물질을 같은 것으로 바라보아야만 한다.

– 람타

잠시 생각해 보자.

- 새로운 패러다임으로 도약을 가로막는 당신의 편견은 무엇인가?
- 이러한 편견이 당신의 현실에서 어떤 영향을 미치고 있는가?
- 당신의 현실이란 무엇인가?
- 당신의 생각이 표현된 것이 당신의 현실이라는 것을 알게 된다면 새로운 패러다임에 기초해 새로운 것들을 좀 더 쉽게 창조할 수 있을까?
- 마음과 물질의 차이점 다섯 가지를 적어 보라.
- 그 차이점을 다른 방식으로 볼 수 있는가? 즉 그것들이 같은 것이라고 할 수 있는가?
- 만일 생각이 물의 분자 구조에 영향을 미칠 수 있다면, 당신의 생각은 당신의 현실에 어떤 영향을 주고 있는가?
- 당신이 앉아 있는 의자와 이 책을 의자에 앉아서 읽겠다는 생각 중에 어떤 것이 먼저 왔을까?

의식이 현실을 창조한다

영웅은 그들이 원하는 것을 선택한다.
동시에 여러 곳에 존재하며,
모든 가능성을 동시에 경험한다.
그리고 그중 하나로 결정해 간다.

– 레기

모든 길은 로마로 통한다.
모든 것들은 얽혀 있고, 영원의 도시로 통한다.

불변의 질문 :
내가 현실을 창조하는 것일까?
그렇지 않으면 현실이 나를 만드는 것일까?

앞장에서 우리가 걸어온 모든 길은 바로 이 〈의식이 현실을 창조한다〉 장으로 통한다. 그리고 다음 질문들은 다른 모든 장으로 이어진다. 내가 현실을 창조하는 것일까? 아니면 나는 바람에 흩날리는 나뭇잎일 뿐일까? 누구도 이 질문을 피할 수 없다. 나는 삶 속의 일들을 결정하는 근원일까? 아니면 나의 삶은 빅뱅의 순간에 결정된 고리의 끝에 있을 뿐일까?

현실을 창조하는 것에 대한 논의는 지금과 마찬가지로 과거 영적이며 형이상학적 전통, 혹은 신비주의적 연금술의 시대에도 여전히 중심 개념이었다. "위에서 그러하듯 아래에도 그러하리라. 내면에서 그러하듯 외부도 그러하리라."란 말은 세상을 바라보는 근원적이고 진실된 길을 보여 주고 있다. 하지만 자신의 삶 속에서 일어나는 일들을(예를 들어 아침으로 무엇을 먹을 것인지, 누구와 결혼할 것인지, 어떤 차를 살 것인지 등) 창조해 내는 것을 넘어 자동차 위에 나무가 넘어진 것까지 당신과 관련이 있다는 이야기는 상식적으로 보면 과장된 이야기처럼 들리기도 한다.

사실, 당신이 현실을 창조한다는 개념에는 무수히 많은 뉘앙스가 있다. 다음과 같은 질문이 나타난다.

- 만일 나와 당신이 창조하는 현실이 다르다면 어떻게 될까?
- "나는 내 삶 속에서 결코 (   )와 같은 일을 창조한 적이 없다!"
  (괄호를 채워 보라)
- 우연은 존재하는가?
- 기아로 죽어 가는 아이들은 그런 현실을 창조한 것일까?
- 자연 재해는 어떻게 설명할 수 있을까?
- 창조하는 '나'는 누구인가?

하지만 핵심은 이것이다. 당신 삶에 가장 큰 영향을 주는 유일한 개념은 당신이 '나는 현실을 창조한다'는 개념을 어떻게 받아들이냐 하는 것이다.

말이나 행위, 행동은 모두 의식의 파동이다. 모든 생명은 의식에서 나오고 의식 속에서 유지된다. 우주 전체가 의식의 표현이다. 우주라고 하는 현실은 의식이 약동하는 무한한 바다이다.
— 마하라쉬 마헤시 요기

이원론의 종말

〈물질을 넘어서는 마음〉에서 의지가 미시적인 차원의 사건들에 영향을 주는 사례를 간단히 살펴보았다. 또 무작위성이 예상되는 양자 사건들이 어떻게 변화하는지, 마음의 집중을 통해 물질 상태가 변화하는 것을 보았다. 〈관찰자〉의 장에서는 모호한 가능성의 구름이 명확한 하나의 상태로 결정되는 것에 대한 이야기를 나누었다. 〈양자 물리학〉장에서는 이 딱딱하고 고정된 현실이 실제로는 딱딱하고 고정되어 있지 않으며, 우주에 존재하는 모든 것들은 서로 연결되어 있다는 것을 이야기했다. 이 장에서는 양자 역학과 〈의식이 현실을 창조한다〉는 것 사이의 유사점이 다시 한 번 중요한 문제로 떠오른다.

프린스턴대학의 노벨상 수상자인 존 휠러는, "일상적인 상황에서 우리와 독립된 '저 밖의' 세계가 존재한다고 말하는 것은 실용적이기는 하지만 더 이상 통용되지 않는 관점"이라고 말한다. 휠러의 말을 빌리면, "우리는 단순히 우주라는 무대의 구경꾼이 아니라 그 속에 참여하면서 우주를 다듬는 창조자들이다."

물리학자이며 저술가인 아밋 고스와미 역시 다음과 같이 말한다. "우리는 주변의 것들이 자신의 관여나 선택과는 무관하게 이미 어떤 것이라고 생각하는 습관이 있다." 양자 물리학이 발견한 것들을 근거로 충실히 대답하면, "우리는 그런 생각을 없애야만 한다. 대신 우리 주변의 물질 세계, 즉 의자나 탁자, 방, 카펫과 같은 것들을 의식의 가능한 흐름으로 인식해야 한다. 그리고 나는 매 순간 순간 이러한 흐름 속에서 선택을 통해 나의 실제 경험을 현실화시키고 있다."

이 물리학자들이 공통적으로 말하고 있는 것이 바로 이원론의 종말이다. 마음이 물질을 넘어서는 것이 아니라 마음이 곧 물질이다. 의식이 현실을 창조하는 것이 아니라 의식이 현실인 것이다.

울타리의 양 측면을 살펴보자.

의식	물리적 현실
마음	물질
영혼	과학
초월적 자아	자연
신	사물

우리는 여러 장에 걸쳐 두 측면의 인과 관계를 살펴보았다. 누가 무엇의 원인이 되는가? 연결되어 있는가, 아니면 분리되어 있는가? 누가 분리를 만들었고, 두 영역에 양발을 딛고 앉아 있는 것은 누구인가? 바로 우리이다.

이런 이원론이 사라진 지금, 두 영역을 잇는 것도 인과 관계도 존재하지 않는다. 두 영역은 같은 것이다. 모든 것들이 밀접하게 관련되어 있다고 하는 사실은 의식을 탐구하는 사람들이 일관되게 주장하고 있는 것이다. 고스와미는 우리 일상의 경험과 모순되는 것처럼 보이는 새로운 사고방식에 적응하는 것이 얼마나 어려운지를 솔직하게 인정한다. "이것은 우리에게 필요한 유일하고도 기본적인 생각이다. 이것은 아주 기본적이긴 하지만 동시에 너무 어렵기도 하다. 왜냐하면 우리는 세상이 우리의 경험과 독립하여 이미 외부에 존재한다고 믿는 경향이 있기 때문이다. 그렇지 않다. 양자 물리학은 이 점을 아주 분명하게 보여 주고 있다."

이 모든 것들은 1970년대에 프레드 알랜 울프가 만들어 낸, "나는 나의 현실을 창조한다."는 말로 이어졌다. 당시 유행하던 뉴에이지 운동에 열광하던 사람들은 바로 이 말을 그들 패러다임의 일부로 만들었다. 하지만 많은 과학자들이 동의하듯 이것은 간단히 이해할 수 있는 개념이 아니다. 앞서 인용한 울프 박사의 말을 들어 보자. "당신은 외부의 현실을 변화시키고 있는 것이 아니다. 의자, 트럭, 불도저, 혹은 로켓의 이륙 같은 것을 변화시키는 것이 아니다!"

누가 무엇을 창조하는가?

울프 박사의 말을 계속 들어 보자. "현실 창조에서 흥미로운 점 중 하나는 각 개인이 서로 다른 현실을 창조하고 있을 때이다. 이 경우 어떤 일이 일어날까? 우선 주목해야 할 것은 당신이 현실을 창조한다는 개념이다. 자기 중심적인 어떤 개인이 쇼를 연출하듯 자신의 현실을 창조하는 것이라면 이것은 잘못된 이야기이다. 이 경우 현실을 창조하는 것은 당신이 아니다."

아밋 고스와미 역시 말한다.

나는 현실 창조를 선택하는 곳이 주체와 객체의 구분이 사라진 아주 특별한 상태라는 것을 알게 되었다. 현실은 내가 선택하는 이 특별한 상태에서 시작된다. 스스로 쉽게 자신의 현실을 창조할 수 있다고 믿었던 뉴에이지 신봉자들의 환희는 여기서 사라졌다. 실제 그들이 당면한 현실은 공짜 점심 같은 것이 아니었기 때문이다. 현실의 창조자가 되기 위해서 우리는 명상을 통해 특별한 의식 상태에 이르러야 하는 것이다.

'의식이 현실을 창조한다'는 개념은 또 다른 질문으로 이어진다. "의식이란 무엇인가? 현실을 창조하는 것은 어떤 차원의 의식인가? 어떤 '나'가 현실을 만들고 있는가?"

금지된 행성(Forbidden Planet)은 이 질문에 대해 멋지게 답해 주는 영화이다. 영화 속에서 행성에 사는 사람들은 그들의 생각을 즉시 물질적 현실로 만들어 주는 기계를 만든다. 기계를 작동하는 날이 다가오고 마침내 그 기계가 작동된다. 최고의 집들이 만들어지고 도로에는 페라리가 넘쳐난다. 아름다운 공원들이 창조되고 사치스러운 연회가 펼쳐진다. 연회가 끝나고 사람들이 (페라리를 타고) 작별 인사를 한 뒤, 각자 화려한 집으로 돌아가 잠이 든다. 꿈이었다.

사람들이 다음 날 아침 깨어나 본 것은 황량한 행성이었다.

딘 라딘 박사는 우리의 생각이 바로 현실로 나타나지 않는 당연한 이유가 존재한다고 말한다. "당신의 모든 행동과 생각, 계획들은 퍼져 나가 우주에 영향을 준다. 하지만 우주에게 그것들은 아주 보잘것없는 것이며, 각 개인의 작은 생각이 바로 우주로 전해져 우주를 바꿀 수 없다. 만일 개인의 생각들이 아주 강력해서 일시적인 기분 같은 것들까지 우주에 전해져 영향을 준다면 우리는 한 순간에 자멸하고 말 것이다."

고속도로에서 끼어드는 차들을 볼 때 일어나는 당신의 생각(어떤 생각인지 알 것이다)들이 바로 현실이 된다고 생각해 보라. 혹은 배우자가 _____ 행동을 했을 때 당신이 _____라고 말한다면! 생각이 바로 현실이 되지 않는 이유는 우리 자신을 보호하기 위해서인지도 모른다.

태도의 중요성

람타 깨달음 학교에서 가르치는 기본적인 두 가지 개념이 있다. 하나는 의식과 에너지가 현실의 모든 것을 창조한다는 것이고, 다른 하나는 태도 (attitude)가 모든 것을 좌우한다는 것이다. 첫 번째 개념은 현실이 창조되는 방법에 관한 것이고, 두 번째는 그 이유에 관한 내용이다.

최근 하버드대학의 엘린 랜저와 레베카 레비는 다른 문화에 살고 있는 노년층의 기억력 감퇴를 비교하는 실험을 했다. 일반적으로 미국인들은 나이가 드는 것을 두려워한다. 그들은 보통 나이가 드는 것을 자신의 능력이 약해져 가는 것이라고 '알고' 있고, 또 실질적인 기억력 감퇴를 겪는다. 반면 중국의 노인들은 다르다. 중국 문화에서는 나이 든 사람이 존경을 받는다. 실험에서도 중국의 노인들에게는 기억력 감퇴가 거의 나타나지 않았고 젊은 사람과 같은 학습 능력을 보였다. 모든 문화에서 노인들의 노화에 대한 사회적 통념을 가지고 있다.

프랑스에서는 와인을 마시고 담배를 피우며, 콜레스테롤이 많은 소스와 (정제당이 들어간) 파이를 먹는 것이 자연스러운 일이다. 그런데도 사람들은 노년까지 건강하고 날씬하게 행복한 삶을 누린다. 이 '비밀'을 캐기 위해 많은 연구가 행해졌는데, 현재 이론에 따르면 이렇게 먹는 사람들은 거의 대부분 관상 동맥 우회 수술을 받아야 한다. 비밀은 바로 태도였다. 프랑스 사람들은 그들의 음식을 사랑하고, 또 그 음식을 먹는 데 죄책감을 느끼지 않는다.

이런 상황이 개인적인 차원에서 일어난다면 태도라고 부른다. 만일 문화적인 것이라면 우리는 그것을 패러다임이라고 부른다. 그리고 전 우주에 걸친 상황이라면 그것은 법칙이 된다.

사람들에게 몸에 좋지 않은 음식을 먹게 하는 실험을 했다. 죄책감과 부끄러움을 가지고 실험에 참여한 사람들은 면역 기능의 일시적인 저하가 나타났다. 반면 실험을 즐기고 음식의 맛을 음미할 수 있었던 사람들은 오히려 면역 기능이 향상되었다.

- 다이엘 몬티 박사

내게는 의식이 현실을 창조한다는 것이 적용되는 몇몇 놀라운 사례들이 있다. 흥행 업자들은 누구도 이 영화를 배급하지 않을 것이고 이 영화를 보러 오는 관객은 아무도 없을 것이라고 입을 모아 말했다. 하지만 우리는 '아무것도 아닌' 일들을 수없이 했으며 실제 우리가 어려움에서 빠져나오기 위해 의지한 것도 바로 이런 사소한 일들이었다. 예를 들면 영화 속에 나오는 파티 장면의 배경 음악을 바꾼 경우가 바로 그렇다. 처음 그 장면에는 에어로스미스의 '달콤한 감정(Sweet Emotions)'을 삽입할 예정이었다. 사실 이미 그 음악을 염두에 두고 그 장면이 만들어진 것이다. 하지만 우리는 그 음악을 넣을 수 없었고, 대체할 다른 음악을 찾아 헤맸지만 비슷한 것조차 찾을 수 없었다.

어느 날 나는 그 장면에 넣을 음악을 생각하며 기운이 빠진 채 (완전히 의도적으로) 혼자 중얼거렸다. "내가 원하는 노래가 라디오에서 나올 거야." 그때 보스턴의 '감정의 노예가 되어(Hooked on a Feeling)'가 흘러나왔다. 정말 대단한 일이었다. 실제 그 음악을 영화 속에 삽입해 보니 훨씬 더 잘 맞았다. 이것이 의식이 현실을 창조한다는 증거일까? 나에게는 그랬다.

- 윌

위에서 그러하듯 아래도 그러하리라

〈현실은 무엇인가〉 장이 어느 곳이든 가도 좋다고 이야기한 것을 기억하는가? 그렇다면 〈의식이 현실을 창조한다〉 장은 어디에나 존재하고 있다. 〈시각과 인식〉 장에서는 뇌를 통해 우리가 외부에 있다고 생각하는 세계의 이미지들을 어떻게 창조하는지에 대해 이야기를 나누었다. 〈패러다임의 전환〉 장에서는 사상과 발견이 어떻게 세상에 널리 퍼진 믿음 속으로 들어가 유행하게 되는지를 살펴보았다. 〈양자 물리학〉과 〈관찰자〉 장은 아원자 세계와 의식이 창조와 어떻게 서로 작용하는지에 대한 흥미로운 유사점에 대해 이야기했다. 〈물질을 넘어서는 마음〉은 보이는 것과 보이지 않는 것 사이의 경계를 부수고 들어가, 겉으로는 다른 영역처럼 보이는 두 영역이 연결되어 있다는 것을 지적했다. 쉽게 말해서 위에서 말한 모든 장들은 의식과 현실 사이의 관계에 관한 이야기들이다.

앞으로 나오게 될 〈양자 뇌〉 장에서는 우리의 태도가 신경 구조 속에 어떻게 암호화되는지 또 그곳에서 무엇이 창조되는지를 살펴볼 것이다. 〈감정〉과 〈중독〉 장은 '지금 내가 처해 있는 현실을 창조한 이유'에 대한 답을 줄 것이다. 그리고 〈마법사의 길〉에서는 우리가 원하는 것을 창조하지 못하는 이유를 살펴보게 될 것이다. 〈욕망과 의도〉 장에서 의식적으로 창조하는 방법에 대해 이야기를 나누고, 같은 장에 포함된 〈선택과 변화〉 장에서는 창조가 이루어질 때 삶에서 어떤 일이 일어나는지를 탐험해 갈 것이다.

하지만 경험이라고 하는 우주의 경기장에서 위의 이야기들이 의식이 현실을 창조한다는 것을 증명하는 것일까? 이 개념은 경험의 다양한 차원을 통해 실제 반영되는 것처럼 보이지만 경험이 이 개념을 증명하거나, 혹은 정황적 근거가 될 수 있을까? 우리는 저명한 물리학자들에서부터 영화 제작자들까지 모든 이야기를 들었다. 딘 라딘 박사는 말한다. "엄밀히 말해 증명은 과학에서 사용되는 단어가 아니다. 우리는 증거를 볼 수 있을 뿐이다. 즉 어떤 결과가 일어날 것이라고 어느 정도까지만 확신할 수 있을 뿐이다. 중력을 '증명'한 사람은 없다. 뉴턴은 중력을 물질 사이에 끌어당기는 힘이라고 말했다. 아인슈타인은 물질이 시공간 구조를 휘게 만든다고 말했다. 하지만 그들이 중력이 무엇인지를 증명한 것은 아니다. 기껏해야 반증의 여지가 없는 수학적인 설명을 했을 뿐이다."

《What the bleep do we Know!?》 제작

우리는 서약했다. 우리는 위선자나 팔걸이 의자에 앉아 있는 철학자들이 될 수 없었다. 단지 대화만을 나눈 것이 아니라 능력이 닿는 데까지 우리는 걷고, 걷고 또 걸었다. 이 말은 우리가 영화에 나오는 지식 속에서 살았다는 의미이다. 우리가 가장 정성을 들인 곳은 〈감정〉과 〈중독〉, 그리고 〈자신의 현실을 창조하는 것〉에 관한 부분이다. 영화를 만드는 과정에서도 이 부분들 덕분에 실제 우리는 창조가 일어나도록 더욱 노력할 수 있었고, 감정적인 중독을 깨뜨릴 수 있었다.

다른 말로 하면 우리는 과학적인 방법에 따라 '각자의 삶에서 과학자가' 되기로 결심한 것이다. 그리고 그것을 직접 시도해 보고 정말 효과가 있는지도 지켜보았다. 그리고 이런 노력은 최고의 결과로 다가왔다. 삶을 더 나은 방식으로 살아가게 된 것이다.

하지만 우리는 이 영화를 만들어 낸 세 명에게 일어난 일일 뿐이다. 영

화의 제목은 '도대체 우리가 아는 것이 무엇인가!?'이다. 그래서 당신이 우리의 말에 귀를 기울일지는 분명하지 않다. 그럼 누구에게 귀를 기울여야 할까? 현실 속에서 당신이 항상 귀를 기울이고 있는 사람, 바로 당신이다.

잠시 생각해 보자.

이원론이라는 울타리의 양쪽을 생각해 보자.

의식	물리적 현실
마음	물질
영혼	과학
초월적 자아	자연
신	사물

이제 왼쪽 개념의 특징에 맞는 것을 모두 찾아 선을 그어 보자. 그리고 왼쪽과 등식이 성립하는 것을 (예를 들어 마음은 물질, 현실은 의식처럼) 찾아보자. 어떤 것이 더 자연스러운가?

- 두 개념은 서로 배타적인가?
- 우리는 아직 이원론의 영향을 받고 있는 것일까? 섹스는 이원론을 끝내려는 시도일까?
- 시간은 즉각적인 카르마를 저지하기 위해 만들어진 것일까?
- 시간은 우리의 힘과 그 힘의 결과를 깨닫게 하기 위해 만들어진 것일까?

나의 현실을 창조하기

나는 내가 사랑하는 삶을 살며,
나는 내가 사는 삶을 사랑한다.

-윌리 딕슨

앞 장에서 의식이 현실을 창조하는 것이 우주의 법칙인지
아니면 환상인지를 탐구했다.
그리고 그것을 지지해 주는 사실적인 증거들이 있는지,
그 증거들이 우리의 삶 속에서
어떻게 나타나는지에 대해서도 살펴보았다.

이제 당신은 '현실을 창조한다는 것'에 대해 어느 정도 결론을 내렸을 것이다. 사람들은 어느 정도까지는 그것을 진실로 받아들인다. 문제는 어디까지 받아들이냐 하는 것이다. 그 정도가 아이스크림 가게에 갈 것인지 말 것인지를 결정하는 것까지인가? 아니면 머리 위로 떨어지는 나뭇잎도 역시 당신이 창조한 것으로 믿을 것인가?

내가 나의 삶을 창조한다는 원칙이 내포하는 의미는 엄청나다. 여기에는 우리 자신과 삶뿐만 아니라 더 큰 삶들, 즉 도시나, 국가, 지구의 삶까지도 관련되어 있다. 하지만 우선 당신에게는 어떤 의미를 갖는가?

아침으로 무엇을 먹을 것인가? 어떤 삶을 살 것인가?

당신은 셀 수 없이 많은 일들 속에서 당신이 자신의 삶을 창조하고 있다

는 것을 인정할 수 있을 것이다. 당신은 알람 시계가 울릴 때 일어날지 말지를 결정한다. 당신은 무엇을 입을지 아침으로 무엇을 먹을지, 아니면 아침을 건너뛸지를 결정한다. 그리고 사람들과의 삶 속으로 들어가 일을 하면서, 혹은 고속도로 위에서도 만나는 사람들을 어떻게 대할 것인지를 결정하는 것도 바로 당신이다. 하루의 계획을 세우거나, 혹은 아무런 계획을 세우지 않고 상황에 맡기기로 결정한 것 역시 당신의 행동과 경험에 영향을 미친다.

좀 더 큰 관점에서 보면 당신 삶의 전체 경로는 당신의 선택들로 만들어진다. 결혼을 하고 싶은가? 자녀를 갖고 싶은가? 대학에 가는 것은? 무엇을 배울 것인가? 어떤 경력을 원하는가? 원하는 직업은 무엇인가? 당신의 삶은 그냥 '일어나지' 않는다. 당신의 삶은 매일 당신의 선택, 혹은 선택하지 않은 것들에 달려 있다.

하지만 여전히 의문은 남는다. 내가 만들어 내는 인생의 범위는 어디까지일까? 꿈에서도 바라던 여성을 만날 기회나 난폭한 상사를 만나는 것까지 포함될까? 복권에 당첨되는 것은? 당신은 누구의 삶을 만들어 내고 있는가? 시시한 질문처럼 보이지만 현실을 창조하는 '나'에는 커다란 물음표가 붙어있다. 전체 창조 과정에 대한 의문을 어느 정도까지 해소하기 위해서는 그 '나'에 관한 통찰이 필요하다.

우리는 현실을 창조하는 기계이다.
우리는 늘 현실의 결과를 창조하고 있다.
만일 작은 지식의 차원에서 정보를 받아들인다면,
작은 현실을 창조할 것이다.
큰 차원의 정보를 갖게 된다면

우리는 큰 현실을 창조할 것이다.

-조 디스펜자

나는 누구인가?

질문으로 돌아가 보자. 인도의 성자 라마나 마하리쉬는 바로 이 질문을 통해 가르침을 전파했다. 마하리쉬는 이 질문의 탐구를 통해 바로 깨달음으로 이를 수 있다고 말했다. 하지만 깨달음은 잠시 제쳐 두고, 질문을 창조 행위로 제한해 보자.

프레드 알랜 울프는 다음과 같이 말한다. "우선 생각해 보아야 할 것은 당신이 자신의 현실을 창조한다는 개념이다. 만일 쇼를 펼치고 있는 당신이 자기 중심적인 인간을 의미한다면, 그것은 아마 잘못된 생각이 될 것이다. 현실을 창조하고 있는 것은 결코 그런 개인적인 존재가 아니다." 그러면 새로운 질문이 생긴다. "그렇다면 누구인가?" 모닝 커피를 주문하면서 더블 카푸치노로 결정한 것은 초월적이거나 불멸의 자아가 아니라 '자기 중심적인 인간'이라는 점은 분명하다. 하지만 새로 산 차 위로 가로수가 넘어졌을 때 그 자기 중심적인 인물은 전혀 관련이 없어진다.

절대 자신의 탓이 아닌 일들이 일어나는 경우, 대부분 사람들은 '내가 현실을 창조한다'는 것을 거부하며 말한다. "나는 결코 이것을 창조하지 않았어!" 사실이다. 그들—자기 중심적인 인간—은 결코 그렇게 할 수 없다. 하지만 모든 영적 전통에서 이야기하듯 '당신' 이상의 무엇이 존재한다.

이 영적인 차원에서 자아는 에고와 진아, 인간과 신성, 사람의 아들과 신의 아들, 유한한 몸과 불멸의 영혼 등으로 다양하게 구분된다. 하지만 핵심은 창조가 일어나는 수많은 차원 역시 존재한다는 것이다. 깨달음의 목적은 이런 자아의 분열을 지워 버리고 하나의 근원으로부터 창조하는 것이다 ("나는 누구인가?"라는 질문이 중요한 이유는 바로 이 때문이다). 즉 우리가 창조한 모든 것들을 인식할 때까지 우리의 의식을 확장해 가는 것이라고도 할 수 있다.

"내가 창조한다."는 것을 인정하는 것은 의식 확장의 놀라운 도구가 된다. 왜냐하면 이 명제가 진실이라면 당신이 창조한 부분들을 부정하는 것은 자신의 일부를 부정하는 것이기 때문이다. 이 경우 아무리 시간이 지나도 분열된 자기는 통합되지 않는다. 실제로, 깨달은 사람들은 이 현실을 창조한 유일한 목적은 당신의 영혼이 전체에 이르기 위해서라고 말한다. 성장하기 위해 경험해야 할 것은 많다. 그리고 그 경험의 대상은 당신의 에고/개인이 우선 선택한 것이 아닐 수도 있는 것이다.

사람들은 이것을 카르마라고 부른다. 즉 우리는 가깝든 멀든 과거 어느 시점에 지금 이 삶에서 마주치게 될 모든 조건들을 창조했다는 것이다. 하지만 이 세상 모든 사람들의 카르마가 서로 어떻게 작용하고 있는 것일까? 어떻게 그것들이 꼭 맞아 떨어지는 것일까? 어떻게 이런 행복한 (혹은 불행한) '우연' 들이 일어나는 것일까? 60억이 넘는 인간들을 위해 모든 것들이 맞아떨어지도록 움직이고 있는 사람은 누구인가?

최근 내가 나의 삶 속에 주체로 참여하고 있다는 것을 부정하는 행위가 불명확한 생각 뒤에 숨어 당면한 현실을 다룰 필요가 없다는 결론으로 쉽게 이어진다는 것을 깨달았다. 그리고 내 삶의 많은 부분들을 이런 '속임수' 로 합리화해 왔다는 생각이 들었다. 우리는 삶 속에서 어떤 것을 창조하거나, 창조하지 않았다고 말할 때, 그 기준이 무엇인지를 생각해 보아야 한다. 나의 경우 그 기준은 유쾌하고 만족을 주는 현실은 내가 창조했지만 불편한 것에 대한 내 책임은 없다는 것이었다. 나는 이렇게 현실을 교묘히 피해 왔지만 현실은 언제나 따라왔다. 지금 나는 삶 속에 나타난 모든 부분의 원인과 그 속에 관여하고 있는 힘이 나 자신이라고 생각한다.

- 마크

우주와의 연결

우주는 컴퓨터이다. 우주에는 이원성은 존재하지 않는다. 또 억지로 작동시킬 필요도 없다. 우주는 연결되어 있고 서로 얽혀 있다. 모든 것들은 서로 관련되어 있으며 창조는 모든 곳에서 일어나고 있다. 우주가 우리에게 반응하는 것이 아니다. 우주가 바로 우리이다.

카르마를 이원론적인 모델에서 살펴보면 다음과 같이 설명할 수 있을 것이다. "내가 존을 때렸다. 그러므로 누군가가 나를 때릴 것이다." 이것이 바로 (뉴턴주의자들이) 어떤 현상을 원인과 결과로 바라보는 방식이다. 하지만 비이원론적이고 서로 얽혀 있는 모델에서 상황은 달라진다. 즉 행위나 생각(이것들은 결국 같은 '것' 이다)들은 나의 의식의 조각에서 생겨나고 그것과 관련된 어떤 파장이나 진동이 존재하게 된다. 행동을 취하고 그 현실을 수용함으로써 그 파장이나 진동에 의해 우주와 연결된다. 그리고 같은 진동의 '외부' 가 그것에 반응하고, 그렇게 반응한 것이 당신의 현실에 반영되는 것이다.*

당신 삶의 모든 것들, 즉 사람, 장소, 사물, 상황, 사건들은 당신 고유의 진동이 반영된 것에 지나지 않는다. 람타는, "당신 삶 속의 모든 것은 당신이라는 존재의 고유한 주파수"라고 말한다. 그래서 '내가 누구인지' 알고 싶으면 주위를 돌아보기만 하면 된다. 우주는 항상 그 답을 주고 있다.

문제는 내면에 감춰지고 억압된 부분 역시 반영된다는 점이다. 우리가 그것들을 억누르고 있는 이유는 자신의 그런 부분을 좋아하지 않기 때문이다. '나는 결코 그것을 창조하지 않았다'고 말하는 경우는 대부분 그 억압된 부분이 반영되고 있는 것이다. 그리고 우리가 이해할 때까지 그것은 계속 반복하여 나타난다. 이것은 카르마의 바퀴이며 반갑지 않은 회전목마다.

희생자—당면한 현실의 치유

자신을 희생자로 보는 것은, "내가 나의 현실을 창조한다."는 말을 가장 강하게 거부하는 것일 지도 모른다. 희생자들은 '이런 상황이 나에게 일어난 것은 불공평하고 불합리하다'고 말한다. 그리고 결국 다음과 같은 말로 이어진다. "나는 불쌍해. 우주는 불공평해. 카르마는 변덕스러워."

물론 이런 태도를 취하는 데에는 장점도 있다. 우선 동정을 얻는다. 또, 나쁜 일이 일어난 경우에는 당신 탓이 아니므로 자신에 대해 좋은 느낌을 가질 수 있다. 게다가 그 경험을 무시할 수도 있고 그 속에서 자신의 역할

---

* 이것이 전송 장치와 수신 장치의 원리다. 전송기와 수신기는 같은 주파수로 동조한다.

을 인정할 필요도 없다.

나쁜 점은 무엇일까? 당신은 지금 막 현실을 창조한 것이 당신이 아니라는 서류에 서명했다(결국 스스로 현실을 창조하는 힘은 약해진다). 그리고 그 경험은 반복되고 당신은 현실과 분리된다. 즉 창조자와 창조물이 서로 떨어져 버리는 것이다.

일반적으로 이런 태도가 사회에서 어떻게 반영되고 있는지를 잠시 살펴보면 이러한 희생자들이 얼마나 많은지 알게 된다. 저녁 뉴스의 대부분은 희생자에 초점을 맞춘다. 미국에서 희생자 심리는 극에 달했다. 어떤 사람에게 무슨 일이 일어나면 사람들이 우선 하는 일은 고소할 사람을 찾는 것이다.

《익스트란으로의 여행》에서 돈 주앙이 카를로스 카스타네다에게 말한다. "당신은 자신의 결정에 책임이 없다고 느끼기 때문에 삶에 대한 불평을 늘어놓는 것이다. 나를 보라. 나는 어떤 의심이나 후회도 없다. 내가 하는 모든 것들은 나의 결정이며 나의 책임이다."

비록 인정하기는 힘들지만 우리는 매일 스스로의 현실을 창조하고 있다. 상황에 대해 다른 누군가를 비난하는 것처럼 통쾌한 일은 없다. 우리는 그 상황은 다른 사람의 잘못 때문이라고 말하며, 시스템을 탓하고 신을 탓하고 부모를 탓한다. 하지만 세상에서 무엇을 관찰하든 그것은 우리에게 되돌아온다. 예를 들어 나의 삶 속에서 기쁨과 행복, 성취한 것이 거의 없었던 이유는 정확히 이런 것들에 대한 나의 초점이 부족했기 때문이다.

— 미하일 레드위드

대전환

　이 장의 주제인, "내가 나의 현실을 만든다."는 것에 대한 강한 부정은 희생자가 되는 가장 큰 이유이다. 반대로, "나에게 책임이 있다."는 것을 받아들이는 것은, "내가 나의 현실을 창조하는 것"을 온전하게 인정하는 것이다. 이렇게 인정하는 것은 삶의 경험 속으로 접근하는 큰 전환점이 된다. 희생자라는 느낌이나 무력감은 삶 속에서 사라지고 모든 상황에서 다음과 같이 질문하게 된다. "내가 지금 서 있는 곳은 어디인가? 나는 이 상황은 나의 어떤 부분이 반영되고 있는가? 어느 차원의 '나'가 이 상황을 불러왔는가?"

　실로 이것은 인생의 대전환이라고 할 수 있다. 우주에게 내가 현실을 창조했다는 증거를 요구하며, 울타리 위에 앉아 어떤 일은 인정하고 어떤 일은 부정하는 것이 아니다. 현실을 당신의 삶으로 받아들이고 일어나는 모든 일들이 당신에 의해 창조되었다고 선언하라. 그러면 당신은 그 상황 속의 의미를 살펴볼 수 있게 된다. 그 의미가 꼭 철학적이거나 거창한 것일 필요는 없다. 오히려 중요한 의미를 갖는 것은 당신이 누구이고 당신이 창조한 것은 무엇인지, 혹은 당신의 삶 속에서 부정하고 있는 것은 무엇인지에 관한 것이다. 이 스위치를 켜고 당신의 수많은 '나' 앞에서 그것이 어떻게 변화하는지 지켜보라.

　"사람들은 항상 자신이 이렇게 된 것은 상황 때문이라고 탓한다. 나는 상황을 믿지 않는다. 세상에서 성공하는 사람들은 자신이 원하는 상황을 찾는 사람이며, 그런 상황을 찾을 수 없는 경우 그 상황을 만들어가는 사람이다." 위대한 영국의 극작가 조지 버나드 쇼의 말이다.

당신은 어떻게 상황을 창조하는가? 우리는 삶의 방향에 큰 영향을 주는 우연들을 어떻게 창조하고 있는 것일까? 다음과 같은 우연은 조금 황당해 보인다 : "아침에 서류를 놓고 와서 집으로 다시 운전해 가는 길이었다. 하지만 도중에 타이어가 펑크가 났다. 그래서 차를 세우고 타이어를 갈기 위해 몸을 구부리다가 그만 바지가 찢어져 버렸다. 할 수 없이 몸에 담요를 두르고 타이어를 갈고 있는데, 지나가던 사람이 멈춰 섰다. 내가 두르고 있던 담요는 그녀가 디자인한 것이었다. 결국 그녀와 나는 결혼을 하게 되었다." 이것을 단지 우연이라고 할 수도 있다. 하지만 우연의 진정한 의미는 함께 일어난 사건(co-incident)이다.

함께(co-)라는 접두어는 상호 관계 같은 것을 의미한다.
협동하다(cooperate)는 함께 작용한다는 뜻이다.
그래서 우연(coincidence)은 사건의 요소들이 서로 관련되었다는 의미가 된다.
이렇게 단어의 의미를 정반대로 볼 수 있는 것이 신기하다.

이 행복한 남자는 타이어 펑크라는 사건을 창조한 것일까? 아니면 결혼이라는 것을 창조했는데 우주가 그 세부적인 일을 이루어 낸 것일까? ('내가 창조한다'는 말을 받아들이면 이처럼 수많은 종류의 의문들과 직면하게 된다.) 앞서 살펴본 명상가들이 물의 수소 이온 농도를 변화시키는 실험에서 윌리엄 틸러는 다음과 같이 말한다. "문제는 우리가 의도의 세부적인 부분까지 말하느냐 아니면 세부적인 부분을 우주에 맡기느냐 하는 것이다. 일반적으로 정답은 후자이다."

다른 말로 하면 물이 수소 이온 농도를 변화시키는 과정에서 화학적인 결합이나 이온의 변화 같은 과정을 세세히 지시하는 대신 명상가들은 그 결과에 초점을 맞추고 세부적인 부분은 우주에게 맡겨 둔 것이다. 앞의 결혼한 남자 역시 바지가 찢어진 것에는 전혀 집중하지 않았다.

당신의 꿈이 있는 방향으로 자신 있게 걸어가라.
당신이 상상해 왔던 삶을 살아라.
– 헨리 데이비드 소로우

가능성과 시간

여전히 의문은 남는다. 이 모든 일들은 어떻게 일어나는 것일까? 어떻게 그러한 가능성을 더 의식하고, 그 자체로 더 의식적인 창조를 이루어 낼 수 있을까? 아밋 고스와미는 이렇게 말한다.

의식이 존재의 근원이라고 하는 것은 하나의 가설이다. 그 가설 역시 의식의 가능성이다. 그 가능성 속에서 의식은 가능성이 표현될 실질적인 경험을 선택하고 관찰한다. 양자 물리학은 가능성에 관한 이야기이다. 하지만 자신을 바라보면서 '어떤 가능성'에 대해 생각해 본 적이 얼마나 되는가? 가능성에 대해 당신이 생각하는 것은 (아마도) 바닐라 아이스크림과 초코 아이스크림 사이의 선택처럼 사소한 일에 제한되어 있을지 모른다. 당신은 삶 속에서 양자 물리학적 가능성을 놓치고 있는 것이다.

고스와미 박사는 사람들의 삶 속에 가능성이 전자의 가능성처럼 파동으로 펼쳐져 있다고 본다. 이 말은 당신의 삶 속에 이러한 선택권들이 슈뢰딩거의 방정식으로 예측할 수 있는 파동처럼 '실질적'이라는 뜻이다. 스튜어트 해머오프는 이 개념에서 한 걸음 더 깊이 들어간다.

의식적으로 선택하는 것은 양자의 중첩된 가능성이 하나의 선택으로 결정되는(collapsing) 것으로 볼 수 있다. 메뉴판을 보며 새우 요리를 먹을 것인지, 파스타나 참치 요리를 먹을 것인지 선택하는 경우, 양자가 중첩된 가능성으로 존재하는 것처럼, 선택 이전에는 모든 가능성들이 동시에 존재한다. 어쩌면 미래를 앞질러 가서 다른 메뉴들을 맛볼 수도 있다. 그리고는, "아! 스파게티로 하겠다."고 결정하는 것이다.

미래로 앞질러 간다는 이야기는 공상 과학 영화처럼 들릴 수도 있다. 해머오프 박사는, "양자 물리학에서 당신은 시간을 거슬러 갈 수도 있다. 의식이 시간을 거슬러 가는 것과 관련된 뇌의 프로세스도 알려져 있다."고 지적한다.

만일 이 이론들이 사실로 증명된다면, 개인의 의식이 모든 미래의 가능성들을 간파하고 있으며, 심지어 미래로 가서 어떤 사람과 결혼했을 경우와 결혼하지 않았을 경우를 모두 '맛볼' 수 있다는 것을 의미한다. 그리고 선택한 가능성을 의식의 집중을 통해 현실화하는 일도 가능하다. 세세한 '방법'은 고도의 지성을 갖추고 상호 작용하고 있는, 그리고 의식에 자동적으로 반응하고 있는 우주에 맡겨진다. 우주는 전해지는 정보를 모두 파악하고 있는 컴퓨터이다. 만일 우주가 스스로 자기를 복제하고, 의식할 수 있는 생명체를 창조할 수 있다면 펑크 난 타이어를 고치는 것도 가능하게 될 것이다.

그렇다면 더 의식적으로 창조할 수 있는 방법은 무엇일까? 아마도 대부분의 사람들에게 미래는 거대한 벽 저편에 존재하고 있으며, 과거는 돌아갈 수 없는 곳에 놓여 있을 것이다. 그래서 숨어 있는 이런 가능성은 보이지 않고 그런 가능성이 나타나는 경우 사람들은 놀라거나 충격을 받는다. 하지만 이러한 잠재력이 실재하는 것이며, 개발하고 조정하고 선택할 수 있는 것이라는 것을 깨닫게 되면, 사람들은 벽을 넘어 새로운 것들이 기다리는 미래로 들어갈 수 있을 것이다.

당신의 하루를 창조하기

창조된 현실은 바로 당신 앞에 놓여 있다. 가능성들은 시간이란 풍경으로 채색된 채 실제 사건을 경험으로 나타나게 해줄 '의식의 움직임'을 기다리고 있다. 하지만 당신이 조금 앞서 행동한다면, 조용히 앉아 우주에 잡초들이 자라도록 놓아두는 대신, 당신의 의식적인 창조물로 가능성이 펼쳐진 풍경을 있게 할 씨앗을 뿌릴 수 있을 것이다.

〈블립〉에서 가장 인기 있고 매력적인 정보는 자신의 하루를 창조하는 것이다. 이 기법은 1992년 람타가 그의 학생들에게 가르친 것으로 워싱톤 옐름의 람타 학교의 기초 과정 중 하나이다. "위대한 스승들은 하루가 그냥 일어나도록 내버려 두지 않는다. 그들은 그들의 하루를 창조한다."

큰 변화를 가져오는 작은 가르침

아래의 내용은 람타의 가르침 : 당신의 하루를 창조하기―열린 마음으로의 초대(Create Your Day-An Invitation to Open Your Mind)에 나오는 내용이다.

아침에 자신이 누구인지를 모른 채 깨어난 것을 알아챈 적이 있는가? 당신은 깨어나서도 자신이 누구인지를 알지 못한다. 방 주변을 둘러보고 나서야 자신을 규정한다는 것을 눈치 챈 적이 있는가? 당신 옆에 자고 있는 사람이 누구인지를 보기 전까지는 당신이 누구인지를 모른다는 놀라운 사실을 알고 있는가? 우리는 이 점에 대해 깊이 생각해 보아야 한다. 침대에서 일어나기 전 몇 초 동안 우리는 어떤 정체성도 가지고 있지 않다. 우리는 옆에서 자고 있는 사람을 보고 나서야 자신의 모습을 재결합하기 시작한다. 그리고 몸을 긁으며 일어나 화장실로 간다. 그곳에서 당신은 거울에 비친 자신의 모습을 바라본다. 왜 이런 행동을 하는 것일까? 왜 자신을 응시하는 것일까? 왜냐하면 당신은 자신이 누구인지를 기억해 내려 하고 있기 때문이다. 자신이 누구인지는 여전히 신비로 남아 있다.

자신의 모습을 기억하고 당신이 받아들이는 것과 의심하는 것들을 기억해 낸다면, 그리고 매일 당신이 누구인지를 기억하는 의식을 치른다면 당신의 하루는 지금까지의 날들과 다르게 바뀌어 갈 가능성이 있다. 하지만 그 가능성은 꽤 낮다고 할 수 있다. 하지만 자신의 모습을 기억하기 전에 당신이 원하는 것들을 기억해 낸다면 어떤 일이 일어나겠는가? 배우자를 바라보기 전에, 당신 몸을 긁기 전에, 혹은 침대에서 비틀거리며 빠져나오기 전이나 거울 속의 자신을 보기 전에 당신이 되고 싶은 모습을 기억해 낸다면 무슨 일이 일어날까? 기억 속에 있는 행동을 취하기 전에, 즉 나의 신경망에 접속하기 전에 하루를 창조하는 것은 놀라운 일이 될 것이다. 이 행위는 나의 신경망에 새로 더해져 삶의 경험을 더해 줄 것이고, 자신의 하루를 창조하게 될 것이다. 당신이 누구인지를 아직 알지 못하는 그 순간은 가장 숭고한 순간이며, 그 순간 우리는 일상을 벗어난 것을 보게 된다. 그 순간 당신은 비일상적인 것을 기대하며 받아들이게 된다. 오늘 월급이 인상되는 것을 받아들일 수도 있다. 만일 현재 자신의 모습을 떠올리면 월급 인상에 대한 예상은 축소해버린다. 당신의 정체성에 어떤 결론도 내리지 않은 이 상태에서 당신은 자유롭게 창조할 수 있다.

그래서 나는 아침에 일어나 당신이 누구인지 떠오르기 전에 당신의 하루를 창조하라고 이야기한다. 그렇게 당신의 하루를 창조한 뒤에 평범한 일상은 변화할 것이다. 화장실 거울을 바라보던 사람과는 조금씩 다른 사람이 될 것이다. 당신에 대해 다른 무엇이 존재한다는 것을 알게 되고, 또 그것은 아주 멋진 일이 될 것이다.

이 놀라운 가르침은 이장의 주제인 '나'에 대해 이야기하고 있다. 창조의 주체인 '나'는 누구일까? 만일 그것이 어떤 개인이라면 창조는 현재 존재하는 구조와 습관, 신경망 그리고 오래된 개인의 구조 속에서 만들어질 것이다. 그리고 창조되는 모든 것들 역시 똑같이 낡은 것이 될 것이다. 이미 존재하는 것을 만들어 내는 것을 창조라고 할 수 없다.

혹은 창조가 상위 자아나 신의 본성을 지닌 자아에서 온다면, 그것들은 대부분 무의식적인 것이거나 깊이 숨겨진 카르마의 결과가 될 것이다. 이 경우 영혼에게 창조는 멋진 것이 될 수도 있지만, 상위 자아와 떨어진 개인에게는 보통 변덕스럽고 편파적으로 보이며 무기력감과 희생의 감정을 불러일으킨다.

자아가 존재하지 않는 순간이나 새로운 자아의 순간을 이용하는 것이 이 기법의 핵심이다. 이렇게 새로운 '나'로부터 새로운 것들이 나타나고 당신은 의식적으로 창조하게 된다. 그리고 이 창조의 과정을 통해 희생자와 무기력이라는 덫에서 풀려나게 된다.

이 방법을 이용하면 매일 실질적인 방식으로 당신의 현실을 창조한다는 것을 확신할 수 있을 것이다. 그리고 내가 나의 현실을 창조하는 것이 진실이라면 그러한 확신은 더욱 강해질 것이다.

삶은 자신을 찾는 것이 아니다.
삶은 자신을 창조하는 것이다.
-조지 버나드 쇼

잠시 생각해 보자.

- 만일 당신의 창조력이나 능력에 한계가 있다면 그것은 무엇인가?
- 우리는 물리학의 법칙을 변화시킬 수 있을까? 만일 가능하다면 그것들이 법칙일까? 법칙은 무엇일까?
- 더 효과적으로 창조하는 법을 배울 때, 우리에게 필요한 책임에는 어떤 것들이 있을까?
- 우리의 창조성을 가장 건설적으로 이용하는 방법은 무엇일까?
- 개인적인 목표들이 우주의 목표와 일치한다는 것을 어떻게 알 수 있을까?
- 의식적이든 무의식적이든 우리가 항상 창조하고 있다는 것을 아는 것은 어떤 영향을 줄까?
- 인격과 더 높은 차원의 의식의 차이점은 무엇일까?
- 어떻게 그 차이를 알 수 있을까?
- 언제 개인적인 창조를 하며, 언제 더 높은 의식의 창조를 하는 것일까?
- 나의 개성은 나쁜 것일까?

마법사의 길

요다가 늪에 빠진 전투기를 마음의 힘만을 이용하여 들어 올리는 것을 보고 루크 스카이워커가 말한다. "믿을 수 없어요!"
요다가 말한다. "바로 그것이 네가 실패하는 이유지."

책 속에서, 영화의 화면에서 뛰어나간 마법사들.
마스터 요다, 덤블도어 교장, 백색의 간달프, 마법사들!
창조의 불을 마법으로 사용하는 사람들!

마법사가 되고 싶지 않다고 생각하는 사람도 있을까?
#405 (중)학교에서 호그와트(《해리 포터》시리즈에 등장하는 마법 학교. 역주)
로 전학을 가고 싶어 하지 않는 사람도 있을까?
머글(《해리 포터》 시리즈에서 마법사나 마녀들 사이에 사용되는 단어로, 이른바
'보통 인간'을 가리킨다. 역주)로 남아 있고 싶어하는 것은 누구일까?
그것은 분명 머글들이다!

우리가 현실을 창조하고 그곳에 어떤 마법도 존재하지 않는다면 그 생각 역시 우리가 창조한 것이다. 그렇지 않은가? 많은 사람들이 마법이라는 말을 좋아하고, 마법의 달인이 되길 원한다. 그런데도 그들과 가장 가까이에 있는 것이 텔레비전 리모콘이라는 것은 좀 이상해 보인다.

흥미로운 부분이다. 과학과 전혀 다른 차원에서 마법은 무엇일까? 분명 텔레비전 리모콘(텔레비전도 마찬가지다!)은 200년 전에는 높은 수준의 마법이었다. 고대 수메르 인들의 기록에는 목소리를 이용하여 지구의 어느 곳에 있는 존재와도 이야기할 수 있는 신들의 이야기가 나온다. 오늘날 우리

는 전화로 사람들과 간편하게 통화한다. 여기서 차이점은 무엇일가? 과학에는 여러 가지 절차가 필요하며 마법도 마찬가지이다. 마법에 관한 책에는 원하는 결과를 얻기 위해 마치 요리책처럼 각 단계마다 그 절차가 적혀 있다. 또 다른 패러다임에서는 마법을 단순히 과학이라고 말할 수도 있다. 틸러 박사의 상자 실험은 마법과 과학의 경계를 허물고 있다.

비마법사의 핸드북

우리가 마법사가 될 수 없는 이유에 대해 고민하는 대신 (여기에 대답할 수 있는 사람은 오직 당신뿐이기 때문에) 이 장에서 〈비마법사의 핸드북〉에 나오는 내용을 조금 살펴볼 것이다. 이 책의 부제는 '마법사를 두꺼비로 바꾸는 방법'이다. 만일 이 책 내용의 일부분이 친숙하게 들리기 시작한다면 당신 외에 어떤 사람들이 이 책을 읽고 있는지에 대해 단서를 얻게 될 것이다.

1. 그들이 마법사가 아니라는 것을 확신시켜라.
2. 희생자가 됨으로써 얻는 만족에 대해 가르쳐라.
3. 믿음 체계를 교란시켜라.
4. 새로운 지식을 두려워하게 만들고, 그 지식에 접근하지 못하도록 만들어라.
5. 마법사를 무서운 존재로 만들고, 마법사가 되는 길은 위험하게 하라.
6. 거짓말을 하게 하라.
7. 절대 내면을 바라보지 않게 하라.

단, 당신이 우연히 두꺼비로 변한 마법사인 경우, 비마법사의 핸드북에는 각 항목마다 해독제가 포함되어 있다.

1. 그들이 마법사가 아니라는 것을 확신시켜라.

모든 사람은 마법사이다. 만일 그들이 마법사가 아니라는 것을 확신시킨다면 그들은 비마법사의 삶을 살게 될 것이다. 이 경우, 더 많은 방법을 찾기 위해 책을 더 읽을 필요도 없다.

해독제 : 당신의 위대함을 기억하라. 당신은 이미 마법사이다.

당신이 우연한 물질의 돌연변이로 생긴 존재이며, 당신이라고 하는 감각은 죽어 있는 입자들로 구성된 부대 징후일 뿐이라는 말을 듣는다면 그 속에서 마법적인 무엇이 느껴지는가? 마법의 순간들이 단순이 우연으로 치부된다면 당신 삶에서 마법이 존재하는 곳은 어디인가? 세상을 바라보는 당신의 관점이 (저녁 뉴스에 나오는 것처럼) 죽음, 병, 전쟁, 고통과 같은 곳에 머물러 있고 그것들을 생각하며 느끼는 것이 무기력뿐이라면 당신이 마법사가 될 가능성은 얼마나 되겠는가? 당신은 원죄를 가지고 태어난 죄인이며 신의 눈에는 가련한 존재일 뿐이라는 말을 듣는다면 어떻겠는가?

내가 진실로 진실로 너희에게 이르노니 나를 믿는 자는 나의 하는 일을 저도 할 것이요, 또한 이보다 큰 것도 하리니

- 요한복음 14:12

40여 년 전 브랜디스 대학 교수인 아브라함 매슬로우에 의해 주도된 혁신적인 사상가들은 심리학이 몰두하고 있는 대부분의 분야가 문제와 질병, 즉 신경증이나 정신병, 기능 장애라는 것을 정확하게 간파했다. 왜 더 건강한 개인, 혹은 최고로 건강한 개인들에 관한 연구는 없는 것일까? 인간의 더 높은 가능성을 바라보고 그들의 힘을 펼칠 수 있는 방법을 만들어 내지 않는 이유는 무엇일까?

위대한 미국의 작가 헨리 데이비드 소로우는 100년 전에 다음과 같이 썼다. "인간의 능력은 결코 측정된 적이 없다. 또 앞선 예를 통해 인간의 능력을 판단할 수도 없다. 왜냐하면 인간이 시도해 온 것이 너무나도 적기 때문이다."

> 그렇지 않다고 말하는 사람들을 믿을 수는 없다. 그렇지 않다는 것은 그들과 관련이 있을 뿐이다. 당신은 그런 것과 그렇지 않은 것 중 무엇을 선택하겠는가? 진실의 열쇠를 쥐고 있는 사람은 누구인가? 외부에 그것은 불가능하다고 말하는 누군가가 존재하는가? 아니면 절대적으로 그것은 옳다고 말하는 사람이 존재하는가? 진실의 열쇠를 쥐고 있는 사람은 누구인가? 바로 우리이다.
> - J. Z. 나이트

작가이자 〈새터데이 리뷰〉의 편집장인 노만 쿠진 역시 같은 말을 한다. "인간의 뇌는 무한을 비추는 거울이다. 그 범위와 창조적 성장에는 한계가 없다. 마음의 잠재력이 완전히 개발되었을 때 인류가 성취할 수 있는 위대한 도약에 대해 아는 사람은 아무도 없다." 인간의 능력을 연구하는 심리학자들 역시 이 사실을 발견하기 시작했다.

아마도 매슬로우와 그의 사상가들이 남긴 가장 큰 유산은 모든 사람에게 무한히 잠재된 능력이 있으며, 그 힘과 능력은 아직 결코 드러나지 않았다는 사실을 평범한 상식으로 만들었다는 것이 될 것이다.

2. 희생자가 됨으로써 얻는 만족에 대해 가르쳐라.

일단 마법사들이 희생자임을 받아들인다면, 현실을 창조하려고 하는 권리를 포기할 것이다. 희생자들에게 현실은 그냥 일어나는 일들일 뿐이다. 현실은 불공평하지만 그것은 결코 그들의 잘못이 아니다. 그래서 창조물이 존재하고 있는 자신의 내면은 결코 바라볼 필요가 없다고 가르쳐라.

해독제 : 당신 삶의 책임을 받아들여라.

희생자가 됨으로써 얻는 영광은 많다. 당신은 결코 '잘못' 하지 않았으며 죄책감을 느낄 필요도 없다. 사람들은 당신을 동정하며 관심을 갖고 당신을 돕는다. 비난은 이 게임의 이름이다. 삶에서 불행을 주는 환경들, 즉 부모, 사회, 직장, 배우자, 건강 등을 비난하라. 그러나 의식이 현실을 창조한다는 것을 수용하는 순간 이러한 변명의 네트워크는 무너져 내린다. 의식이 현실을 창조한다는 말 속에 가장 실용적인 부분이 바로 이 부분이다. 이 말의 의미는 바로 당신이 당신의 삶과 당신의 세상을 창조했다는 것이다. 원하는 것을 가질 수 없어 보이기 때문에 당신은 불평의 신음소리를 낸다. 하지만 사실 당신은 원하는 것을 분명 가지고 있다. 당신은 당신이 선택한 삶을 살고 있다. 그리고 그 삶은 당신이 살 수 있다고 당신이 믿었던 삶이다.

당신의 의식이 어디에 있는지 정말 알고 싶다면, 당신 삶 속에 있는 모든 것들과 사람들, 장소와 사건들을 그냥 둘러보기만 하면 된다.

3. 믿음 체계를 교란시켜라.

신념은 창조의 엔진이다. 마법적 행위에 대해 신념이 부족하면 사람들을 끌어내릴 수 있다. 여기서 훌륭한 역할을 하는 것이 바로 '권위' 이다.

해독제 : 당신의 힘을 권위가 있는 사람에게 절대 넘기지 말고 자신의 경험을 신뢰하라. 다시 한 번 기억하라. 신념은 창조의 엔진이다.

예수가 물 위를 걸었을까?
해마다 수천 명의 사람들이 뜨거운 석탄 위를 걷고도 정말 아무런 화상을 입지 않는 것일까?
벳시의 남편인 고르디는 아무 느낌 없이 뜨거운 석탄 위를 세 번씩이나 걸었다. 그 뒤 자신의 경험을 생리학 교수에게 말했고, 그가 들은 말은 실제 그런 일은 불가능하며, 벌겋게 달아오른 석탄들도 실제로는 뜨거운 것이 아니라는 것이었다. 또 그것은 '라이덴 프로스트 효과'(뜨거운 물체와 차가운 물체 사이에 생기는 층으로 인해 발생하는 효과. 역주)란 말도 들었다. 네 번째로 뜨거운 석탄 위를 걸으면서 고르디는 그 교수의 말이 정말일지도 모른다는 생각이 들었고, 석탄이 정말 뜨거울까라는 의문이 생겼다. 그는 3도 화상을 입고 집으로 돌아왔다.

그 뒤 고르디는 어떻게 행동했을까? 첫째 그는 2번 항목의 해독제를 적용했다. 교수나 불 위를 걷는 것을 안내했던 코치를 원망하는 대신 이 결과를 창조한 것이 자신이라는 것을 깨달았다. 그리고 3번 항목의 해독제를 적용해서 라이덴 프로스트 효과를 받아들이는 대신, 자신의 경험을 믿었다. 다섯 번째는 아무 문제 없이 석탄 위를 다시 걸을 수 있었다.

신념은 다루기 어려운 문제이다. 비현실적인 것을 상상하고 바보 취급을 받으며 다른 사람들과 단절되는 삶을 원하는 사람이 누가 있겠는가? 하지만 마법이 일어나지 않는, 다람쥐 쳇바퀴 돌 듯하는 평범하고 제한된 하루하루를 보내고 싶은 사람 역시 없다. 물 위를 걷는다는 것은 일반 상식을 벗어난 생각이다. 만일 갈릴리 바다에서 일어난 유명한 장면이 아니었다면, 사람들은 의심 없이 그런 일은 불가능하다고 말했을 것이다. 당신이 그것이 가능하다고 생각한다면 당신은 바보가 되어 버린다!

신념의 문제가 다루기 어려운 이유는 보통 우리의 믿음 체계가 전체적으로 통합되거나, 혹은 조직화되거나 일관된 것이 아니기 때문이다. 달리 말하면 일순간 유쾌한 기분이 들어 하늘을 날 수 있다고 믿을 수도 있지만, 당신의 내면에는 위로 올라간 것은 반드시 떨어진다는 믿음이 여전히 남아 있다. 미하일 레드워드의 말을 들어 보자.

물 위를 걸을 수 있다고 믿고, 물 위를 걸을 것이라고 자신에게 다짐하며 외치는 것은 실제로는 자신의 내면의 의심을 강조하고 있는 것이다. 그래서 물 위를 걷는다는 마음속의 초점은 갈라지고 당신은 물속으로 가라앉는다.

하지만 절대적으로 완전히 그 사실을 받아들인다면 실제로 그 일은 일어날 수도 있다. 왜냐하면 현실은 정확히 우리의 의지에 순응하기 때문이다. 마찬가지로 당신이 치유될 것이라는 것에 집중하고 그것을 완전히 받아들인다면 치유는 일어날 것이다. 하지만 실제 우리는 이러한 확언 뒤에 숨겨진 의심들은 이해하지 못한다.

도널드 트럼프가 부자인 이유는 무엇일까? 그것은 그가 하루에 3백만 달러를 벌겠다는 것을 받아들였기 때문이다. 그는 대부분의 사람들이 생각할 수 없는 가능성의 모델을 세웠다. 사람들은 보통 하루에 200달러 정도를 벌 수 있을 것이라는 모델을 세운다. 트럼프가 한 일은 단지 0 몇 개를 더 붙이고 그것을 받아들인 것이다. 그가 꼭 특별한 재능을 가지고 태어난 것도 아니다. 모든 것은 수용의 문제이다. 당신은 어떻게 수용의 기준을 세우는가? 운동 선수들은 훈련과 시합을 통해서 그 기준을 세우고, 또 그들이 가지고 있는 한계를 발견한다. 물론 그들의 장점도 발견한다. 코치들은 그들의 훈련을 돕고 선수들은 올림픽에서 메달을 획득한다. 마음을 바라보는 관점이 이와 다를 이유가 무엇인가? 마음 역시 그렇게 훈련시켜야 하지 않을까? 마음에도 정보를 줘야 하지 않을까?

- 마크

이 문제를 아주 깊게 파고들어 가면 의심은 항상 믿음 체계의 결과이며, 당신이 원하는 것과 실제 행동을 일치하지 못하게 만들고 있다는 것을 알게 된다. 그리고 이러한 마찰이 제거되기 전까지는 전투기는 늪 속에 빠진 채로 남아 있을 것이다. 람타는 말한다.

당신이 수용할 수 있는 기준은 얼마나 넓고 얼마나 깊고 얼마나 높은가? 그것이 바로 믿음이다. 당신은 받아들이지 않는 것을 삶 속에서 절대로 드러낼 수 없다. 당신은 스스로 받아들이는 것만을 보여 줄 수 있다. 당신이 수용할 수 있는 것은 얼마나 넓은가? 그 수용의 폭은 당신의 의심보다 더 큰가? 그 수용의 한계는 무엇인가? 그것이 바로 당신이 아픈 이유이며 당신이 늙은 이유이다. 당신이 불행한 이유는 당신이 수용하는 것이 불행이기 때문은 아닌가? 당신은 스스로 수용할 수 있는 것보다 더 큰 어떤 것도 가질 수 없다.

4. 새로운 지식을 두려워하게 만들고, 그 지식에 접근하지 못하도록 만들어라.

새로운 지식은 낡은 믿음 체계를 풀어 내고 훨씬 더 위대한 현실로 향하는 문을 열어 준다. 더구나 지식은 우주를 움직이는 진정한 힘인 믿음을 강화하고 결국 마법사들의 힘이 된다. 그러므로 더욱 강렬한 대항책을 강구하라. 그것은 바로 두려움이다.

해독제 : 찾는 이가 찾을 것이요. 두드리는 자에게 열릴 것이다.
　　　　　-마태복음 7:8

마법사를 생각하면 천장까지 쌓인 책과 실험 도구가 널려 있는 곳에서 연구하고 있는 모습이 떠오른다. 디스펜자 박사는 그 이유를 설명한다. "더 위대한 꿈을 꿀 수 있게 해주는 지식을 얻어야 한다. 당신을 안전하게 해주고 편안함을 주는 지역을 벗어나 과감히 밖으로 나아갈 수 있는 열정을 가져야 한다. 그리고 인류가 미친 짓이라고 생각하는 일을 시도해야 한다. 올바른 지식이 없다면 그것은 미친 짓이 될 것이다. 하지만 올바른 지식과 함께 행해진다면 그것은 영웅주의가 되고 탁월함이 되며 비범한 능력이 될 것이다."

아밋 고스와미도 동의한다. "경계가 확장될 때마다 우리는 행복을 느낀다. 우리의 경계가 축소될 때마다 작은 누에고치처럼 불행해진다. 그래서 가장 중요한 것은 우리의 경계를 확장하는 것이다."

그 밖에 마법사들의 공통점은 무엇일까? 지팡이다. 간달프와 요다 모두 지팡이를 가지고 있다.

> 그리고 명하시되 여행을 위하여 지팡이 이외는 양식이나 배낭이나 전대의 돈이나 아무것도 가지지 말며……
>
> – 마가복음 6:8

왜 지팡이일까? 지팡이는 지식을 상징한다. 지팡이는 마법사들을 돕고 여행으로 이끈다. 또 지팡이는 엄청난 힘을 발휘하기도 한다. 수세기 동안 불멸의 존재를 두꺼비로 만들기 위해 책을 태웠던 이유가 바로 그것이다. 존 헤글린의 말이다.

지식은 가장 강력한 동기 부여 수단이다. 사람들이 삶의 잠재성을 알고, 단순히 눈뜨고 잠들고 꿈꾸는 삶을 넘어 더 높은 의식의 상태를 알게 된다면 세상이 어떤 모습이 될지를 생각해 보라. 통일된 의식에서 살아갈 때 모든 사람들은 동기를 부여받을 것이다. 사람들이 동기를 부여받지 못하는 단 한 가지 이유는 그런 지식에 노출되어 있지 않기 때문이다.

오늘날 미디어는 사람들에게 어떤 종류의 지식을 제공하고 있는가? 그들이 쏟아 내는 정보들은 오직 사람들에게 나가서 햄버거를 사라는 것뿐이다. 이것으로는 결코 충분하지 않다. 사람들에게 삶 속에서 이룰 수 있는 것들에 대한 영감을 주기에는 결코 충분하지 않다.

평범한 날들을 어떻게 받아들이고 그날들을 가장 비범한 날들로 만들 수 있을까? 비범함에 대한 지식을 얻는 것이 그 비결이다. 그날은 비범해진다.
- J. Z. 나이트

5. 마법사를 무서운 존재로 만들고, 마법사가 되는 길은 위험하게 하라.

깨달은 존재들은 사람들을 깨닫게 해줄 방법을 찾는다. 마법사들을 없애는 것은 문제를 제거하는 지름길이다. 마법사들을 없애면 그 길을 걷는 사람들은 두려워할 것이다.

해독제 : 지혜를 얻을 수 있는 사람을 찾아서 배워라.

너희는 먼저 그의 나라와 그의 의를 구하라. 그리하면 모든 것을 너희에게 더하시리라.
- 마태복음 6:33

지구에 깨달음을 펼치는 일은 수천 년 동안 위험한 직업이었다. 비단 영적인 스승들뿐 아니라 과학자들 역시 힘든 길을 걸어 왔다. 하지만 지금은 골치 아픈 스승을 쉽게 죽여 버리는 일은 어려워졌다. 그래서 그들을 괴상하고 무시무시하며 기분 나쁜 존재로 보이도록 만든다. 만일 그 방법이 효과가 없으면 그들에게는 이교도라는 딱지가 붙는다. 지금 수많은 사람들의 가르침이 넘쳐 나고 있다. 진실을 구별하는 유일한 방법은 스스로 확인하는 것뿐이다. 3번 해독제를 기억하라. 권위가 있는 사람들을 믿지 마라. 자신의 경험을 신뢰하라.

위험하기는 하지만 상황이 과거처럼 나쁜 것은 아니다. 시대는 변했다. 불행하게도 집단 의식 속의 기억은 여전히 남아 있다. 가장 큰 예는 사라진 수천 명의 스승이 아니라, 500년이라는 기간 동안 사라진 5만에서 10만 명으로 추정되는 마녀들이다. 모든 마법사의 예가 모두 남자들이라는 것은 슬픈 일이다. 많은 스승들에 의하면 여성은 천부적으로 예술 부문에 더 뛰어나다. 카를로스 카스타네다의 인디안 스승인 돈 주앙은 남성에게 새로운 마법을 가르치면 그들은 그것에 대해 생각하고 이야기하고 토론하는 반면, 여성은 단순히 그것을 실천한다고 말했다.

6. 거짓말을 하게 하라.

거짓말은 현실과의 연결을 끊게 한다. 거짓말은 사람을 분열시키고 내면의 균형을 깨뜨린다. 또 믿음 체계의 온전함에 금이 가게 하고 마법을 시시하게 만들어 버린다. 그러므로 거짓말을 하게 하라.

해독제 : 거짓말을 하려는 순간 스스로에게 물어보라. 내가 진실을 이야기하면 일어날 수 있는 가장 최악의 상황은 무엇인가? 그리고 그것이 내 마법사의 지위를 희생할 만한 가치가 있는 것인가?

오늘날 모든 사람들이 거짓말을 하는 것 같다. 상사도, 기자도, 정치가도, 연인도, 종교 지도가도 거짓말을 한다. 아무도 이 점에 대해 소란을 피우지 않기 때문에 거짓말은 당연하게 받아들여지는지도 모른다.* 하지만 진정한 마법사는 그 결과를 알고 있다. 불교도들의 맹세 중 하나가 거짓말을 하지 않는 것이다. 예수는 거짓말을 하지 않았다. 거짓말을 할 수 있는 상황에서도 결코 거짓말을 하지 않았기 때문에 그가 어떤 것을 말했을 때 우주가 따를 수 밖에 없었다. 그래서 예수가, "일어나 너의 집으로 가라."고 말했을 때 그것은 우주의 법칙이었다. 레드위드 박사는 덧붙인다.

삶에서 거짓말이나 속임수를 쓸 시간이 없다면, 그리고 우리 앞에 절대적으로 완전무결한 영적 스승이 있다면 우리는 이런 (기적적인) 일들을 쉽게 해낼 수 있을 것이다. 하지만 그 일들은 조용히 앉아 아름다운 음악을 들으며 향을 태운다고 얻어지는 것이 아니다. 실천을 통해 얻어지는 것이다. 즉 거짓말과 위선, 그리고 우리를 있게 한 희생자 의식과 맞섬으로써 가능해진다. 만일 이것들의 뿌리를 뽑아낸다면, 다른 것들은 저절로 이루어질 것이다. 그것들을 영성이란 이름으로 포장한 채 그대로 둔다면, 과학과 종교는 결코 통합되지 않을 것이며, 지금과 다른 어떤 변화도 일어나지 않을 것이다.

---

* 미국의 지도자들은 일련의 거짓말을 만들어 내어 수만 명의 사람들을 죽음의 전쟁터로 내몰았다. 그리고 미국은 어깨를 으쓱할 뿐이다.

7. 절대 내면을 바라보지 않게 하라.

이것은 마지막 법칙이지만 위에서 말한 모든 법칙의 토대가 된다. 자신의 내면을 바라보지 않는다면 사람들은 진정한 자신의 모습에 대한 진실을 결코 발견하지 못할 것이다. 그러므로 사람들에게 진정한 행복은 외부에 존재한다고 믿게 하라.

해독제 : 들을 필요가 없다. 내면을 바라보라.

매일 쏟아지는 광고들의 목적은 만족은 외부에서 무엇인가를 얻음으로 인해 충족된다는 것을 강조하기 위해서이다. 하지만 단순한 사실은 더 많은 차와 집, 돈과 명예를 추구한 끝에 남는 것은 바로 자신과의 만남이라는 것이다.

두꺼비처럼 변해 버린 사람들에 대한 책임이 거짓말쟁이들과 미디어에게 있는 것은 아니다. 결국 어디에 관심을 두는지를 결정하는 것은 항상 각 개인들이다. 무엇에 집중하고 무엇을 받아들이느냐 하는 것은 매순간 우리 개인적인 선택이다. 외부의 어떤 것을 비난하는 것은 내면을 움츠려 들게 할 뿐이다.

상상해 보라. 당신은 지금 자신의 내면에 존재하는 천국, 깨달음, 열반 근처를 배회하고 있다. 글자 그대로 상상해 보라.

그 이미지를 마음속에 간직하라. 직장에서 학교에서 가게에서 당신 내면의 그것을 항상 간직하라. 당신이 어디를 가든지 그 불멸의 것과 항상 함께 하라. 그것이 마법사의 이미지가 아니라면 나는 그것이 무엇인지 알지 못한다.

언어의 매트릭스

우리는 많은 개념들을 살펴보고 이야기를 나누었다. 이제 그것들을 함께 묶을 시간이다.

이 말들 사이의 관계에 대해 당신이 생각하는 것을 적어보라. 예를 들어, "마법은 패러다임의 외부에 존재한다."라는 식으로 모든 단어들의 관련성을 살펴보라.

위에서도 그러하듯 아래에도 그러하리라.

이 말을 나타내는 고대의 상징은 삼각형 두 개가 서로 엇갈려 겹쳐있는 모양으로 다윗의 별로 알려져 있다. 다음 단어들을 보고 얼마나 많은 상하 관계를 생각해 낼 수 있겠는가? 스스로 자유롭게 연결시켜 보기 바란다.

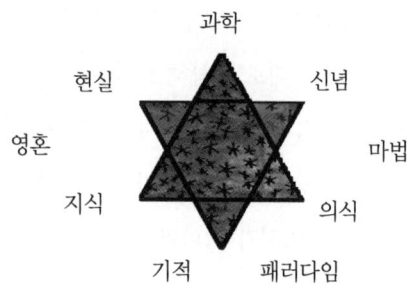

양자 뇌

일부 사람들이 의식은 인간의 뇌에 속하는
위대한 자산이라고 말하는 것을 들은 적이 있다.
만약 정말 그렇다면 의식은 3파운드 가량의 회색 양배추처럼 보일 것이다.

— 엔드류 뉴버그

제프 : 요즘은 양자라는 꼬리표를 어디에든 붙일 수 있어.
몇 년 전에 이렇게 할 수 있었던 것은 '창조적'이란 말이었지.
창조적 이혼, 창조적 요리처럼. 지금은 양자야.
양자 이혼, 양자 요리, 양자 치유……
벳시 : 양자 요리는 뭐야? (웃음)
제프 : 몰라. 하지만 멋있게 들리지 않아?

양자라는 말이 모든 곳에 적용되고 있다는 것이 놀랍지 않은가? 양자론은 물질 우주를 전혀 다른 관점으로 바라본다. 양자론에 의해 수많은 가능성의 문은 열렸고 수천 년 동안 인류를 괴롭혀온 수수께끼들도 일부 해결되었다.

양자론이 응용되고 있는 가장 흥미로운 분야는 우리 삶에서 실체가 없는 부분들, 즉 의식, 자유 의지, 의도, 경험 같은 분야이며, 특히 이 장에서 양자론은 뇌와 만난다.

의식, 뇌, 신체

의식이 단지 뇌의 부산물일 뿐이며, 뇌의 전기 생물학적 활동의 부산물,

혹은 뜻밖의 특징일 뿐일까? 의식은 뇌 속의 뉴런이 결합하여 컴퓨터처럼 복잡한 차원에 이르렀을 때 나타나는 것일까? 만일 그렇다면 뇌는 단지 생물학적인 컴퓨터일 뿐일까? 그렇다면 우리와 기계의 차이점 무엇일까? 인간의 지능에 필적하거나 그것을 능가하는 인공 지능이 존재할 수 있을까? 그런 기계들이 '의식적'으로 학습할 수도 있을까? 그 안에 자유 의지는 존재할까?

아니면 수많은 유체 이탈이나 임사 체험의 기록에 나타난 것처럼 의식은 뇌와는 독립된 우주의 근본 구성 요소일까? 이 경험들을 살펴보면 인간의 신체 기능은 일시적으로 정지되지만(예를 들어 수술대 위의 환자처럼) 그들의 의식은 깨어나 경험을 계속한다.

역사적으로 이런 의문들에 대한 답은 아래 세 가지 중 하나로 귀결된다.

물질주의 : 물질이 우선이다. 의식은 무엇이 되었든 2차적인 것이다. 의식은 단순히 뇌의 활동으로 나타나는 결과일 뿐이다. '의식' 그 자체는 존재하지 않으며 스스로 실체를 가질 수도 없다. 의식은 단지 신경망이 전기 화학적으로 상호 작용하여 나타난 생물학적인 부산물일 뿐이다

이원론 : 의식과 물질은 둘 다 존재하는 실체이다. 하지만 그 둘은 아주 다르다(하나는 형체가 있으며 만질 수 있지만 다른 하나는 추상적이고 만질 수 없다). 의식과 물질은 각각 완전히 별개의 관련 없는 영역에서 움직인다. 1600년대 데카르트는 세계를 사유 실체(res cogitans)와 연장 실체(res extensa)로 나누었다. 즉 영혼과 생각(cogitans)에 대응하는 물체와 물질의 영역(res extensa)이 존재한다는 것이었다. 광물, 식물, 동물, 인간을 비롯한 모든 기계들을 포함하는 물질 세계는 인과 관계 법칙의 지배를 받는

다. 자유롭게 방랑하는 추상적인 생각의 영역과 농후하고도 국지적인 물질 영역 사이에 상호 작용은 존재하지 않는다. 의식과 물질은 완전히 다른 실체이다.

관념론 : 의식이 근본적인 실체이다. 모든 것은 의식의 표현이다. 의식은 살아 있으며 유동적이며 영원히 자기를 재생한다. 의식은 가장 '부드럽고' 추상적인 순수 의식에서부터 미묘하고 좀 더 '실체' 가 있는 차원(파동 함수, 입자, 광자, 원자, 분자, 세포 등)을 거쳐 가장 딱딱한 물질에 이르기까지 연속적인 차원과 층에서 스스로를 표현한다. 이 연속적인 차원 속에서 모든 것들은 연결되고 서로 관련을 맺고 있다. 모든 것은 같은 물질이며 단지 파장이나 진동, 밀도의 차원에 따라 다르게 나타날 뿐이다.

첫 번째와 두 번째의 경우, 의식은 어떤 정체성이나 가치도 지니지 않으며 물질 세계의 상호 작용과 영원히 분리되어 있다. 세 번째 관점에서 의식과 신체의 관계에 대한 문제는 사라진다. 이 둘은 항상 관련되어 있고 연결되어 있다. 의식과 신체는 같은 '것' 의 양면일 뿐이다. 많은 사람들이 이런 관점을 '극단적' 이라고 생각하지만, 이것은 불교나 인도의 베다, 기독교의 신비주의나, 유태교 이슬람교의 가르침과 일치하며, 이 책에 나오는 많은 물리학자들에게도 지지를 받고 있다. 의식은 수학자이자 철학자인 버트랜드 러셀이 주장한 '중립적 일원론' (세상은 정신적이거나 물질적이지 않은 중립적인 소재로 구성되어 있다는 사상)과도 일맥상통한다고 할 수 있다.

하지만 의식이 순수한 추상성으로부터 생각, 인식, 느낌으로 변해 뇌 안에서 전기적이고 화학적인 활동으로 보이는 원리는 무엇일까? 그 작동 원리를 설명하는 몇 가지 이론이 있다.

경고 : 다음의 관점들은 다수의 주류 과학자들에게 받아들여지지 않고 있습니다. 이글을 읽는 것은 뇌 신경망의 재결합을 유발할 수 있으니 그 유효성에 대해서는 당신의 상위 자아와 상담하시기 바랍니다.

스튜어트 해머오프의 양자 뇌

애리조나대학 의식 연구소장이며 마취학과 심리학 명예 교수이기도 한 스튜어트 해머오프는 이렇게 묻는다. "어떻게 생물이 주관적인 생각과 느낌, 감정들을 만들어 내는 것일까? 어떻게 우리의 뇌가 재스민 향기나 장미의 빨간 색, 혹은 사랑의 기쁨 같은 현상적인 '경험'을 풀어 내는 것일까?"

철학자들과 사상가들은 수백 년 동안 이 질문에 몰두해 왔지만 해머오프 교수가 지적하듯, "의식의 연구에서 20세기 대부분은 가장 힘든 시기였다. 행동주의자들이 심리학을 지배했기 때문이다. 왜 측정할 수 없는 것을 연구하겠는가? 의식은 과학계에서 지저분한 단어가 되어 버렸고, 파블로프의 조건 반사나 다른 계량화된 지침들에 의해 빛을 잃어버렸다."

의식에 대한 관심이 부활한 것은 1970년대였다. 수많은 사람들, 특히 명상을 통한 다양한 형태의 치료 요법과 환각을 일으키는 화학 물질이 발견된 60년대는 의식의 변형에 대한 활발한 탐구가 이루어진 시기였다. 또 컴퓨터를 통해 인공 지능에 관한 집중적인 연구가 가능해지자 뇌의 전기적 판독(뇌파도와 다른 측정 기구들)을 통한 분석도 급속도로 이루어지게 되었다.

1980년대와 90년대에 들어 많은 저명한 과학자들이 이 대열에 합류하여, "의식은 양자 역학의 신비와 깊은 관련이 있다."는 해머오프 교수의 관점뿐만 아니라, 뇌가 훌륭한 컴퓨터라는 사실을 증명하는 책들과 이론들을 쏟아 내기 시작했다. 그리고 해머오프 박사는 영국의 유명한 수학자이며 물리학자인 로저 펜로즈 경과 만나게 된다.

펜로즈-해머오프의 객관적 수축 이론

펜로즈가 제안했던 이론은 뇌 안의 뉴런들은 중첩되어 있으며, 어떤 임계점에 이르면 자연스럽게 붕괴하여 의식이 발생한다는 것이다(이것은 관측에 의해 파동 함수가 붕괴하여 입자의 위치가 정해지는 것과 비슷하다. 차이점은 펜로즈의 이론은 양자의 중력 효과 때문에 중첩된 것이 스스로 붕괴한다는 것이다). 펜로즈에 따르면 그가 '객관적 수축' 이라고 부르는 것은 의식의 고유한 기능이며, 이 객관적 수축을 통해 전의식, 무의식, 혹은 잠재의식 차원의 가능성들이 의식의 차원에서 정해진 인식과 선택으로 바뀐다. 이것은 마치 피자나 스파게티, 카레 중에서 (모든 것이 중첩되어 있는 상태) 하나를 선택하는 것(붕괴와 수축)과 비슷하다. 해머오프는 이것이 일어나는 메커니즘을 펜로즈와 함께 객관적 수축이라는 이론을 고안했다.

기억은 정말 뇌 안에 존재하는 것일까?

지금 수많은 과학자들이 기억이 실제로는 뇌 안에 저장되지 않는다는 주제에 대해 연구하고 있다. 기억이 위치하는 것으로 추정되는 뇌의 일부분을 제거해도 그 기억은 여전히 지속된다는 것이 발견되었다! 그렇다면 기억은 어디에 저장되는 것일까? 어쩌면 프랭크 스케일의 어느 곳일 수도 있고, 혹은 일부 사람들이 '아카식 레코드'라고 부르는 곳에 저장되는지도 모른다. 뇌는 단순히 우주에서 이 기억들을 끌어내는 도구의 역할만을 하고 있는지도 모른다. 즉 뇌를 모든 기억이 저장되는 우주라는 하드 드라이브의 로칼 저장 장치, 로칼 디스크라고 부를 수도 있는 것이다.

이런 붕괴, 혹은 객관적 수축이 일어나는 장소는 미세 소관(microtubules)이다. 이 빨대처럼 생긴 아주 미세한 관은 뉴런을 포함해 모든 세포 안에 위치하고 있다. 과거에는 미세 소관이 단순히 세포를 이루는 뼈대로 생각되었지만, 이후 미세 소관이 특별한 지적 기능과 자기 조직을 수행하는 것으로 알려지게 되었다. 미세 소관은 세포의 신경계와 순환계 역할을 수행하고, 재료를 수송하며 세포의 모양과 움직임을 조직한다. 그리고 '이웃' 미세 소관들과 상호 작용하며 정보를 처리, 전달하며 이웃하는 세포들을 전체와 통일되도록 정리한다. 또 뉴런 안에 있는 미세 소관들은 시냅스(synapses)의 연결을 조립하고 통제하고 신경 전달 물질 분비에도 관여한다. 해머오프 박사의 말처럼, "그들은 모든 곳에 존재하며 모든 것들을 만들어 내는 것처럼 보인다."

뇌의 뉴런에 존재하는 미세 소관들은 구조의 변화나 정보 처리 과정, 커뮤니케이션을 통해 뉴런들을 신경망이라고 불리는 '한 단계 높은' 조직으로 만드는 데 직접적인 영향을 미친다. 하지만 그 구조를 깊이 살펴보면, 미세 소관들은 양자 현상에 의해 큰 영향을 받는다는 것을 알 수 있다. 단백질은 단일 전자들로 구성된 내부의 양자 컴퓨터에서 나오는 신호들에 반응해서 형성된다. 해머오프는 이렇게 설명한다. "단백질 주머니 내부에 존재하는 이 양자 역학적 힘들은 단백질이 동일한 모양으로 만들어지도록 관리한다. 그리고 단백질은 다시 뉴런, 근육으로 형성되어 우리의 행동을 관리한다. 그래서 단백질의 형태가 변화하는 지점은 양자의 세계와 우리에게 영향을 주는 고전적 세계 사이의 확장점으로, 인간 행동에서 좋고 나쁜 모든 것을 결정하는 지점이 된다."

나는 이 미세 소관을 관찰하고 그것들이 어떻게 정보를 주고받는지를 살펴보았다. 그리고 그 구조가 일종의 컴퓨터, 혹은 컴퓨터와 같은 장치처럼 움직이고 있음을 알게 되었다. 미세 소관의 벽은 수학적으로 아름다운 대칭을 이루는 6각형의 격자로 구성되어 있으며 이것은 컴퓨터처럼 작동하는 데 아주 적합한 구조이다.

— 스튜어트 해머오프 박사

해머오프는 이러한 미세 소관들이 1초에 약 40번씩 자연스럽게 붕괴(객관적 수축)함으로써 '의식의 순간' 이 일어난다고 설명한다. "우리의 의식은 연속적인 것이 아니라 '아하…… 순간' 들의 연속이다." 말하자면 의식은 시공간 속의 톱니바퀴와 같은 것이며 지금 이 순간들의 연속이다. 지금, 지금, 지금이 계속되고 있는 것이다."

의식은 어디에서 일어나는가?

우리 내면의 주관적인 경험을 구성하고 있는 생각과 인식이라는 만질 수 없는 영역과 전기적으로 자극되는 뇌 안의 생화학적인 영역이 만나는 곳은 어디일까? 해머오프 박사는 말한다.

"나는 의식은 모든 곳에 존재한다고 말하는 교황이나 힌두교도와 같은 이상주의자는 아니다. 또 의식이 전자의 붕괴를 가져와 수많은 가능성으로부터 현실을 선택한다고 말하는 '코펜하겐주의자'도 아니다. 굳이 말한다면 그 중간쯤 될 것이다. 의식은 양자의 세계와 고전적인 세계 그 중간에 위치하고 있다. 우주에는 원의식(pro-conscious)같은 것이 존재하며 우리가 그곳에 접속하여 영향을 받는다고 생각한다. 그런 의미에서 보면 양자 불교도(quantum Buddhist)라고도 말할 수 있을지도 모른다. 하지만 그 프랭크 스케일에는 우주의 근원적인 차원이 실제로 존재하고 있다."

아직 구체적으로 소개되지 않았지만 프랭크 스케일은 펜로즈-해머오프의 객관적 수축이론에서는 핵심 개념이다. 프랭크 스케일은 (양자 물리학자인 막스 프랭크의 이름을 딴 것이다) 물리학에서 측정할 수 있는 가장 작은 길이로, 10^{-33} 센티미터이다. 이것은 수소 원자를 1조로 나누고, 그 나눈 값을 다시 10조로 나눈 크기이다. 해머오프에 따르면 우주의 근원 차원인 프랭크 스케일은,

윤리적이고 미적인 가치들의 진실이 숨겨진 광활한 저장고로 우리의 의식적인 경험에 앞서서 인식이나 선택에 영향을 주고 있다. 우리는 우주와 연결되어 있다. 또 이 전지전능하고 무소부재의 세계, 감정과 주관적 경험의 바다를 통해 모든 사람들과 얽혀 있다. 만일 우리가 마음을 집중하고, 반사적으로 혹은 경솔하게 행동하지 않는다면 우리의 선택은 이 신성의 인도를 받을 수 있을 것이다. 펜로즈는 이 이론에 어떤 개념도 포함시키지 않았지만 정신적인 개념들이 포함되는 것은 어쩔 수 없는 일이다. 우리 뇌에서 컴퓨터처럼 움직이는 양자들은 우리의 의식을 이 '근원적인'

우주와 연결시켜 준다.

자유 의지와 차이니즈 박스

스튜어트 해머오프처럼 사티노버 역시 양자 역학에 집중하고 있다. 그는 《양자 뇌 : 자유와 인류의 다음 세대를 찾아서(The Quantum Brain : The Search for Freedom and the Next Generation of Man)》란 책을 저술했고 양자론을 요리법처럼 정리하는 데는 찬성하지는 않는다. 하지만, "정밀한 수학적 논리를 통해 신경 시스템이 작동하고 있으며, 애매하고 부정확한 방식이 아니라 뚜렷하고 특별한 방식으로 양자 효과들이 일어난다. 그리고 이것은 현대 과학 원리에 위배되지 않는 자유 의지의 존재 가능성을 열어 준다."고 말한다. 그가 다루는 주제는 위에서 말한 중층 구조와 관련이 있다. 양자의 차원에서 존재는 결정된 것이 아니며, 양자의 세계를 지배하는 것이 개연성이라는 사실에서 자유 의지에 대한 가능성이 열린다.

고전 역학이 지배하는 거시 차원에서는 행성의 공전과 분자의 움직임 같이 모든 사건들은 기계적이며 정밀한 수학 법칙에 의해 결정된다. 그래서 선택과 자유 의지가 가능하기 위해서는 양자 차원의 무작위성이 거시 차원과 연결되어야만 한다.

결정론적인 고전 역학에는 무작위성이 들어설 자리가 없다. 이런 무작위성이 바탕이 되지 않는다면 선택권 역시 존재할 수 없다. 어떤 행위에 완벽한 자유의 근원은 물질의 양자적 속성 안에 존재하고 있다.

- 제프리 사티노버 박사

"뇌의 신경망에 의해 뇌를 전체로 묶어 주는 광역 지능이 만들어진다. 그리고 이 광역 지능을 통해 물질적으로 다른 구성 요소를 가진 개별적인 뉴런들을 같은 원리로 움직이게 만든다. 이것은 차이니즈 박스(작은 상자로부터 차례로 큰 상자에 꼭 끼게 들어갈 수 있게 한 상자. 역주)를 하나하나 열어 가다 보면 하나의 상자를 더 큰 상자가 담고 있는 것처럼, 한 단계에서 개별적인 처리 요소는 무수히 많은 더 작은 요소들을 그 속에 포함하고 있다."

가장 '낮고' 작은 규모에서부터 단백질이 형성되는 과정은 (스튜어트 해머오프가 미세 소관 내에서 움직임을 설명하는 것처럼), "신경망이 정보를 처리하거나 문제를 해결하는 것과 근본적으로 동일한 수학적 과정을 거친다. 여기서 양자 물리학적 뇌의 개념이 나타난다. 뇌가 전체적으로 양자 물리학적 특징을 가지는 것이 아니다. 오히려 뇌의 가장 낮은 차원에서 양자 효과가 일어나고 있고, 신경 시스템이 차이니즈 박스처럼 배열되어 있기 때문에 위로 증폭되어가면서 더 큰 차원에 영향을 미치고 있는 것이다. 뇌 전체의 광역 지능이 만들어지는 것은 바로 이렇게 뉴런들이 서로 이웃하며 특별한 상호 작용을 수행하고 있기 때문이다."

이 이론에 따르면 뇌는 이런 양자 효과를 확대하도록 디자인되어 있으며 이 양자 효과들은 계속 '위로' 보내져서 더 큰 과정들에도 영향을 준다. 결국 이 작용은 뇌 전체의 차원까지 이르게 된다.

사티노버 박사는 이렇게 말한다. "요약하면 양자 역학을 통해 자유라고 하는 만질 수 없는 현상이 인간 본성에 포함되게 된다. 인간의 뇌가 움직이는 전체 과정의 기본이 되는 것은 양자의 불확정성이다. 대뇌 피질에서부터 각각의 단백질에 이르는 모든 차원은 병렬 처리기처럼 움직이지만 하나의 차원은 그것보다 더 큰 차원에서 처리되는 개별적 요소가 된다."

결국 우리가 (결정)하고 싶은 일은 의식의 물리학이다. 의식은 무엇일까? 의식은 어디에서 오는 것일까? 의식의 기원은 무엇일까? 인간 잠재력의 한계는 무엇일까? 아직까지 과학계에서 확실한 합의점은 존재하지 않지만, 지금 우리가 이런 질문에 실제로 대답할 수 있는 위치에 와있다고 믿는다.
- 존 헤글린 박사

의지와 양자 제논 효과

제논의 역설은 토끼가 거북이 뒤를 쫓아갈 때, 토끼는 이전에 거북이가 있던 곳에 도착해도 거북이는 항상 어느 정도 전진해 있기 때문에 결코 토끼는 거북이를 따라잡을 수 없다는 것이다.

스탭 박사에 따르면

양자론의 법칙이 보여주는 중요한 특징은 과정 1단계의 답이 '그렇다'라고 나오면 이어지는 과정은 1단계의 과정과 매우 유사하게 전개된다는 점이다. 즉 의도적으로 유사한 행위가 이어지면 다음에 일어나는 사건들 역시 이 순서에 따라 연속해서 빠르게 일어나게 된다. 그리고 양자의 역동적인 법칙에 의해 그 결과가 모두 '그렇다'가 될 확률은 아주 높아진다. 강한 의도는 양자 운동의 법칙에 의해 그 의도와 비슷한 행위가 빠르게 일어나게 만들고 비슷한 행위의 모형은 계속 유지되려는 경향을 보인다.

과정 1을 실시하는 시점은 주체자의 '자유 선택'에 의해 결정된다. 과정 1이 일어나는 속도가 정신적인 노력에 의해 급속하게 증가한다고 가정하는 폰 뉴만의 법칙을 더하면, 기본적으로 의지의 힘이 뇌의 활동에 잠재적으로 강력한 결과를 가져오는 것이다. 어떤 상태를 '보관, 유지하는' 효과를 양자 제논 효과라고 부른다. 이 명칭을 처음으로 쓴 사람은 물리학자 E. C. G 수드라산과 R. 미스라이다.

즉 이것은 같은 의도를 가지고 우주에 동일한 질문을 계속 제기하게 되면, 양자의 개연성에서 무작위성을 제거하여 변화시킬 수 있다는 뜻이다. 만일 1억 명의 사람들이 O. J. 심슨의 재판에서 유죄냐 무죄냐는 질문을 계속해서 제기한다면 어떤 일이 일어나겠는가? 혹은 어떤 사람이 0보다 1이 더 나오도록 생각을 계속한다면?

스탭 박사는 이 현상이 가상의 '마음'이 바로 물질적인 두뇌를 어떻게 통제하는가를 보여 주는 것이라고 설명한다. "양자 역학은 특별한 메커니즘을 포함하고 있다. 정신적인 노력으로 자연의 기계적 측면으로부터 나오는 강한 힘을 놓치지 않고, 뇌의 기능에 영향을 주는 것은 원칙적으로 가능하다."

좀 더 시적인 표현을 사용한다면 이렇게 말할 수도 잇다. 인간은 우주 자체가 가지고 있는 창조 행위와 비슷한 정도까지 물질 구조 속에서 가능한 자유를 극대화할 수 있도록 만들어졌다.

— 제프리 사티노버 박사

잠시 생각해 보자.

- 질문을 하는 것이(과정 1) 파동의 붕괴를 초래하는 중요한 요소라면 위대한 질문이 중요한 이유도 알 수 있는가?
- 왜 우리가 많은 질문을 계속한다고 생각하는가?

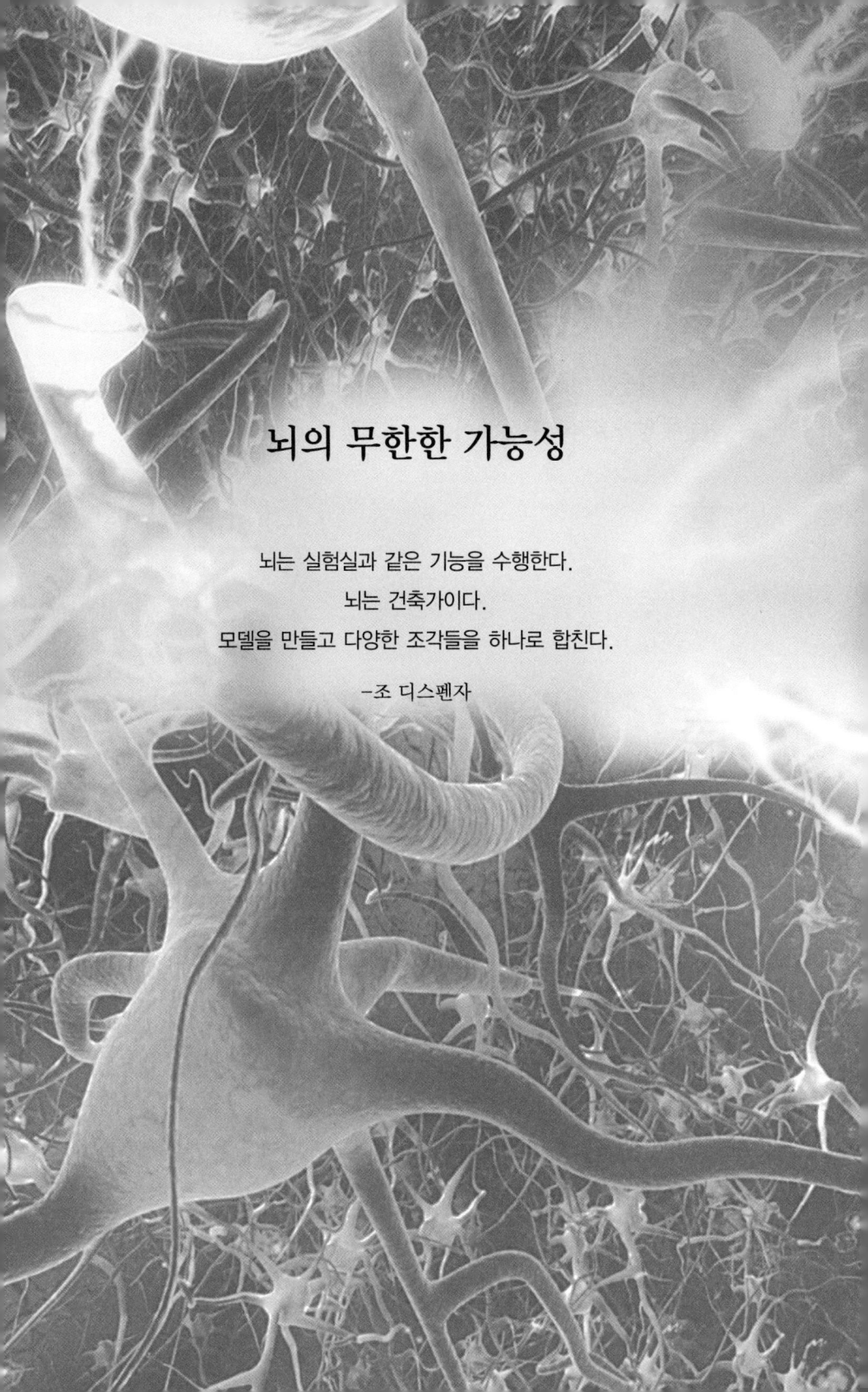

뇌의 무한한 가능성

뇌는 실험실과 같은 기능을 수행한다.
뇌는 건축가이다.
모델을 만들고 다양한 조각들을 하나로 합친다.

-조 디스펜자

인류는 해저와 달을 탐색하며, 온갖 놀라운 기술을 발전시켜 왔다.
하지만 뇌가 여전히 엄청난 신비의 영역으로
남아 있는 것은 재미있는 일이다.

과학자들은 인식이나 의식, 기억의 기본 원리를 설명하기 위해
이론에 양자 효과나 복잡성 이론, 홀로그램 모델 등을 적용하고 있다.

놀랄 일은 아니다. 뉴런이 인간의 뇌 안에서 연결되어 만들어 낼 수 있는 숫자는 전 우주의 모든 원자들보다 많다. 이 작은 뇌 안에서 일어나는 일들은 믿을 수 없을 정도이다. 새가 바람에 날리는 가지에 앉는 문제를 해결하려면, 만일 계산이 가능하다고 해도, 가장 큰 슈퍼컴퓨터의 계산으로 며칠이 걸린다. 어쩌면 이것은 컴퓨터로는 해결할 수 없는 문제일지도 모른다. 하지만 새는 아무 문제 없이, 시간을 들이지 않고 늘 쉽게 내려앉는다.

전통적인 모델에서는 뇌를 전화기 숫자판이나 슈퍼 컴퓨터에 비교한다. 그러나 이러한 비교를 들으면 투박하고 기계 같은 이미지가 떠오르지만 실제 뇌는 그렇게 움직이지 않는다. 뇌는 아주 생동적이며 창조적이며 유연한 기관이다. 또 우리의 요구에 기초하여 학습하고 이해하며 역동적으로 스스로를 재구성한다.

비록 현대 과학으로 뇌의 가능성의 끝을 측정할 수는 없지만 지금까지 뇌에 관해 알려진 사실은 많다. 우리는 분명 뇌가 지구, 나아가서 전 우주에서 우리가 알고 있는 가장 복잡한 구조물이라는 것을 잘 알고 있다. 뇌는 심장 박동수나 체온, 소화 기관, 성 기능에서부터 학습, 기억, 감정에 이르기까지 신체 활동의 모든 것을 지휘하고 통제한다. 뇌가 어떻게 움직이는지 알려진 사실은 많지 않지만, 현재까지 밝혀진 사실은 우리의 행동에 대한 질문들에 어느 정도까지는 답을 주고 있다. 뇌 연구학자인 엔드류 뉴버그의 말을 들어 보자.

뇌는 수백 만 가지의 다른 일을 수행할 수 있다. 사람들은 뇌가 얼마나 놀라운지 그리고 마음이 실제로 얼마나 경이로운지를 실제로 알 필요가 있다. 우리는 수많은 일들을 수행하고 우리의 학습을 도와주는 놀라운 뇌를 가지고 있을 뿐 아니라, 뇌는 스스로 변화하고 순응하며 현재 우리의 모습을 넘어설 수 있도록 해준다. 즉 우리 자신을 초월할 수 있도록 도와주는 것이다.

또 우리를 존재의 더 높은 차원으로 데려다 줄 가능성도 있다. 그 차원에서 우리는 세상과 사물, 사람들의 관계를 더 깊이 이해할 수 있고, 자신과 세상에 관한 더 많은 의미를 찾아낼 수 있다. 이렇게 뇌에는 영적인 부분이 존재하며, 그곳은 우리 모두가 접근 할 수 있는 곳이다.

다음은 뇌의 구조와 처리 과정을 아주 간략하게 정리한 것이다. 뇌 연구는 엄청난 매력과 흥미를 주는 분야이다. 여기서 논의되는 이야기는 우리가 일상의 경험과 상호 교류하는 것을 살펴보기 위한 아주 기본적인 사항일 뿐이다.

뇌에 관한 놀라운 사실들

- 뇌는 지구상에 존재하는 가장 빠른 슈퍼컴퓨터보다 최소한 1,000배는 빠르다.
- 뇌 안에는 은하수의 전체 별들을 합한 수(약 1,000억 개)만큼의 뉴런이 존재한다.
- 대뇌 피질의 시냅스의 수는 60조 개이다.
- 모래알보다 작은 뇌 조각이 포함하고 있는 뉴런의 수는 10만 개이며, 시냅스의 수는 10억 개이다.
- 뇌는 항상 '켜짐' 상태에 있다. 평생 동안 뇌는 꺼지지 않으며 쉬지도 않는다.
- 살아 있는 동안 뇌는 끊임없이 신경 회로를 재구성한다.

뉴런과 뉴런망

뇌는 약 1,000억 개의 뉴런이라고 불리는 미세한 신경 세포로 구성되어 있다. 각각의 뉴런은 1,000개에서 10,000개의 시냅스(synapses)를 가지고 있으며 다른 뉴런과 연결되어 있다. 뉴런들은 서로 연결되어 세포들을 신경망, 혹은 뉴런넷(neoronets)이라고 불리는 것을 만들어 낸다. 간단하게 말하면 모든 뉴런망은 어떤 생각, 기억, 기술, 혹은 정보 같은 것이라고 할 수 있다.

하지만 이 뉴런넷은 독립해서 존재하지 않고 서로 연결되어 있다. 이 연결을 통해 복잡한 개념이나 기억, 감정 등이 만들어지는데, 예를 들어 '사과' 라는 뉴런넷은 단일 신경 세포 네트워크가 아니다. 이것은 '빨간', '과일', '둥근', '맛있는' 등과 같은 다른 네트워크와 연결된 더 큰 네트워크라고 할 수 있다. 이 뉴런넷은 많은 다른 뉴런넷과 연결되어 사과를 보면 함께 연결되어 있는 시각 피질이 활성화되어 사과의 이미지를 전달하는 것이다.

모든 사람은 자신만의 경험이나 기술에 관한 뉴런넷을 가지고 있다. 조 디스펜자 박사는 이렇게 말한다. "한 명의 부모 밑에서 자란 것과, 많은 형제들과 함께 자란 것, 혹은 대학에 갔거나, 종교적인 신념이 무엇인가 하는 것, 어떤 문화에서 자랐고 어디에 살았느냐는 것, 어린 시절 사랑을 받았느냐, 혹은 육체적으로 학대를 받았는가 하는 모든 형태의 뉴런넷이 우리 뇌 안에 존재하고 있다."

반복되는 습관이나 패턴에 변화가 필요하다고 느낄 때마다 나는 앉아서 뇌와 신경망을 시각화한다. 특정한 습관과 연결되어 있는 뉴런넷을 발견하고 그것들이 떨어지고 사라지는 것을 본다. 나는 뇌가 새롭게 재구성되는 것을 지켜본다.

– 벳시

디스펜자 박사는 경험을 통해 신경 세포의 네트워크가 구축되고 우리가 지각하는 세계의 뼈대가 만들진다고 말한다. 외부의 환경으로부터 자극이 들어오게 되면, "이런 신경망의 특정 부분이 깨어서 움직이기 시작하고 그로 인해 뇌 안의 화학적 변화가 일어난다."이 화학적 변화는 계속해서 감정적인 반응을 생산해 내고, 우리의 인식에 색을 입혀 삶 속에서 만나는 사건들과 사람들에 대한 반응을 조건짓는다.

신경 세포들의 발화와 결합

신경 과학의 기본적인 법칙은 신경 세포들이 함께 발화하고(fire) 결합한다는 것이다. 어떤 행동을 한 번 하게 되면 그것에 반응하여 뉴런들은 느슨한 망을 만들어 낸다. 하지만 그 행위를 반복하지 않으면 뇌 안에 '새겨지는' 일은 없다. 하지만 어떤 일을 반복해서 연습하게 되면 이 신경 세포들은 점점 더 강한 연결망을 구축하게 되고 신경망 속에서 더 쉽게 발화하게 된다.

신경망 속에 있는 버튼을 계속해서 누르게 되면 그 습관들은 점점 굳어져 변화하기 어려워진다. 이 연결이 반복되는 것은 잔디 위를 계속해서 걸으면 길이 만들어지는 것에 비유할 수 있다. 이것은 학습이란 측면에서 장점이 될 수 있지만, 동시에 원하지 않는 행동 패턴을 바꾸기 어렵게 만들 수도 있다.

> 만일 우리가 어떤 일을 반복해서 계속 하게 되면 그것을 반복하고 있다는 단순한 사실에 의해 학습하고 있는 것이 무엇이든 그 과정은 단순해진다. 그리고 자동적이 된다. 그 행위는 친숙해지고 쉬워지고 결국 그 과정은 자연스러워져서 마침내 무의식이 되기 시작한다.
> – 조 디스펜자

다행스럽게도 반대되는 측면도 있다. 신경 세포는 함께 발화하지 않거나 뭉치지 않는다. 즉 오래 구축된 관계를 끊을 수 있다는 것이다. 정신적이거나 육체적으로 일어나는 습관적인 과정에 제동을 걸 때마다 이것은 신경망에 반영되어 함께 연결되어 있던 신경 세포와 그룹들 사이의 관계가 무너져 내리기 시작한다. 디스펜자 박사는 이 과정을 이렇게 비유한다. 당신이 대학을 졸업하면서 함께 친하게 지냈던 룸메이트와 우정을 지속하고 안부를 묻기 위해 한 달에 한 번 정도 엽서를 주고받기로 약속했다고 하자. 시간이 지날수록 당신은 엽서를 보내는 것이 줄어들고, 결국 크리스마스 때만 엽서를 보내게 된다. 그리고 관계는 약해지고 퇴색된다.

이 예는 뇌에서 일어나는 일을 정확하게 보여 주고 있다. 룸메이트에 대한 당신의 생각이 줄어들수록 신경망의 연결은 전혀 연결이 없을 때까지 줄어든다. 세포의 몸에서 뻗어 나와 다른 세포와 연결된 미세한 수지상 돌기들의 연결이 풀어지고, 다른 신경 세포와 다시 결합할 수 있는 상태로 남는다. 이렇게 낡은 패턴은 사라지고 잠재적으로 새로운 패턴이 생겨나게 된다.

학습

뇌는 주로 두 가지 방법으로 학습한다. 첫 번째 방법은 우리가 습득하고 기억하는 실질적이고 지적인 정보를 통해서이다. 역사를 배우면서 특정 연대나 이름을 암기하거나, 플라톤의 책을 읽고 그가 말한 이상적인 정부에 대한 개념을 끌어내는 것 등이 여기에 해당한다. 연대나 이름, 논리적인 줄거리들이 뇌의 신경망 속에 더해지고 관련된 자료들을 더 많이 볼수록 그 것들은 기억 속에서 더 확실히 자리를 잡는다. 신경망이 더 강해지기 때문이다.

두 번째 방법은 일반적으로 뇌가 학습하는 더 강력한 방법, 즉 경험을 통한 것이다. 당신은 자전거 타는 법에 대한 책을 읽을 수도 있다. 오르막

길이나 내리막길에서 기어를 바꾸는 방법이나 균형을 잡는 방법에 대한 정보를 이론적으로 생각하며 자전거 타는 방법에 대한 개념들을 얻을 수도 있다. 하지만 이런 정보들이 통합되는 것은 당신이 실제로 자전거 위에 올라 페달을 밟고 나서부터이다.

어떤 유형이든, 학습의 의미는 신경망을 통합하여 새로운 신경망을 형성하는 것이다. 사과의 예에서도 보았듯이 사과에 대한 인식은 사과에 대한 독립적인 신경망이 아니라 둥글거나 빨갛다는 또 다른 신경망과의 연결을 의미한다. 그래서 진정한 의미에서 학습이란 이미 존재하는 구조를 중심으로 새로운 구조를 형성해 나가는 것이다. 이것은 아기들이 체험을 통해 개념들을 형성해 가는 것을 보면 쉽게 알 수 있다.

'마법사의 길'에 나왔던 언어의 매트릭스를 기억하는가? 우리는 서로 다른 관계에 있는 말들을 함께 연결하는 연습을 했다. 각각의 개념들이 연결되어 연결된 의미들이 새롭게 나타났다. 다른 연결들을 더 많이 검토할수록 각각의 개념을 더 깊이 이해할 수 있다. 뇌는 이런 식으로 학습하며 연결되기 때문에 핵심 개념이나 믿음을 재조사하는 것은 삶을 변화시키는 데 중요한 작업이다. 이런 재조사를 통해 당신은 모든 연결들을 살펴볼 수 있고, 연상 기억이라고 불리는 과정을 통해 우리의 반응을 유발시키는 숨겨진 가정들을 찾아낼 수 있다.

한 번은 한 시간 동안 떠오르는 생각을 모두 적어 본 적이 있다. 나는 겉으로는 전혀 관련이 없는 긴 끈 속에서 하나의 생각이 또 다른 생각으로 이어지는 것을 보고 깜짝 놀랄 수밖에 없었다. 오늘 베리에게 전화를 하자는 생각은 그가 운영하는 식당 요리사의 멋진 스테이크 샐러드로 이어졌고, 또 어느 날 그 식당에서 보았던 머리를 가늘게 땋은 정말 귀여운 여

배우를 떠오르게 했다. 또 이 생각은 15년 전 아프리카에서 함께 일했던 괴상한 손을 가진 모델에 대한 생각과 아프리카의 아름다운 석양과 해가 질 때 보았던 하얀 코뿔소로 이어졌다. 이 모든 것들이 베리에게 전화해야겠다는 생각에서 출발했다. 그때서야 내 생각들이 실현되는 데 왜 그렇게 많은 시간이 걸리는지, 내가 창조한 결과물들이 왜 그렇게 빙빙 둘러서 나타나는지를 알게 되었다.

— 마크

뇌의 절반만 기능한 남자의 이야기

컴퓨터 단층 촬영이 보급되던 초기 시절 베일러 의과대학에서 방사선학을 공부하던 연구생에 대한 유명한 이야기가 있다. 그는 자신의 머리를 단층 촬영했는데, 그 이유는 그의 머리에 이상이 있어서가 아니라 그가 단층 촬영에 대해 연구 중이었기 때문이었다. 촬영의 결과는 자신의 뇌의 절반이 없다는 것이었다! 정말 일어나기 힘든 일이었지만 실제로 있었던 일이다.

의학 레지던트였던 그는 다른 사람들처럼 의사라는 일을 훌륭하게 수행하고 있었다. 만일 변호사들이 이 이야기를 들었다면 분명 의사들에 대한 농담을 만들어 냈겠지만, 그는 뇌의 절반이 없이도 자신의 일을 문제 없이 해 나가고 있었다. 물론 이 말이 모든 사람들이 절반의 뇌만 가지고 살아갈 수 있다는 뜻은 아니다. 이런 일이 가능한 이유는 뇌의 기능이 골고루 퍼져 있기 때문이다. 그리고 신경망은 본질적으로 그렇게 움직인다.

연상 기억

전 우주의 원자의 수보다 많은 신경망이 존재한다면 다음과 같은 의문이 생긴다. 뇌는 어떻게 기억을 찾아내는 것일까? 그리고 정글 속에서 갑자기 호랑이를 만난다면, 혹은 술 취한 로지 고모가 나타난다면 뇌는 어떻게 관련된 기억을 순식간에 찾아내는 것일까? 여기서 도움이 되는 것은 감정이다.

감정들은 그 자체로 부분적인 신경망이며 다른 신경망과 묶여 있다. 이 연결을 통해 뇌는 가장 중요한 기억을 우선적으로 찾아낼 수 있다. 가스 스토브 위에 손을 올리지 말아야 한다는 기억처럼 중요한 것들을 잊지 않게 해주는 것도 감정 덕분이다. 911 테러로 월드 트레이드 센터가 무너졌을 때나 케네디 대통령이 총에 맞았을 때 사람들이 어디에서 무엇을 하고 있었는지를 기억하는 것도 감정 때문이다.

다음 장인 〈감정〉 장에서 연상 기억이 우리의 행동과 우리가 세상에 반응하는 방식에 어떤 영향을 미치는지에 대해 이야기를 나눌 것이다. 하지만 여기서 짚고 넘어가야 할 뇌와 관련된 중요한 기능이 있다. 감정들은 부분적으로는 신경망이지만 이 감정의 신경망은 시상 하부라고 불리는 뇌의 작은 기관과 연결되어 있다. 시상 하부는 단백질을 합성하여 신경 펩티드와 신경 호르몬을 만들어 내는 곳이다. 사춘기를 지난 사람은 모두 호르몬의 역할에 대해 잘 알 것이다. 호르몬은 몸을 움직이도록 준비시켜 준다!

만일 굶주린 호랑이를 만난다면 시상 하부는 화학 물질을 분비하여 몸이 도망칠 준비를 할 수 있게 해준다. '싸우거나 도망치기' 같은 극단의 행동을 취할 수 있도록 혈액은 뇌와 몸의 중심에서 곧바로 퍼져 나간다. 또 감정은 생각을 할 필요가 없을 정도로 상황을 재빠르게 판단하고 화학적인 전령을 보내 싸울 것인지 도망갈 것인지, 혹은 미소를 지을 것인지 찌푸릴 것인지를 결정한다.

연상 기억에는 부정적인 측면도 있다. 이미 쌓여 있는 정신적인(신경 단위)) 데이터 베이스에 근거하여 현실을 인식하고 새로운 경험들을 다루기 때문에 그 순간 외부에서 실제 일어나는 일을 올바로 보기 어렵다는 것이다. 즉 과거의 경험들만을 참조하려는 경향 때문에 과거에 오랫동안 반복되었던 일들이 계속 되풀이해서 일어나는 상황이 창조된다.

이것이 감정이 좋은 것이라거나 나쁜 것이라는 뜻일까? 그렇지 않다. 감정은 어떤 것을 화학적으로 장기 기억으로 강화시키기 위해 설계된 것이다. 우리가 감정을 가지고 있는 이유도 바로 그것이다.

- 조 디스펜자

그렇다면 이렇게 오래된 상황을 똑같이 반복하는 것은 누구일까? 누가 과거에 기초한 상황들에 반응을 하고 있는 것일까? 바로 우리가 '개성' 이라고 부르는 광대하게 통합된 신경망의 다발이다. 몸 안의 세포들이 결합하고 상호 작용하며 기능적인 유기체를 생산하는 것처럼, 신경망 역시 상호 작용, 연합하여 개성이라고 하는 존재를 만들어낸다. 모든 감정들, 기억들, 개념들 그리고 태도들은 신경학적으로 부호화되어 연결되어 에고, 사람의 아들, 하위 자아, 인간, 개성 등으로 불리는 존재를 만들어 낸다.

이중 인격이나 다중 인격은 이렇게 통합된 다발들이 서로 연결되지 못하는 경우이다. 어떤 인격이 떠오르면 '다른 사람' 의 기억은 사라진다. 실은 그 사람에 관한 신경망의 다발이 다른 인격의 기억들과 연결되지 못한 채 움직이고 있는 것이다.

여기서 굳어진 뇌가 변하지 않고 완고한 개성을 유지하는 이유가 분명해진다. 개성은 카푸치노를 좋아하다가 라떼를 좋아하는 것으로 바뀔 수도 있지만, 이것은 어떤 개성이 새로운 개성으로 바뀐다는 뜻은 아니다. 수백 만의 신경망들이 여전히 남아 있고 이것들이 모여 '당신'을 이루고 있다. 냉혹하게 들릴지도 모르지만, 다행스럽게도 뇌는 육체를 입은 영혼이 깨달음에 이르도록 창조되어 있다. 이것이 뇌에 유연성이 갖춰져 있는 이유이다.

뇌는 깜짝 놀랄 일을 좋아한다. 놀란 후에 뇌의 가역성은 높아진다. 그 이유는 간단하다. 당신이 깊은 정글 속을 걷고 있는데 로지 고모가 몸에 딱 붙는 옷을 입고 당신 앞을 뛰어 지나갔다고 하자. 놀랄 일이다.
당신의 뇌는 즉시 이 새로운 상황을 다루기 위해 조정된다. 뇌 신경망은 연결이 가능한 해결책들을 만들어 내어 당신이 그중 하나를 선택할 수 있게 해준다. 당신이 살아남기 위해서는 그런 정보들을 아주 빨리 처리해야만 한다. 뇌의 가역성은 웃음으로 높아지기도 한다. 가역성은 학습의 가장 중요한 요소이기 때문에 큰 웃음 뒤에 학습 능력은 더 높아진다.

가역성

《사랑의 블랙홀(Groundhog day, 1992년 개봉된 영화로 주인공은 똑같은 날들이 반복되는 경험을 통해서 자기 중심적이고 시니컬한 TV 기상 통보관에서 모든 사람에게 도움을 주는 겸손한 사람으로 변해 간다. 역주)》에서 빌 머레이는 계속 빠져 있던 성격에서 결국 변화한다. 누구에게나 그런 선택권이 있다. 뇌에 얽혀 있는 신경망을 깨뜨리고 습관을 변화시켜 자유를 얻는 것은 가능하다. 핵심은 새로운 연결을 만들어 내는 뇌의 자연스러운 능력에 있다.

가역성(neuroplasticity)이란 뇌가 새로운 연결을 만들어 낼 수 있는 능력으로 뉴런들이 다른 뉴런들과 연결되는 능력이다.

청년기까지 뇌의 신경망이 구축되고 평생 바뀌지 않는다고 믿던 때가 있었다. 하지만 최근의 연구를 통해 뇌는 아주 창조적이며 유연할 뿐 아니라, 나이가 들어서도 새로운 세포들을 만들어 낸다는 것이 밝혀졌다. 다니엘 몬티 박사는 설명한다.

반가운 소식은 우리가 빠져 있는 행동이나 특정적인 패턴을 변화시킬 수 있는 무한한 잠재성이 존재한다는 것이다. 신경 시스템과 생리 기능 안에 존재하는 변화를 향한 이런 잠재능력은 엄청난 것이다.

사실 이 글을 주의 깊게 보고 기억하는 것만으로도 당신의 생리 기능은 이전과 달라진다! 기억은 부호화되어 당신의 유전자 구조를 변화시킨다. 과거에는 신경 시스템이 고정된 것이며 변화의 여지는 거의 없다고 여겨졌지만 다양한 분야에서 그렇지 않다는 것이 밝혀졌다. 신경 시스템 안에는 기본적으로 변화할 수 있는 능력을 의미하는 가역성이 풍부하게 존재하고 있다.

몬티 박사의 말은 우리에게 누구도 상상할 수 없는 무한한 능력이 있다고 말하는 인간 잠재 능력 개발 운동과도 맞아 떨어진다. 성장이 청년기에 멈춘다고 생각하는 것은 존 헤글린 박사의 말을 빌리자면 '인간 잠재 능력에 대한 미개한 관점'일 뿐이다.

인도 베다 철학은 통일장에 대해 이야기하고 있을 뿐 아니라 그것을 자세히 설명하고 그런 삶을 살 수 있는 경험적인 기법과 명상법을 제공하고 있다. 통일장의 삶을 사는 실질적인 이익은 엄청나다. 뇌의 기능이 조직적이며 질서 정연하게 움직일 때 몸이 건강해지는 경우나 정신적으로 얻을 수 있는 유익함에 관한 연구를 들자면 끝이 없을 정도다.

우리가 내면의 통일성을 경험할 때 뇌 역시 통일성을 가지고 움직이게 되고 아이큐의 증가, 창조성의 증대, 더 나은 학습 능력과 학문적 성취로 이어진다. 또 도덕적 추론과 심리적인 안정, 감정적인 성숙, 더 빠른 반응과 기민한 움직임으로 나타난다. 뇌가 좋은 쪽으로 발달하기 위해 가장 중요한 것은 뇌의 질서 정연한 기능이다.

뇌의 기능을 질서 있게 유지하는 것은 모든 나이에서 가능하다. 보통 아이큐는 16세 이후부터 점점 떨어진다고 알려져 있지만 이것은 사실이 아니며 인간의 잠재 능력에 대한 원시적인 관점일 뿐이다. 인간은 전 생애를 걸쳐 창조성과 지성을 발전시키도록 설계되어 있다. 하지만 그렇게 하기 위해서는 뇌의 본질적인 능력에 접속해야만 한다. 뇌는 도구이며 열쇠이다. 전인적(全人的, holistically)적으로 뇌를 발달시키는 것은 전체론적인 현실을 경험하는 것이다. 이것은 곧 명상 상태에서 흔히 이야기하는 생각의 근원에 존재하는 통일장을 경험하는 것이다.

전두엽과 자유 의지

인간과 다른 생물과의 중요한 차이는 전두엽의 크기와 뇌에서 전두엽이 차지하는 비율이다. 전두엽은 집중력과 주의력을 관장하는 부분으로 의사 결정이나 강한 의지를 유지하는 중심이다. 또 우리가 환경이나 축적된 기억으로부터 정보를 꺼내서 과거와 다른 선택이나 결정을 할 수 있는 것도 전두엽 덕분이다.

하지만 많은 결정들이 자유와는 거리가 멀다. 우리 행동의 대부분은 조건화되고 학습된, 혹은 자극에 자동적인 반응으로 구성되어 있다. 조 디스펜자 박사는 이것을 다음과 같은 비유를 통해 설명한다. "만일 어두운 길을 걷고 있을 때 내가 당신을 위협하면 보통 당신의 선택은 두려움에 대한 생리학적 반응에 기초하여 만들어질 것이다. 신체 메커니즘이 당신에게 보내는 이 반응은 도망치라거나 싸우라는 신호를 의미한다. 이런 자동적인 반응은 당신이 아는 사람을 만날 때, 담배에 불을 붙일 때, 혹은 스트레스를 받고 냉장고를 향해 갈 때도 비슷하게 일어난다. 이런 습관적이고 자동적인 반응을 '선택'이라고 부르기는 어렵다."

우리가 선택을 하는 또 다른 방식은 환경과 외부 자극으로부터 우리를 의식적으로 분리하여 습관적이고 생물학적인 행동으로부터 한 발 물러나 관찰자가 될 때 일어난다. 디스펜자 박사는 말한다. 이 조용한 상태에서 우리는 "자신의 지식에 기초하여 신중하게 판단할 수 있다. 전두엽은 우리가 삶 속에서 얻은 정보와 경험, 실질적인 지적 정보를 꺼내 이렇게 묻는다. 나는 저 신경망을 이해하며, 또 이 신경망도 이해하고 있다. 만일 이 두 가지의 신경망을 통합하여 새로운 모델과 새로운 관념, 새로운 디자인을 만들면 어떻게 될까?"

관찰자에 대한 울프 박사의 말을 들어 보자.

어쨌든 관찰자가 세상에서 어떤 힘을 가질 수 있다는 것은 난해한 문제처럼 보인다. 어떤 관점에서 보면 관찰자에게는 전혀 힘이 없지만, 또 다른 관점에서 관찰자는 엄청난 힘을 가진다. 힘이 없다는 관점에서 관찰은 이전과 마찬가지로 반복되어 수행될 뿐이다. 이것은 더 이상 관찰이라고 할 수 없다. 왜냐하면 습관적이기 때문이다. 이것은 어떤 것에 중독되어 있는 것이며 진정한 관찰의 힘은 사라진다. 하지만 당신이 관찰의 힘을 다시 얻게 되면 자신의 선택에 의해 볼 수 있게 된다. 그리고 '외부'에 보이는 것들을 실제로 바꾸고 제지하고 변화시킬 수 있다.

첫 번째 경우에서는 생물학적인 신경망이 선택을 했다. 뇌는 환경에 반응하며 뇌의 특정 부분을 자동적으로 활성화시켜 몸이 반응하도록 만든다. 이것은 물체가 너무 가까이 다가오는 경우 눈을 깜빡거리거나, 무릎을 칠 때 일어나는 고전적인 '무릎 반사' 같은 것이다. 디스펜자 박사의 말에 따르면, 두 번째 경우에서는, "의식이 뇌 전체를 통해 움직이며 뇌가 선택과 가능성을 조사할 수 있도록 해준다." 뇌가 자동적으로 우리를 움직이게 하는 대신에 우리가 뇌를 이용하기 시작한다. 의식이 우리 몸에 대한 지배력을 갖기 시작하는 것이다.

의식, 관찰자, 의도, 그리고 자유 의지

이 개념들을 앞에서도 살펴보았지만 여기서는 우주에서 가장 복잡한 구조를 가진 것으로 알려진 뇌의 관점에서 이 개념을 다시 한 번 살펴보자.

양자의 세계에서 우리가 현실에 대한 질문을 던지고 (과정1) 그곳에서 가능성들이 생기고 (과정2) 관찰에 의해 수축함으로써 하나의 결정된 선택이 만들어지는 것(과정3)을 기억하는가? 디스펜자 박사는 하나의 선택을 통해 새로운 삶을 시작하는 것이 가능하다고 말한다. "어쩌면 우리는 서투른 관찰자일지도 모른다. 아직 관찰의 기술을 마스터하지 못했을 수도 있다. 관찰은 어떤 기술일 수도 있다. 우리가 외부 세계와 외부 세계에 대한 자극과 반응에 너무 중독되어, 뇌는 창조적으로 반응하지 못하고 습관적으로 반응하고 있을지도 모른다. 우리에게 적당한 지식과 이해, 그리고 알맞은 안내가 주어진다면 삶 속에서 우리는 예측 가능한 결과를 보기 시작할 것이다."

물론 우리에게는 자유 의지가 존재한다. 자유 의지는 우리의 전두엽에 존재하고 있으며 우리는 지적인 선택을 하고 의식적으로 선택하도록 우리 자신을 훈련시킬 수 있다.
- 캔디스 퍼트 박사

어떻게 이 지식을 변화와 도약을 위한 행동으로 바꿀 수 있을까? 전자기기에 각인되는 의지 실험을 통해 틸러 박사는 다음과 같이 말한다. "정말 중요한 것은 당신이 변화가 일어나기를 원하는 그 생각과 의도를 지속적으로 유지하는 것이다. 의지를 집중시키려면 마음을 통일해야 한다." 그 통일된 마음이 반영되는 곳이 전두엽이다.

변화와 도약을 위한 도구는 만들어지고 있다.
당신의 느낌이 최종적으로 어떤 도구를 이용할 것이진 어떤 도구를 공구함에 놓아둘 것인가를 결정한다. 〈감정〉이 다음 장의 주제이다.

잠시 생각해 보자.

- 행복과 관련된 개념이나 신경망을 세 가지만 적어 보라.
- 이 세 가지와 관련된 신경망을 세 가지씩 적어 보라. 행복에 이르기까지 당신은 얼마나 많은 단계를 거치는가?
- 둥근 것을 생각하지 않고 사과를 떠올릴 수 있는가?
- 화상 인코딩 언어에 대한 신경망을 활성화시켜 보라. 그리고 가장 좋아하는 음식에 관한 신경망을 활성화시켜 보라. 어떤 차이가 느껴지는가?
- 우리는 당신과 전혀 관계가 없는 이미지의 예를 들기 위해 20분을 소비했다. 최선의 선택은 화상 인코딩 언어(PENCIL)였다. 당신은 자신과 전혀 관련 없는 어떤 것을 떠올릴 수 있는가?

감정

좋고 나쁜 것은 존재하지 않는다.
다만 생각이 그렇게 만들 뿐이다.

- 윌리엄 셰익스피어

파티하자!
- 꽤 많은 사람들

이제 감정에 대한 이야기를 나눌 시간이다. 드디어 재미있는 시간을 보낼 수가 있다! '잠시 생각해 보자'와 같은 지적인 이야기는 이미 충분히 나누었다. 뇌와 관련된 수업은 끝나고 이제 감정에 관한 이야기를 나누며 즐거운 시간을 보낼 것이다! 기쁨, 슬픔, 희망, 절망, 열정, 기대, 승리, 실패 등 박자는 계속된다.

감정이 없는 로큰롤이 있을 수 있을까? 감정이 없는 당신이 존재할 수 있을까? 만일 감정이 없다면 존재하지 않을 것들을 모두 떠올려 보자.

- 미인 선발 대회
- 카지노
- 전쟁
- 가난
- 빅토리아 시크릿(미국의 여성 속옷 브랜드. 역주)
- 고등학교 풋볼 시합

우리는 삶 속에서 좋은 것, 나쁜 것, 추악한 것, 경이로운 것, 놀라운 것,

인간의 삶을 풍부하게 해주는 것들을 계속 접하고 있다. 만일 감정이 없다면 웃거나 미소를 지을 수 있을까? 아마도 불가능할 것이다. 그리고 감정이 없다면 그런 웃음에는 신경을 쓰는 것도 불가능할 것이다!

감정 – 신비주의인가? 생화학적 현상인가?

자, 그러면 감정이란 정확히 무엇일까? 감정은 정의할 수 없는 신비로운 속성을 지닌 경험일까? 아니면 그것보다 훨씬 구체적이며 만질 수 있는 무엇일까?

70년대 초반에 캔디스 퍼트 박사는 낙마 사고를 당했다. 회복 과정 중에 그녀는 24시간 동안 효과가 지속되는 모르핀 주사를 맞게 되었는데, 과학자로서 퍼트 박사는 그 약들의 효능이 실제 어떻게 작용하는지 의문을 갖게 되었다. 그 이유를 조사할 수 있는 기회가 그녀 자신에게 주어진 셈이었고 그녀는 그 분야에 뛰어들었다.

당시 세포벽 외부에서 화학 물질과 '도킹하는 수용체'는 이론적으로 예측되고 있었다. 이론상으로 이 수용체들과 결합을 가능하게 해주는 것은 약물의 화학적 구조 때문이라고 알려져 있었지만, 실제 수용체는 발견되지 않은 상태였다. 퍼트 박사는 세포막에 있는 마약 수용체를 발견했고, 이 발견은 생물학의 흐름을 바꾸어 놓았다.

"실제 이 수용체들을 발견하긴 했지만 우리는 의문을 갖기 시작했다. 다른 목적이 없다면 왜 신은 뇌 안에 이 마약 수용체들을 넣어 놓았을까? 곧 세계의 많은 과학자들이 뇌 안에서 자연적으로 만들어지는 물질이 존재한다고 추측하기 시작했고, 마약 수용체가 발견된 지 3년 정도의 시간이 지난 뒤 스코틀랜드 과학 팀은 뇌가 엔도르핀이라고 불리는 신경 호르몬을 생성한다는 것을 발견했다."

엔도르핀에 대해 들어본 적이 있을 것이다. 엔도르핀은 뇌에서 만들어지는 마약이라고 할 수 있다. 이후 많은 연구 끝에 여러 과학자들로부터 다양한 펩티드들이 발견되기 시작했다. 퍼트 박사의 말을 들어 보자. "우리는 미 국립보건원에서 수용체 지도를 만들기 시작했다. 이 수용체들은 과학자들이 생물학 시스템에서 발견한 펩티드에 대한 것들이었는데, 이 수용체들은 찾으면 반드시 발견되었다. 우리는 더 세밀한 수용체 지도 작성 과정에서 마약 수용체들뿐 아니라 뇌의 일부분에서 감정을 중재하는 것으로 보이는 펩티드 수용체를 다수 확인할 수 있었다."

이 발견 후 과학자들은 수용체와 펩티드를 전혀 다른 각도로 바라보게 되었다. 퍼트 박사의 말처럼, "이 신경 전달 물질과 수용체들을 감정의 분자(molecules of emotion)로 생각하기 시작한" 것이었다.

모든 감각이나 감정이 특정 화학 물질, 혹은 화학 물질의 집합체를 만든다는 것이 분명해졌다. 이 화학 물질이나 신경 전달 물질, 혹은 감정의 모르핀들은 아미노산의 고리로 단백질로 구성되며 시상 하부에서 만들어진다. 디스펜자 박사는, "시상 하부는 작은 공장처럼 우리가 경험하는 특정 감정에 맞는 화학 물질을 만들어 내는 곳"이라고 말한다. 이 말은 모든 감정에는 그것과 관련된 화학 물질이 존재하며, 우리가 감정을 느낌으로써 몸에 세포들이 이 화학 물질을 흡수한다는 것을 뜻한다.

감정들은 어떤 경험을 신경학적으로 강화하는 화학 물질이다.

강렬하고 고양된 감정일수록 기억 속에 강하게 남는다.

그리고 감정은 그렇게 움직일 수밖에 없다.

- 조 디스펜자

쾌락과 고통

과학자들은 감정에 대응하는 화학 물질을 발견했을 뿐 아니라 심지어 단세포 생물체에서도 감정에 대응하는 화학 물질이 존재한다는 것을 발견했다. 퍼트 박사는 감정 분자에 대해 다음과 같이 말한다. "우리는 가장 단순한 단세포 동물에서도 똑같은 분자를 발견했다. 그렇게 감정은 진화를 통해 보존되어 왔다. 엔도르핀은 단세포 동물인 효모균이나 테트라히나에서도 발견된다. 따라서 쾌락은 아주 근본적인 감정이라고 할 수 있다. 우리는 쾌락을 끊임없이 쫓도록 디자인되어 있다. 그리고 나는 우리가 쾌락에 중독되어 있다고 생각한다. 우리의 뇌는 쾌락을 기록하고 추구하도록 설계되어 있다. 쾌락은 최종 목적지이며 인간은 고통을 피하고 쾌락을 추구한다. 그리고 이것이 인간의 진화를 이끈다."

우리가 인식하고 경험하는 것들에 이 감정 분자들은 직접적으로 관여한다. 예를 들어 뇌에서 빠른 안구 운동을 통제하고 어떤 것에 초점을 맞출 것인지를 결정하는 부분은 아편 수용체로 둘러싸여 있다. 진화론적인 관점에서 보면 이것은 충분히 일리가 있다. 우리는 중요한 것에 초점을 맞추며, 우리에게 중요하고 가장 의미를 주는 감정의 분자들 덕분에 화학적으로 몸속에 빠르게 전달될 수 있다.

그리고 쾌락/고통의 버튼은 많은 개념들과 태도들, 기억들로 덧씌워진다. 진화론적으로 아메바가 먹이를 찾는 것에서부터 프랑스식 레이스를 좋아하기까지는 아주 오랜 시간이 걸렸지만, '정글 속의 호랑이' 시나리오를 해결하기 위해 감정이 가장 강력한 방식으로 몸속에서 확고한 위치를 잡게 된 것은 당연한 일이다. 그리고 감정은 그 문제를 신속하게 해결한다.

다음은 우리의 몸속에서 일어나는 이 흥미로운 주제를 설명하기 위해 준비된 이야기다. 여기에 나오는 '생각 실험'을 통해 기억과 감정, 그리고 우리의 반응이 어떻게 연결되는지를 탐험해 보자.

로보토무스

잠시 당신이 '생물 활동을 하는 로봇' 안에 살고 있다고 상상해 보라. 이 로봇의 이름은 로보토무스이다. 당신은 로보토무스의 머리 부분에 있는 작은 통제실에서 살고 있고, 로보토무스의 눈을 통해 밖을 본다. 복잡한 레버들과 버튼들, 그리고 컴퓨터를 이용하여 당신은 이 로보토무스에게 필수적인 정보를 공급하고 있다.

당신의 임무는 로보토무스가 보는 것을 인식하고, 인식한 것을 해석하여 로보토무스의 행동을 결정해 주는 것이다. 로보토무스는 '외부'에 있는 것을 해석하고 행동할 수 없다. 외부의 것들은 추상적인 것, 즉 마음의 영역에 존재하기 때문에 로봇은 그것을 계산할 수 없다. 그래서 당신에게 이런 임무가 주어진 것이다. 다행스러운 부분은 당신이 앉아 있는 의자 뒤에 수많은 파일 상자들이 있다는 것이다. 그 상자들은 로보토무스가 '외부'에서 보는 것에 따라 열리고 닫힌다.

갑자기 모든 파일 상자들이 열리고 수많은 폴더들이 달아오르기 시작한다. 그렇다! 눈앞에 두 발로 걷는 인간과 같은 물체가 포착되었다. 곧바로 로보토무스의 눈을 통해 당신이 확인한 것은 곡선미가 있는 모습이다. 아! 여성이다! 당신은 다시 그 사람과 관련된 캐비닛과 폴더를 조사한다. 선택의 폭이 점점 좁아진다.

당신은 어떤 여성일까 하고 조금 더 가까이간다. 그 여자는 이상한 얼굴 표정을 하고 있다. 당신 뒤에서 하나를 제외한 모든 파일 캐비닛이 닫힌다. 하나의 폴더만이 반짝이고 있다. 그 폴더에 다가가 보니 반짝이고 있는 폴더는 '로지 고모' 폴더이다. 폴더를 열어 그 기록들을 살펴본다. 이 여자는 차갑고 무서우며 난폭하다는 기록이 나온다.

컴퓨터 화면을 보니 '의미는?' 이라는 글자가 표시되고 그 아래에서 커서가 깜박이고 있다. 로보토무스는 굳어 버렸다. 당신은 '전방의 적, 방어'라고 입력한다. 그런데 순간 로보토무스가 흔들리기 시작한다. 당신이 다시 창밖을 보니 '외부'에 보이는 사람은 로지 고모가 아니라 로지 고모의 모습과 비슷한 표정을 가진 사람일 뿐이다. 당신은 급히 컴퓨터에 '실수, 의미 불명'이라고 입력한다. 하지만 너무 늦었다. 이미 화학 물질이 모든 곳으로 방출되어 제어실이 뜨거워졌다. 로보토무스의 다리에 혈액과 아드레날린이 흘러들어 갔다. 또 입력된 상반된 의미와 많은 화학 물질 때문에 로보토무스는 덜컹거리고 있다. 당신은 한숨을 내쉬며 안전벨트를 조인다. 그리고 나중에 로보토무스를 조깅시켜야겠다고 결심한다.

익숙하게 들리는가? 우선 자극에 대한 인식이 존재한다. 그리고 그 인식에 대한 의미나 해석에 따라 시상 하부에서 신경 전달 물질이 혈액 속으로 방출된다. 그리고 감정이 존재하게 된다. 얼마나 아름다운 시스템인가? 그렇다면 감정이 좋은 것일까? 물론이다. 그것들은 필수적인 요소이다.

그러면 문제는 무엇일까?

디스펜자 박사는 다음과 같이 설명한다. "우리는 항상 상황이 익숙한 것인지를 분석하고 있다. 만일 그것이 익숙한 감정이라면 그것은 우리가 미래의 사건을 예측하는 도구가 된다. 우리가 감정적으로 느끼지 못하는 것들은 자동적으로 무시되거나 거부된다. 왜냐하면 그것들을 느낌으로 연결시킬 수 없기 때문이다."

현실 속에서 우리는 세상을 있는 그대로 객관적으로 볼 수 없다. 완벽하게 객관적인 것은 존재하지도 않는다. 왜냐하면 우리의 평가는 이전의 경험들과 감정과 관련이 있기 때문이다. 모든 것에는 감정적인 무게가 실려 있다.

- 다니엘 몬티

감정의 문제는 무엇인가?

우리는 감정이라는 지름길 덕분에 자극에 곧바로 반응할 수 있다. 하지만 이것은 동시에 우리를 함정에 빠뜨린다. 새로운 경험을 새로운 관점으로 평가하지 못하고 우리가 이미 가지고 있는 경험이라고 가정해 버리는 것이다. 화학적 사건들은 결과적으로 계속해서 반복되어 감정의 기록으로 쌓이고 이 기록은 동일한 패턴과 예측 가능한 반응으로 뇌 속에 '새겨지거나' 기록된다.

이것은 우리가 생각하지 않고 같은 패턴과 반응을 반복한다는 의미이다. 즉 자극-반응, 자극-반응, 자극-반응이 반복된다. 생존을 위한 축약 시스템이 같은 것을 계속해서 반복하는 덫이 되어 버리는 것이다.

또 다른 '덫'은 숨겨진, 혹은 눌려 있는 감정들이다. 로지 고모가 항상 심술궂은 것은 아니다. 당신에게 호통을 치던 날 로지 고모는 심한 치통을 앓고 있었을 뿐이다. 하지만 다른 상황에서도 심술궂은 로지 고모라는 신경망은 여전히 그곳에 존재하며 서로 결합한다.

간혹 지금이 21세기라는 것을 잊기도 한다. 상사가 들어와서 당신이 작성한 보고서를 책상 위에 내려놓으며 말한다. "썩 좋은 보고서는 아니군." 당신은 충격을 받고, 감정은 소용돌이친다. 사장의 불만족 → 생계 수단을 잃음 → 가족들을 보호하지 못함 → 미개인들의 침략 → 사장을 죽여 버리고 싶음. 당신이 입으로는 상사의 비위를 맞추고 있는 동안에도 당신의 몸은 이미 과거의 상황들에 반응하고 있고, 화학 물질들은 스스로 갈 길을 가고 있다.

좋은 소식

감정은 생존의 기초가 된다. 감정은 조각들이 무엇인지 미처 다 알기도 전에 퍼즐을 맞출 수 있도록 참고할 수 있는 단서들을 순식간에 알려 줌으로써 당신의 생존을 돕는다. 그리고 몸을 가지고 있는 당신에게 감정은 필수적이다. 감정이 존재하는 삶을 통해 당신은 살아 있음, 느낌, 사랑, 증오 등 삶에 대한 진짜 경험을 할 수 있다. 이러한 감정이 없다면 삶은 무미건조해질 것이다. 감정은 (양자) 스프의 양념이며, 석양을 아름답게 하는 색깔이다.

감정은 생존 이상의 것을 제공하며 끊임없는 진화에 기여한다. 여기서 진화는 몸에서 일어나는 것이 아니라 비육체적이고 영적인 측면에서 일어나는 것을 의미한다. 조 디스펜자는 말한다.

　　영혼을 과학적으로 정의할 수 없지만, 굳이 말하자면 우리가 감정을 통해 얻은 모든 경험의 기록이라고 할 수 있다. 감정적으로 경험되지 않는 것들은 지금 현실이나 모든 다른 현실들, 이 삶이나 다른 모든 삶에서 끊임없이 다시 경험하게 된다. 결과적으로 진화하지 못하는 것이다. 만일 우리가 똑같은 감정을 반복해서 경험하고 그 감정에서 빠져나와 지혜를 얻지 못한다면 풍부한 영혼을 가진 인간으로 성장할 길은 없다. 영감을 얻지 못하는 것이다. 야망이나 어떤 것이 되겠다는 욕망도 사라져 버린다. 결국 물질적인 몸 안에 화학 물질들만을 생산하며 유전자에 의해 결정된 삶 이상을 살 수 없게 된다.

　　풍부한 영혼을 가진 인간은 유전적인 운명과 신체에서 오는 반응, 환경과 감정적 성향을 극복한다. 생각해 보라. 당신은 인간으로서 진보를 원하고 있다. 자신에 대해서 알고 있는 한 가지 한계를 골라 내어 의식적으로 그런 성향을 바꾸려고 행동해 보라. 당신은 무엇인가를 얻을 것이다. 그것이 바로 지혜이다.

　　달리 말하면 감정들은 호랑이가 아닌 진주를 가리키고 있을 수도 있다. 어쩌면 감정이라고 하는 것은 조개 속에서 진주를 만드는 작은 모래알일지도 모른다. 그리고 이러한 자극들이 조개 속에서 계속 덮이고 덮여 마침내 지혜라는 진주가 얻어지는 것이다. 자극과 고통이 우리를 변화로 이끈다는 것은 충분히 일리가 있는 말이다. 행복이나 즐거운 감정들은 자극적이지 않다. 삶을 깊이 이해하게 해주고, 자신의 진정한 모습을 깨닫게 해주는 지혜는 억압과 고통 같은 감정을 통해서 얻어진다.

한 걸음 넘어서 보자. 람타는 종종 학생들에게 일곱 번째 봉인(封印, seal)* 속에서 환희나 쾌감을 마지막으로 느낀 적이 언제인지를 묻는다. 많은 사람들에게 성(첫 번째 봉인), 생존(두 번째 봉인), 권력(세 번째 봉인)과 관련된 쾌감은 익숙한 것들이다. 하지만 더 높은 차원의 경험에 대해서는 어떠한가? 심오하고 새로운 이해, 계시를 주는 '작은 깨달음들'은 몸속에 있는 엔도르핀을 분비시키는 여섯 번째 봉인의 쾌감이다. 우주 의식이나 신과의 궁극적이고 직접적인 관계의 경험은 일곱 번째 봉인의 절정감이다. 완전하고 무조건적인 사랑은 네 번째 센터와 관련되어 있다.

이 가르침에서 보면 우리는 이러한 차원에 쉽게 이르지 못한다. 그 이유는 대부분의 사람들은 처음 세 가지의 센터, 즉 성, 생존, 권력에 갇혀 있기 때문이다. '인간의 최하층'에서 빠져나오는 길은 낮은 감정의 봉인을 통해 지혜를 얻는 것이다. 디스펜자 박사의 말을 빌리면 '그곳에서 빠져나와 지혜로 들어가는' 것이다. 이것은 조개가 진주가 될 때까지 자극들을 직접 다루는 것과 비슷하다.

감정이 존재하지 않는 삶은 밋밋한 요구르트를 부어 놓은 오트밀을 (애인도 없이) 아침, 점심, 저녁으로 먹는 것과 비슷한 것이다. 또 같은 감정을 계속 반복하는 것은 그라놀라(곡물 시리얼의 일종. 역주) 위에 설탕과 블루베리 요구르트를 얹은 똑같은 아침, 점심, 저녁 같은 것이다. 인간의 모든 진화는 삶 속의 감정들과 얽혀 있고 감정은 필수적인 것이다. 여기서 진짜 질문은 다음과 같은 것들이다. 어떻게 감정을 사용할 것인가? 그것들을 무엇으로 진화시킬 것인가? 우리는 무엇이 되려고 하는가?

---

* 차크라, 혹은 미묘한 에너지 센터로 불린다. 이것은 몸속에 존재하는 비물질적 에너지의 중심이다. 이 센터들은 육체의 내분비선을 따라 분포하고 있으며 더 높은 차원을 여는 열쇠로 알려져 있다.

열정, 신의 사랑, 모든 것과의 일체감, 축복, 신비로운 경험들 역시 감정이다. 그런 감정들은 몸에 신경 전달 물질을 분비시켜 의식 그 자체를 변화시킨다. 권력과 성, 생존처럼 육체와 관련 없는 심오한 깨달음은 뇌를 깊은 곳에서부터 재배열시킨다. 이런 깨달음을 얻은 사람들은 변화하고, 세상도 이전과는 다르다. 엔드류 뉴버그의 말을 들어 보자.

우리가 연구해 온 것 중 하나는 신비로운 경험을 통해 뇌에서 중요한 어떤 일이 일어난다는 것을 증명하는 것이다.
신비 경험을 꼭 망상이나 환각이라고 할 수는 없다. 그것들은 아주 실질적인 것이며 신경학적으로 중요한 어떤 일이 일어나고 있다고 말할 수 있다. 이런 경험들은 몸과 마음에 영향을 준다. 또 궁극적으로 그것들에 어떻게 반응할지, 그 정보를 어떻게 삶 속으로 가져오는 방법에도 영향을 주어 우리의 행동을 바꾸고, 인간으로서 우리의 존재를 변화시킨다. 분명히 그것은 인간인 우리에게 아주 실질적인 결과를 가져온다.

람타는 이런 깨달음을 추상적인 생각이라고 묘사한다. "당신은 만들어지고 있는 신이다. 그러나 언젠가 당신은 중독의 상태를 사랑하는 것 이상으로 이런 추상적인 것을 사랑해야만 할 것이다. 만약 그것들을 먼저 사랑하게 되면 새로운 현실은 드러나고 당신의 육체는 그것을 경험할 것이다. 우리는 완전히 새로운 감정을 경험하게 된다. 그리고 그 감정들은 이전에는 결코 알 수 없었던 것들이다."
새로운 감정들에 대해 생각해 보자. 모든 감정들은 한때는 새로운 것들이었다. 우리가 과거의 감정들을 계속해서 다시 방문하는 이유는 그것들이 너무나 달콤하기 때문이다. 진화를 이끄는 것은 새로운 감정에 대한 가능성이다.

감정을 소유한다는 것

하루는 벳시와 통화 중에 영화의 애니메이션 부분에 대한 이야기를 나누고 있었다. 나는 몇몇 애니메이션 제작자들이 내가 요구한 것들이 미친 짓이며, 결코 원하는 결과를 얻을 수 없을 것이라는 대답을 듣고 투덜거리고 있었다. 사람들은 내가 할 수 없는 것들에 대해 늘 이야기한다고 불평하며, 또 이런 일들이 고등학교 때부터 계속 반복해서 일어났다는 것에 대한 장광설을 늘어놓고 있던 중이었다. 그런데 '내가 할 수 없는 것들'에 대한 이야기를 나누던 중 갑자기 멈춰서 생각해 보았다. '반복되는 감정'에 대해서 이야기했던 사람이 있었던가? 순간 수십 년 동안 이런 상황을 창조한 것이 바로 나 자신이라는 것을 깨달았다. 이유는 무엇일까? 곧 내 안에서 '내가 그렇다고 했잖아. 난 너보다 똑똑하다구! 이 바보야'란 감정을 발견했다. 나는 이 감정을 통해 동기 부여를 받았고 다른 사람보다 앞서 갈 수 있었다. 하지만 그 아래에 숨어 있는 것은 불안감이었다! 나는 자신에 대한 의심을 (무의식적으로 창조하면서) 외부로 투영하고 있었던 것이다. 이것을 이해하자 그동안 내가 빠져 있었던 모든 드라마와 낮은 동기 부여와 만족의 패턴에서 빠져나와 간단히 창조할 수 있었다.

잠시 생각해 보자.

- 마지막으로 높은 차원의 오르가즘을 느꼈던 때는 언제인가?
- 당신이 가장 자주 경험하는 감정은 무엇인가?
- 감정들을 경험할 때마다 그것들은 진화하는 것일까?
- 그 감정들을 경험할 때마다 당신은 진화하는가?
- 이제 그 감정들을 '소유' 할 때인가?
- 무엇이 당신에게 새로운 감정이 될 수 있을까?

중독

홈과 무덤의 차이는 얼마나 깊으냐 하는 것이다.

—찰스 가필드

중독은 억압이다. 이것이 무엇을 의미하는지 아는가?
당신을 다시 틀 속으로 집어넣기 위해 억압한다는 의미이다.

— 람타

가장 중독성이 강한 약물인 헤로인이 신체의 세포 안에서 어떻게 작용하는지를 보자. 주입된 헤로인은 세포의 마약 수용체와 결합한다. 이 수용체는 생물학적으로 시상 하부에서 제조되는 신경 전달 물질인 엔도르핀을 받아들이는 것과 동일한 수용체다. 엔도르핀을 받아들이는 대신 세포는 헤로인을 받아들이고, 세포는 점점 헤로인에 중독되어 간다.

헤로인 사용자들은 헤로인 수용체를 가지고 있다. 헤로인을 더 많이 사용할수록 몸속의 엔도르핀, 즉 몸속의 헤로인을 만들 수 있는 능력은 기본적으로 감소하기 시작한다. 수용체들은 엔도르핀이 더 적은 상태에 적응하기 시작하고 실질적인 변화들이 나타난다. 그리고 엔도르핀을 생성하는 뇌세포의 숫자를 더 적게 만들라는 정보에 따라 사람들은 다양한 중독 상태에서 낡은 패턴에 사로잡히게 된다. 결국 같은 생각만을 반복하고 새로운 것을 생각하지 못하게 되는 것이다.

— 캔디스 퍼트 박사

감정에도 같은 시나리오를 적용시켜 보자. 감정은 펩티드나 감정의 분자를 생산해 내며, 이것들은 세포에 있는 수용체들과 결합한다. 같은 감정을 반복해서 경험할 때 헤로인을 반복적으로 사용했을 때와 똑같은 현상이 일어나는 것이다. 몸에 있는 마약 수용체들은 특정 펩티드를 기대하게 된다(심지어는 갈망한다). 즉 몸이 그 감정에 중독된다.

충격적이지 않은가? 아마, "나는 그런 것들과 관련 없다."고 생각하고 싶을 것이다. 길거리에서 술에 취해 비틀거리는 사람들, 알코올 중독자 치료소 앞에 길게 줄을 서 있는 사람들, 시커먼 폐와 노랗게 물든 손가락에 담배를 쥐고 피는 골초들. 아마도 당신은 '나는 아니다'고 생각할 것이다. 다시 한 번 생각해 보라. 바로 당신이다!

중독은 많은 것을 설명해 준다. 아래에서 익숙하게 들리는 것이 있는가?

- 파괴적인 감정 상태
- 같은 상황이 계속 반복됨
- 변화할 수 없음
- 새로운 것을 창조하는 데서 느끼는 무기력함
- 특정적인 감정적 반응에 대한 깊은 갈망
- '나는 원해, 나에게 줘. 제발' 이라고 말하는 머릿속의 목소리들
- 어떤 행동을 다시는 하지 않겠다고 말하고, 세 시간 뒤 그 행동을 하는 것

위와 같은 일을 경험하고 있다면, 이 장은 충격적인 치료의 장이 될 것이다.

휴머노이드(명사) : 스스로 인식하고 스스로 마약을 분비하는 유기체

퍼트 박사는 연구를 통해 우리 몸에 마리화나를 받아들이는 수용체가 존재한다는 것을 발견했다. 우리가 왜 이런 수용체를 가지게 된 것일까? 그 이유는 마리화나에서 나오는 황홀감과 똑같은 종류의 화학 물질이 체내에서 실제로 분비되기 때문이다. 이것은 인간이 육체적으로 중독될 수 있는 모든 약물에도 적용된다. 즉 체내에는 모든 약물과 유사한 화학 물질과 그것이 결합하는 수용체가 존재하고 있다. 퍼트 박사는, "우리 몸에는 마리화나 수용체와 엔토카나비노이드라고 불리는 천연 마리화나가 존재한다. 마리화나를 피울 때마다 외부에서 들어오는 마리화나는 체내에서 분비되는 마리화나와 결합해야 할 수용체와 결합한다. 즉 외인성(外因性)의 약물이 생리학적으로 몸을 통제하기 위한 네트워크에 접속해 버리는 것이다. 이것들이 감정의 분자들이다. 체내의 수용체와 결합하지 않으면 어떤 향정신성 약물도 효과가 없다는 것이 많은 데이터로부터 입증되고 있다."

다른 말로 하면 외부에서 우리의 몸에 작용하는 모든 약물과 비슷한 물질이 우리의 체내에 이미 존재한다는 뜻이다. 그래서 우리 몸은 이런 약물을 인식하고, 반응하며 중독된다. 외부의 약물들은 체내 화학 물질을 위한 수용체를 통해 신체에 작용한다.

〈뇌의 무한한 가능성〉에서 우리는 감정들과 감정적 경험의 기억들이 어떻게 신경망 속에 부호화되고 이 신경망이 시상 하부와 어떻게 연결되는지를 살펴보았다. 우리는 스스로 환각 물질을 생산해 내는 유기체이다. 우리가 할 일은 올바른 망을 활성화시켜 화학 물질이 몸속에 흐르도록 하는 것뿐이다. 람타는 말한다.

중독은 화학 물질이 다양한 분비선을 통해 우리의 몸속으로 흐를 때 일어나는 느낌이다. 어떤 느낌은 성적 환상을 불러온다. 단지 하나의 성적 환상을 통해서도 남성는 흥분한다. 달리 말하면 [뇌 안의] 오직 하나의 생각만으로도 남성은 흥분할 수 있다.

이것은 올바른 신경 펩티드를 생산해 내는 하나의 생각에 어떻게 집중할 것인가를 보여 주는 직접적인 예이다. 물론 다른 예도 많다. 고등학교 시절 승리의 터치다운을 성공시킨 순간을 떠올리는 것, 처음 사랑에 빠지거나 성공을 했을 때 느낌, 방송에서 당신을 훌륭한 예술가, 혹은 크게 성공한 사람으로 보도했을 때의 꿈 같은 순간들. 이런 생각을 떠올리는 경우 전두엽은 특정한 생각을 유지하고 특정 신경망을 활성화시켜 체내 약국에 신호를 보내게 된다.

이런 메커니즘이 작동할 때마다 우리는 중독에 빠지는 것일까? 술을 마실 때마다 알코올 중독이 되는 것일까? 물론 그렇지 않다. 어쩌다가 1972년에 있었던 멋진 터치다운을 떠올린다면 그것은 중독이 아니다. 하지만 그 영광스러운 날이 다시 돌아오기를 매일 바라고 있다면 어떻게 되겠는가?

생물학적 결과들

중독이 장기적으로 몸에 심각한 결과를 가져온다는 것은 잘 알려져 있다. 퍼트 박사의 말처럼 펩티드를 수용하는 메커니즘의 발견으로 중독에 대한 생물학적 근거는 더 분명해졌다.

만일 어떤 약물이나 체내의 화학 물질에 의해 수용체가 오랜 기간 동안 강하게 폭격을 받으면 수용체는 말 그대로 위축된다. 수용체의 수는 줄어들거나 무감각해지고 통제력이 떨어져 같은 양의 마약이나 체내 물질로는 조금의 쾌감밖에 얻을 수가 없어진다. 이것을 가장 잘 보여 주는 예가 바로 내성(耐性)이다. 마약 중독자들은 똑같은 쾌감을 얻기 위해 시간이 지날수록 점점 더 많은 약물을 복용해야 한다.

모든 사람은 중독되어 있다. 그들이 누구인지는 관계가 없다. 사람들이 중독되는 이유는 중독되어 있는 것보다 나은 것이 없기 때문이고, 매일 아침 일어났을 때 삶의 목적이 없기 때문이다. 권력에 중독된 사람은 매일 아침 일어나 자신의 힘을 과시할 수 있는 일을 쫓아다니며 자신의 가치를 느끼기 위해 다른 사람들을 착취하고 억압하며 명령한다. 그는 스스로 자신의 가치를 느낄 수 없다. 그래서 그 가치를 느끼기 위한 감정을 필요로 하는 것이다.

- 람타

감정에도 같은 내성 효과가 존재한다. 스릴을 찾아다니는 사람들은 아드레날린을 통한 더 큰 흥분을 느끼기 위해 비행기에서 번지 점프를 한다. 섹스에 중독된 사람들은 더 변태적인 것들을 찾아다니고, 정치가들은 봉사를 위해서가 아니라 더 높은 지위를 위해 출마한다. 당신이 아는 사람들이나 특히 당신이 삶 속에서 이런 예를 찾아 본다면 다양한 곳에서 비슷한 예를 발견하게 될 것이다.

반면 작은 세포들은 굶고 있다. 화학 물질을 계속 남용하기 위해서는 분노와 같은 특정 감정을 만들어 내야 하고, 결과적으로 분노와 관련된 신경 전달 물질에 적응하려면 수용체들은 둔감해질 수밖에 없다. 세포들은 더 이상 '균형 잡힌' 식사를 하지 못하고 중독된 감정들만을 받아들이며 극히 한정된 영양분만을 공급받게 된다. 외부 인격이 더 많은 분노를 만들어 낼수록, 세포는 더 만족감을 느낀다. 이것은 금요일 밤에 '싸울 사람을 찾아' 나가는 사람의 뒤에 숨어 있는 이야기다. 그는 특별한 이유 때문에 분노하고 있는 것이 아니라 단지 자신의 세포들에게 먹이를 주려고 집을 나서는 것뿐이다. 세포들이 무언가를 필요로 할 때 이 사람들은 소동을 일으키는 것이다. 당신의 머릿속에서, "나는 배고파. 난 목이 말라." 같은 작은 목소리를 들어 본 적이 있는가?

그 목소리의 주인이 누구인지 궁금하지 않은가? 람타에 따르면 머릿속의 이 목소리들은 세포들이 모여서 내는 목소리이다. 세포들은 당신에게, "먹이를 달라."고 이야기한다. 만일 그 감정이 사회적으로 혹은 도덕적으로 부적절한 것이라면, "누군가를 바보로 만들어 지적인 우월감을 느껴 보자."는 목소리가 직접적으로 들려오지는 않을 것이다. 하지만 무의식적으로 당신을 밖으로 내몰아 그런 상황이 일어나게 만드는 희미한 갈망은 여전히 존재하고 있다.

이런 감정에 대해 단식을 하면 목소리들이 올라온다. 세포들은 글자 그대로 뇌에 신경 자극을 보내고 세포들과 몸이 화학적으로 의존하고 있는 것을 섭취하지 못하고 있다는 것을 알린다. 이 화학 물질들은 아주 강력한 정보 전달자들이다.

- 조 디스펜자

감정적 중독으로 많은 것들을 설명할 수 있다. 사람들이 왜 타인들을 끊임없이 무시하는지, 왜 자신을 학대하는 사람들과 계속 관계를 맺는지, 혹은 끔찍한 상황이 삶속에서 계속 반복되는지를 설명해 준다. 달리 말하면 사람들이 삶 속에서 특정 현실을 계속해서 창조해 내는 이유는 감정적 중독 때문이다. 비록, "절대 그것을 창조하지 않았다."고 말하는 경우에도 말이다. 이렇게 반복적인 행동과 중독에서 빠져나오는 유일한 길은, "분명 내가 이것을 계속해서 창조했고, 나는 거기에 중독되어 있는 것이 틀림없다."고 인정하는 것이다.

대부분의 사람들이 삶 속에서 창조해 낸 것들의 바탕에는 감정적 중독이 존재한다. 당신의 삶 속에서 '나쁜' 것이 창조되었다면 '피해자 의식'을 살펴볼 필요가 있다. 처음 나쁜 일이 일어나고 당신은 그 일을 사람들에게 이야기한다. 사람들은 당신을 불쌍하게 생각하고 그 문제를 해결해 준다 (물론 그들 역시 고통을 받는다). 안도감이 든다. 당신은, "음, 그렇게 나쁘지는 않다."고 생각할 수도 있다. 그리고 생각한다. "이것이 효과가 있는지 다시 한 번 살펴봐야지."

다시 사람들은 당신을 보살펴 주기 시작한다. 당신에게 돈을 주고 감정적으로 당신을 응원한다. 당신을 동정해 주며 그들을 필요로 할 때 함께 해준다. 물론 이런 피해자와 구원자의 관계에는 유효 기간이 존재한다. 모든 구원자들은 피해자들과 마찬가지로 단지 자신이 피해자에게 특별한 인간이라고 느끼려고 할 뿐이고, 최초의 '흥분'이 식어 버리면 다른 곳을 찾아 떠나는 경향이 있다. 둘 중에 누구도 변화하지 않는다면, 두 사람 모두 자신들이 중독되어 있는 것을 재발견하기 위해 상대를 바꾸어 다른 사람들을 찾는다. 그리고 피해자의 말을 빌리면 '운이 나쁘고 불공평한 상황이 계속해서 일어나게' 되는 것이다. 이 말은, "나는 계속해서 사람들로부터 동정과 지원을 받기 위한 상황을 창조하고 있다."는 말과는 다소 다르게 들린다.

조 디스펜자 박사는 중독을 명쾌하게 정의한다. "내가 정의하는 중독은 아주 간단하다. 즉 중독은 당신이 멈출 수 없는 어떤 것이다. 당신의 감정 상태를 통제할 수 없다면 당신은 그것에 틀림없이 중독되어 있는 것이다."

알 수 없는 감정들

어떻게 보면 꽤 불쾌한 그림이다. 나는 중독되어 있고 당신 역시 중독되어 있다. 그리고 함께 힘을 모아 서로의 중독을 해소시키고 있다. 하지만 이 상황은 그렇게 나쁘게 들리지는 않는다. 우리는 어떤 감정들에 특별한 진동을 느끼며, 자신의 영역으로 같은 의견을 가진 사람을 끌어들인다. 람타에 따르면, "우리가 정말 사랑하는 사람들은 우리의 감정적 요구와 느낌을 기꺼이 함께 나누는 사람들이다." 디스펜자 박사는 이렇게 설명한다. "우리는 화학적으로 합의된 중독들을 깨뜨리려고 하지만 이것은 인간으로서 불편한 상태다. 왜냐하면 당신은 삶 속에서 자신의 행동이 옳다는 증거를 찾고 있기 때문이다. 그리고 당신이 그 증거를 찾는 곳에는 항상 그 증거에 동의하는 사람들이 존재한다."

하지만 중독을 깨뜨리기 어렵다는 점에서 상황은 여전히 유쾌하지 않다. 그리고 깨뜨리기 어렵다는 것이 중독의 의미이기도 하다. 감정이 중독으로 변하는 이유는 처음의 경험을 계속 다시 창조하려고 하기 때문이다. 성이나 동정심, 권력에 대한 최초의 경험은 중독이 아니다. 그것을 중독으로 만드는 것은 그런 고양된 경험을 계속해서 집착하는 행위이다. 람타는 말한다.

성, 헤로인, 마리화나에 중독되어 있는 사람들을 살펴보자. 이 사람들의 뇌 속에는 각기 다른 화학 작용이 일어나고 있다. 그들은 뇌의 쾌락 센터를 자극하기 위해 애쓰고 있는 것이다. 뇌의 목적은 이것이 아님에도 불구하고 사람들은 같은 화학 물질과 같은 감정들을 뿌림으로써 그들의 뇌 안에서 같은 경험을 재현하고 있는 것이다.

그렇다면 뇌의 목적은 무엇일까? 새로운 꿈을 꾸고 새로운 현실을 창조하는 것이다. 그래서 그것들을 현실화되었을 때 놀라운 감정의 순간, 즉 새로운 감정의 순간을 경험하는 것이다.
새로운 감정, 새로운 순간들은 멋진 말처럼 들리지 않는가? 그렇다면 습관을 깨뜨리기가 그렇게 어려운 이유는 무엇일까?

감정 중독

시상 하부에서 만들어지는 신경 전달 물질이 강력한 화학 물질이라는 것은 과학적으로 잘 알려져 있다. 동물 실험을 통해 이 화학 물질이 신경 전달 물질을 생산하는 뇌의 특정 부분을 중독시킨다는 것이 밝혀졌다.

과학자들은 동물들에게 버튼을 누르면 특정 화학 물질, 즉 신경 전달 물질이 분비되도록 훈련시켰다. 실험에서 동물들은 배고픔, 성욕, 갈증이나 수면욕 대신 오히려 이 신경 전달 물질의 분비를 선택했다. 실제 동물들은 에너지가 고갈되어 죽기 직전까지 계속 버튼을 눌렀다. 스트레스가 우리의 몸에 작용하는 방식도 마찬가지이다. 우리는 생활 속의 스트레스에 너무 중독되어 있다. 직장이 더 이상 우리에게 도움이 되지 않는 경우에도 직장을 그만두지 못하고, 더 이상 도움이 되지 않는 관계도 끊지 못한다. 우리가 선택을 하지 못하는 이유는 간단하다. 반복된 자극과 반응을 통해 우리의 판단을 흐리게 하는 화학 물질이 만들어지기 때문이다. 이 상황은 선택할 수 있는 능력이 결여된 작은 전두엽을 가진 강아지와 우리의 차이점이 별로 없다는 것을 의미한다.

- 조 디스펜자

아직 우리는 중독을 벗어날 방법에 대해 묻고 있다! 아마 중독을 다루는 프로그램 중에 가장 성공적인 것은 알코올 중독자 치료 협회(AA)일 것이다. 수백만 명의 사람들이 여기서 제공하는 12단계의 프로그램을 통해 '어느 날' 알코올 중독으로부터 벗어난다. 여기서 이 프로그램에 대해서 자세하게 살펴보는 것은 무리겠지만 관심 있는 사람들은 누구라도 체크해 볼 필요가 있다.

잠시 그 프로그램 과정의 일부를 검토해 보자. 알코올 중독자들은, "나는 알코올 중독자이다."라고 반복해서 외친다. 처음에는 현재의 상황, 즉 그 사람을 계속 묶어 놓았던 현실에 직면하는 것이 필요하다. 하지만 감정은 소유되지 않고 사라지지도 않는다. 이것은 특정 상황을 밀쳐 내고 벗어나려고 하면서 또 그 상황과 계속 동일시하는 것과 같다. 결국 우리가 이곳에 존재하는 목적인 완전하고 전적인 변화의 가능성은 줄어든다.

우리는 왜 존재하는가?

다시 위대한 질문들로 돌아가 보자. 왜 이 질문들이 위대한 것일까? 그 질문들에 대한 대답이 불분명하거나 어렵기 때문일까? 아니면 그것들이 의미 있어 보이기 때문일까? 혹은 각테일 파티에서 멋있게 보이거나, 이런 질문을 하면 사람들에게 인상을 줄 수 있기 때문일까? 이 질문들이 위대한 이유는 커다란 혼돈으로부터 빠져나오는 해답을 주기 때문이다.

우리는 창조자가 되기 위해 이곳에 존재하고 있다. 우리의 존재 목적은 공간 속에 사고와 사상을 스며들게 하기 위해서이다. 우리는 삶에서 어떤 것을 창조하기 위해 존재한다.
- 람타

우리가 이곳에 있는 목적은 의지라는 재능을 발전시키기 위해서이다. 그리고 더 효율적인 창조자가 되기 위해서이다.
- 윌리엄 틸러 박사

요점은 우리 자신에게 어떤 일을 하기 위해 이곳에 존재한다는 것이다. 우리는 창조의 한계를 탐험하고 미지의 것들을 앎으로 바꾸기 위해 이곳에 존재한다.
- 미하일 레드위드

이 게임의 전체적인 목적은 어떤 생각을 통해 신체를 화학적으로 준비하여 그에 맞는 경험을 하기 위한 것이다. 하지만 계속 같은 생각을 통해 똑같은 경험만을 반복한다면 우리는 인간으로서 결코 진화할 수 없을 것이다.

- 조 디스펜자

창조, 진화, 낡은 패턴을 부수는 것, 마법사가 되는 것은 우리가 창조자라는 것을 뜻한다. 삶 속의 경험들과 현실을 창조하는 것은 바로 우리 자신이며, 우리에게 그런 능력이 있다는 사실이 우리가 이곳에 존재하는 이유이다.

레드위드 박사의 말처럼 우리 존재의 목적이 '미지의 것들을 앎으로 바꾸기 위한' 것이라면 그것은 우리가 이전에 맛보지 못했던 어떤 것을 직접 경험하는 것을 의미한다. 반복되었던 낡은 것들은 새롭게 변해가고, 중독은 변화와 진화에 의해 부서진다.

변화와 진화가 우리 존재의 목적이라면, 새로운 감정들은 아주 놀랍고 유쾌한 경험이 될 것이다. 한때는 큰 문제였던 낡은 감정들은 마치 오래된 고등학교 교과서처럼 느껴지고, 책장 속에서 잊혀져 갈 것이다. 퍼트 박사의 보고서와 최근 생물학의 발견은 이러한 도약의 가능성을 증명하고 있다. 약물(니코틴, 알코올, 코카인, 헤로인)에 중독된 동물들은 공통적으로 새로운 뇌세포가 성장하지 못한다. 하지만 약물을 중단하면 곧 새로운 뇌세포가 성장을 계속한다. 퍼트 박사는 말한다. "사람은 완벽하게 회복될 수 있다. 그리고 스스로 결심하고 비전을 통해 새로운 뇌를 창조할 수 있다." 아주 사소한 것에서 극단적인 중독까지 새롭게 시작할 가능성은 아주 충분하게 존재한다.

람타는 중독에서 빠져나오는 방법을 간단하게 요약한다. "우리는 중독에 의해 어떤 간섭도 받지 않고 지식을 추구해야 한다. 그렇게 할 수 있다면 그 지식은 현실로 나타날 것이다. 그리고 우리의 몸은 새로운 방식과 새로운 화학 작용, 새로운 홀로그램 속에서 우리의 거친 꿈들을 넘어 새로운 경험을 하게 될 것이다."

잠시 생각해 보자.

- 고통이 쾌감이 되는 이유는 무엇일까?
- 당신이 가지고 있는 감정적인 중독을 적어 보자.
- 당신이 리스트에 포함시키지 않았던 중독은 무엇인가?
- 당신과 가장 가까운 사람들이 중독되어 있는 것을 적어 보라.
- 당신은 그들이 중독되어 있다는 것을 어떻게 알 수 있는가?
- 중독은 모두 나쁜 것일까?

욕망 – 선택 – 의지 – 변화

정말 문제는 오직 욕망, 욕망, 욕망이다.
능력, 재능, 뇌는 전혀 관련이 없다.

– 프레드 알랜 울프

가능한 사건들 중에서 선택을 시작할 때,
경험이라고 하는 사건이 일어난다.
그리고 과학은 처음으로 자유 의지와 만나게 된다.
- 아밋 고스와미

의지를 집중시키려면 마음을 통일해야 한다.
- 윌리엄 테일러

다행히 변화의 가능성은 무한하게 존재하고 있다.
- 다니엘 몬티

영적 분야에서 욕망은 좋은 평판을 얻지 못한다. '욕망을 죽이라'는 말처럼 욕망이 없는 존재는 깨달은 존재처럼 보이기도 한다. 부처가 말한 사성제 중 두 번째는 집제(集諦)이다.

괴로움의 근원은 덧없는 것들에 대한 집착과 그것으로 인한 무지이다. 덧없는 것들이란 말 속에는 우리 주변의 물질뿐만 아니라 관념, 더 넓게 보면 우리가 인식하는 모든 것들이 포함된다. 무지란 우리의 마음이 일시적인 것들에 집착하고 있다는 것을 이해하지 못하는 것이다. 괴로움의 원인은 욕망, 정열, 열의, 부와 명성을 추구하는 것, 명예와 인기를 얻으려고 애쓰는 것이다. 간단하게 말하면 욕구와 집착이다.

얼핏 보면 욕망이나 정열, 열의 같은 것들이 문제의 원인처럼 들린다. 그래서 구도자들은 마음속에서 이런 감정들을 몰아내고 욕망이 없는 초연한 삶을 살려고 애쓴다. 하지만 욕구와 집착이란 말에서 문제의 진짜 원인에 대한 단서를 찾을 수 있다. 즉 문제의 원인은 욕망이 아니라 욕망에 대한 집착이다. (즉 욕망이 나쁜 것이 아니라 다만 무지할 뿐이다. 혹은 마음이 집착하고 있는 것에 대한 이해가 부족한 것이다.)

'욕망에 대한 집착'은 상당 부분 '감정에 대한 중독'과 비슷한 말처럼 들린다. 사실 이 둘은 같은 것이다. 두 단어를 바꾸어서 스스로 확인해 보라.

이것은 과학이 위대한 영적 가르침과 교차하며 같은 현상을 재발견한 하나의 예라고 할 수 있다. 전통적으로 불교에서는 우리를 끊임없는 윤회의 수레바퀴 속으로 들어가게 만드는 것은 집착이라고 말한다. 퍼트 박사는 이렇게 이야기 한다. "모든 중독 속에서 당신은 낡은 패턴에 갇힌다. 똑같은 생각을 반복하고, 새로운 어떤 것을 생각할 수 없는 것이다."

인도의 성자 라마크리슈나는 감정에 대해 다음과 같이 말했다.
"연기는 여전히 솟아오른다. 하지만 깨달은 사람에게 연기는 벽에 붙지 않는다." 그의 가르침에서 보면 사람들에게 괴로움과 고통을 가져오는 것은 감정이 아니라 집착(중독)이다.

욕망과 열정 - 친구인가? 적인가?

욕망과 열정은 진화와 변화의 연료이다. 디스펜자 박사는, "안정된 영역의 경계 밖으로 한 걸음 내딛기 위해서는 의지와 열정이 필요하다."고 말한다. 욕망을 살펴볼 때 중요한 것은 두 가지이다. 첫 번째는 판단하지 않는 것이고, 두 번째는 욕망에 대해 솔직해지는 것이다. 욕망을 분명하게 바라보기 위해서는 판단이 사라져야 한다. 왜냐하면 판단은 욕망에 나쁜 것이란 꼬리표를 붙여 억압이라고 하는 지하실로 보내 버리기 때문이다. 욕망은 일어난다. 고속도로에서 당신 앞으로 어떤 사람이 끼어드는 순간, 옆에 레이저 대포가 있다면 그 사람을 날려 버리고 싶은 욕망이 일어난다. 이런 욕망에 대해 불쾌하고 부끄러운 감정이 일어난다면 이 감정의 꼬리표 때문에 분노의 원인은 결코 발견되지 않는다.

욕망에 대한 예를 들어 보자. 어떤 사람이 선거에 출마하려고 한다. 그는 권력을 바라고 있다. 하지만 사람들은 종종 자신의 진짜 욕망에 대해 솔직하게 말하는 것에 대해 (비판적인) 죄책감을 느낀다. 그래서 진짜 원하는 것이 권력을 경험하는 것임에도 불구하고 그는 시민들을 위해 봉사한다는 핑계를 꾸며 낸다. 그에게 권력은 진화의 다음 단계로 오르는 사다리일지도 모른다. 어쩌면 마음속 깊은 불안감과 무기력감을 덮어 버리기 위해 권력을 원하고 있을 수도 있다. 하지만 어떤 경우에도 권력은 그에게 진정한 도움이 되지 않는다.

 나에게 욕망은 자신을 살펴보고 경험의 세계에서 나의 이해가 어떻게 반영되는지를 알려주는 메커니즘이다. 내가 가지고 있는 욕망이 무엇이든, 나는 그 욕망을 가지고 있는 이유를 살펴볼 수 있다. 나는 다음과 같이 질문한다. 그 욕망을 성취하면 내 안에 무엇이 만족을 얻을까? 이 욕망은 감정적인 만족 때문일까? 이 욕망은 감정적인 중독 때문일까? 이 욕망을 성취하는 것이 나에게 새로운 경험을 가져다 줄 것인가? 낡은 경험을 끝내게 될까? 이런 식으로 나의 욕망들을 살펴보면서 내가 욕망을 가지고 있는 진짜 이유를 이해하게 되고 나의 의도는 점점 분명해져 갔다. 만약 나의 욕망이 권력이라면 새로운 관점에서 권력을 경험하고 싶어한다는 것을 인정하고, 내가 권력을 원하는 이유를 인정할 것이다. 그러면 나는 그 경험을 통해 다시 출발할 수 있을 것이다. 왜냐하면 내가 정말 원하는 것이 무엇인지 알고 있으며, 내가 그것을 원하는 이유를 진실되게 이해하고 있기 때문이다. 명료함과 정직함은 지식을 얻을 수 있는 경험을 준다.

― 벳시

반드시 욕망의 뿌리를 살펴봐야 할 실질적인 이유 역시 존재한다. 현실화를 위해서이다! 빌 테일러의 말처럼 원하는 것을 이루려면 마음을 하나로 모으지 않으면 안 된다. 만일 진짜 욕망이 정치적인 욕망에 덮여 있고, 그 아래에 또 다른 욕망이 존재하고 있다면 이것은 두 개의 신경망이 활성화된다는 의미이다. 마치 균열된 집처럼 의지의 힘은 발휘되지 않는다. 욕망에서 중요한 질문은 이것이다. 모든 곳에서 부글거리며 끝이 없는(혹은 그렇게 보이는) 욕망 속에서 어떤 버튼을 '누를' 것인가?

선택

사람들은 선택을 해야 한다. 그렇다면 누가 선택하는 것일까? 간단히 말하면 그것은 두 존재 중 하나라고 할 수 있다. 하나는 개성이고 하나는 초월적인 자아이다. 이런 식으로 분석하면 에고와 신, 물질과 영혼의 분리가 다시 떠오른다. 만약 선택을 하는 것이 개성이라면 선택은 이미 존재하는 신경망으로부터 나오게 된다. 이 말은 우리가 과거의 경험들과 감정들, 중독들로부터 선택한다는 뜻이다. '실행' 버튼은 이름만 바뀐 '반복' 버튼일 뿐이다. 보통 이런 선택은 무의식적인 결정에서 나오며, 이것은 실험실 동물들이 펩티드 버튼을 계속 누르는 것과 같다.

진짜 '실행' 버튼은 영적인 측면에서 나온다. 이 경우 선택은 과거에 의해 유발되는 것이 아니라 미지의 것들을 앎으로 만들어 진화하는 것이다. 하지만 여전히 흥미로운 문제가 남는다. 즉 올라오는 욕망 중에서 어떤 것이 에고에 기반을 두고, 어떤 것이 영혼에 기반을 둔 것일까? 특히 우리가 영적인 측면에서 올라오는 것을 곰곰이 살펴보거나 일상적인 일들과 비교해 보면, 그것들은 종종 틀 밖에 존재하는 것이거나 '기이하고 괴상한' 것들이다.

영적 스승과 제자 사이에 이런 예를 보여 주는 이야기는 많다. 스승은 제자의 잠들어 있는 영적 본성의 목소리 역할을 한다. 제자가 스스로 내면의 목소리를 들으려면 수천 년이 걸리므로 스승은 제자를 대신하여 그것을 이야기해 준다. 우리는 보통 전쟁이 나쁘다고 생각한다. 그렇지 않은가? 그러나 크리슈나의 경우, 아르주나의 전차를 몰며 크루스와 전쟁을 하는 것은 그의 영적인 책무라고 말한다.

또 다른 예는 불교에서 내려오는 마르파와 밀라레파의 이야기이다. 밀라레파가 거대한 돌 집을 지었는데 그 집이 다 지어 갈 때쯤 마르파는 쌓아 올린 돌을 모두 제자리로 가져다 놓고 집을 부수라고 말한다. 제정신이 아닌 얘기처럼 들리지만, 그들은 이 제정신이 아닌 짓을 네 번씩이나 반복한다.

인류가 관찰자가 되는 가장 좋은 방법은 우선 깨어서 같은 선택을 반복할 필요가 없다는 것을 지적으로 이해하는 것이다. 두 번째는 어떤 상황에 처했을 때 개인 자신의 삶과 몸에 존재하는 반복된 메커니즘을 넘어설 수 있는 실질적인 연습을 하는 것이다.

- 조 디스펜자

누구도 상상할 수 없는 도약은 종종 지혜를 향한 강렬한 욕망으로부터 나온다. 이것이 욕망을 판단하지 않고 자세히 살펴보는 것이 중요한 이유이다. 그 다음 단계가 선택이다.

퍼트 박사는 말한다. "자유 의지는 전두엽에 위치하고 있다. 우리는 스스로 더 지적인 선택을 하고 의식적으로 결정을 내리는 훈련을 할 수 있다. 나는 이것은 조금은 다른 종류의 연습이라고 생각한다. 체육관에서 팔 근육을 키우는 운동을 할 수도 있지만, 요가나 명상, 혹은 다른 연습을 통해 전두엽을 강화시킬 수도 있다."

그러면 누가 선택하는 것일까? 물론 당신이 한다. 하지만 다시 한 번 '나는 누구인가?'라는 질문으로 돌아간다. 어떤 당신(개성/에고, 초월적인 영혼)이 선택하고 있는가? 신경학적 측면에서 보면 이렇게 질문할 수도 있다. 선택이 이미 존재하는 신경망으로부터 나오는가? 아니면 전두엽에서 나오는가? 우리는 양자의 무작위성을 이용하여 새로운 것을 선택할 수 있을까? 아니면 우리는 이미 존재하는 (낡은) 조건들에 기초하여 모든 일을 처리하는 기계일까?

다시 한 번 질문으로 돌아가 보자. 당신은 어떤 세계에 살고 있는가? 생동적이며 유기적인 상호 연결된 우주인가? 아니면 태엽 병정들이 살고 있는 똑딱거리는 분리된 세계인가?

그것은 당신의 선택이다.

우리는 홀로데크를 운영하고 있다. 그것은 아주 유연하지만 당신이 상상할 수 있는 것은 무엇이든지 창조해 준다. 충분히 의식적으로 의지를 이용하는 방법을 배우게 되면 그 의지는 그곳에서 물질화된다. 의지를 점점 더 통제할수록 당신은 생물학적으로 다양한 층에서 나오는 더 깊은 경험을 하게 되고, 더 큰 현실을 느끼게 될 것이다.

- 윌리엄 틸러 박사

의지

선택의 또 다른 면은 실천이다! 물질 시스템에 영향을 주는 의지의 연구를 통해 틸러 박사는 '네 명의 숙련된 명상가들과 내면의 자아를 훌륭히 통제하는 개인들'을 실험에 참가시켰다. 퍼트 박사에 따르면 의지를 다루는 것은 개발될 수 있는 기술이다. 틸러 박사는 의지를 모으는 능력에 대해 덧붙여 설명한다. "고대 오컬트의 가르침에서 불꽃에 의식을 집중시키는 훈련을 시킨 이유가 바로 이것이다. 당신은 의지를 아주 미세한 채널 속에 집중하는 법을 배운다. 결과적으로 에너지의 밀도는 더 커지게 된다."

우리는 아직 현실 창조에 대한 이야기를 나누고 있다. 이제 지금의 자신을 창조한 이유와 우리가 어떤 차원에서 창조를 하는지, 그리고 의식적으로 그리고 더 강력하게 창조를 하려면 어떻게 해야 하는지를 알아보자. 놀라움으로 가득 찬 우리의 뇌에서 전두엽은 이 문제들과 깊은 관련이 있어 보인다. 디스펜자 박사는 말한다.

인간이 다른 종과 분리되는 것은 뇌에서 전두엽이 차지하는 비율이다. 뇌에서 전두엽은 강한 의지, 의사 결정, 행동 통제, 영감을 책임지고 있는 부분이다. 인간으로서 능력을 개발시키면 우리는 다른 선택을 하게 되고 결국 우리의 잠재 능력과 진화에 영향을 주게 될 것이다.

인류가 글자그대로 수천 년 동안 개와는 다른 선택을 할 수 있었던 것은 몇 초 안에 선택을 할 수 있게 해주는 발달한 전두엽 덕분이었다.

이미 우리는 욕망이 필요한 이유와 욕망이 항상 '나쁜' 것은 아니라는 이야기를 했다. 또 의식적인 결정을 통해 우리의 의지를 건강하고 풍요로우며 행복한 현실과 맞추어야 한다는 이야기도 했다. 만일 당신이 여전히 분리된 것처럼 느낀다면 레드워드 박사의 말을 들어 보자. "왜 이런 것들을 성취하지 못할까? 근본적인 이유는 집중력의 부족 때문이다. 우리는 집중력을 지속할 수 없다. 마음은 언제나 여기저기를 방황하며 물질적인 진동에 너무 동조되어 있다." 여기가 어려운 부분이다. 의지가 정말 효과를 발휘하려면 집중이 필요하다. 하지만 세상은 항상 당신의 집중력을 뺏고 있다. 당신이 집중하게 만들기 위해 수십억 달러가 소비되고 있다(여기서도 집중이라는 단어가 쓰였다). 디스펜자 박사는, "대부분의 사람들은 조금 노력하고 결과를 기대하기 때문에 더 나아가지 못한다. 결과들이 나타나지 않으면 사람들은 바로 가능성을 불신한다. 하지만 사람들이 포기한 바로 뒤편에 가능성은 여전히 존재하고 있다. 우리는 게으른 인류이다. 편리한 세상에 살며 필요한 것들에 대해 빠르고 즉각적인 해결책을 얻지 못하면 우리는 곧 인내력을 잃어버린다."

만일 현실이 나의 가능성, 즉 의식 자체의 가능성이라면 내가 현실을 어떻게 변화시킬 것인가라는 질문이 바로 나타난다. 어떻게 현실을 더 좋게 만들 수 있을까? 어떻게 그것을 이루어 낼 수 있을까? 낡은 세계관에서는 나는 어떤 것도 변화시킬 수 없다. 왜냐하면 현실에서 나는 어떤 역할도 맡고 있지 않기 때문이다. 현실은 이미 존재하고 있다. 즉 물질들은 각자 결정론적인 방식으로 움직인다. 경험자인 나 역시 어떤 역할도 하지 않는다. 새로운 관점에서는 수학적으로 예측할 수 있는 가능성이 존재한다. 하지만 그 가능성이 나의 의식 속에서 실질적인 경험을 주는 것은 아니다. 그 경험을 선택하는 것은 나 자신이며, 글자 그대로 내가 나의 현실을 창조하는 것이다.

- 아밋 고스와미

물론 우리의 집중력 부족을 세상 탓으로 돌릴 수는 없다. 그것은 피해자의 마음 상태다. 정말 의지를 잘 훈련시키기 위해서는 그런 욕망을 가지고 있어야 하며, 그 능력을 개발하는 것을 선택해야 한다.

〈양자 뇌〉 장에서 우리는 양자 제논 효과에 대한 이야기를 나누었다. 즉 양자 세계를 향하여 어떤 것을 마음속에 계속 담고 있으면 (마음을 집중하면) 현실은 영향을 받는다. 헨리 스탭의 말을 들어 보자. "양자 운동의 법칙에 의해 같은 의도를 반복하려는 강한 의지는 관련된 행동을 유지시키는 경향이 있다." 즉 단지 어떤 의도로 무엇을 원하는 것을 넘어 욕망들이 계속 반복되고 집중될 때 마법은 일어난다.

나는 정말 우둔한 사람들이 훌륭한 과학자가 되고, 심지어는 노벨상까지 타는 것을 보았다. 또 명석하고 재능있는 사람들이 샌프란시스코 거리에서 구걸하고 있는 것도 보았다. 중요한 것은 욕망, 욕망, 욕망이다.
— 프레드 알랜 울프

주목할 만한 변화

우리는 변화의 아름다움과 미지의 세계로 모험을 막는 막다른 길에 대한 이야기를 나누고 있다. 아마 당신은 지금 스릴이 넘치는 경험을 하고 싶어 견디지 못하고 있을 수도 있고, 졸릴 수도 있다. 지금까지 이야기들을 요약하기 위해 디스펜자 박사에게 모든 사람이 변화를 이루어 낼 수 있는 가장 중요한 핵심을 물어보았다. 앞 장에서도 말했듯, "아원자의 세계는 우리의 관찰에 반응한다. 하지만 보통 사람들은 6초에서 10초 간격으로 주의력을 잃는다." 이것을 어떻게 극복할 것인가?

양자 : 미세한 것에서부터 인간의 차원까지

집중의 능력이 없는 사람에게 큰 세상이 어떻게 반응할 수 있겠는가? 어쩌면 우리는 서투른 관찰자일지도 모른다. 관찰은 기술이며 우리는 관찰의 기술을 마스터하지 못했는지도 모른다. 아마 우리는 외부의 세계와 그 세계의 자극과 반응에 너무 중독되어, 뇌는 창조가 아닌 반응만을 계속 하고 있을지도 모른다.

적절한 지식과 이해, 그리고 적절한 지시가 주어진다면 우리는 삶 속에서 중요한 결과를 얻기 시작할 것이다. 조용히 앉아 새로운 삶을 설계하고, 그것을 가장 중요한 것으로 받아들이며 매일 정원사가 씨앗에 물을 주듯 돌보면 당신은 열매를 얻게 될 것이다. 처음에는 얼마간의 시간이 필요할지 모른다. 마음을 통제하는 기술을 개발시키려면 시간이 필요하다.

하지만 우리는 기꺼이 매일 시간을 할애하여 조용히 앉아 우리가 살아 있음에 감사하고 우리의 삶에 감사해야 한다. 그리고 우리에게 가능한 새로운 미래를 설계하기 위해서는 진실한 마음으로 관찰을 시작해야 한다. 올바르게 실천하고 관찰한다면 삶 속에서 우리가 예측한 것과 똑같은 미래가 아니라, 우리의 예측을 넘어서는 미래가 나타나기 시작할 것이다. 새로운 미래는 우리의 예상을 넘어 존재하는 것이 틀림없다. 왜냐하면 그것은 더 큰 마음에서 나오기 때문이다.

만일 결과가 우리의 예측과 동일하다면 우리는 똑같은 것을 더 많이 창조하고 있을 뿐이다. 결과를 예상할 수 있다면 어떻게 새로운 세계를 창조할 수 있겠는가? 어떤 반응을 원하고 있는 한 우리는 새로운 것을 창조하는 것이 아니다. 물론 뇌는 반응을 좋아한다. 뇌는 성공했을 때, 임무를 완수했을 때를 좋아하며 같은 방식으로 다시 그것을 이루려고 한다. 이 마음의 순수성을 이해함으로써 사람들은 가능한 현실을 선택하고 관찰할 수 있는 기회를 얻게 된다. 그리고 양자 물리학이 아주 작은 세계에서도 작용하고 있다고 당당히 말하게 된다.

모든 것은 생각과 꿈에서 출발한다. 이것을 개인적인 삶에 적용시켜 보라. 이것은 양자장이 반응하지 않는 것의 문제가 아니다. 우리는 삶 속의 놀라운 결과를 위해서 의지와 성실함의 차원을 좀 더 높여야 한다.

- 조 디스펜자

변화를 위해 무엇이 필요한지를 알기 위해서는 단순히 우리가 내려왔던 길을 다시 올라가기만 하면 된다. 변화하기 위해서는 변화하려는 의지를 가져야 한다. 의지는 변화하고자 하는 결심(자유 의지)의 결과이고, 그 결심은 변화하려는 욕망에서 나온다.

당신은 변화를 원한다. 변화를 원한다는 것은 당신이 삶에서 우선적으로 그것을 갈망한다는 것이다. 물질 세계에서 사물들은 시계처럼 반복해서 움직이며 변화에 저항한다. 반면 보이지 않는 세계의 영혼은 변화 앞에 서 있다. 선택은 어떤 세계에 사느냐 하는 것이다.

잠시 생각해 보자.

- 당신이 소망하고 실현되기를 원하는 것은 무엇인가?
- 당신은 왜 그것을 바라는가?
- 그 욕망은 어디에서 오는 것일까?
- 그 욕망이 실현되면 당신은 무엇을 성취하게 될까?
- 그 욕망을 성취하면 당신의 현실은 어떻게 변화할까?
- 당신의 패러다임도 함께 변할까?
- 당신의 소망을 이루기 위해 지금 당신의 패러다임 속에 있는 모든 것들을 기꺼이 포기할 수 있는가? 또 그래야만 할까?

쉬어 가는 글

"이런 것들이 도대체 나에게 무슨 의미가 있을까?"

〈블립〉을 만들면서 나는 끊임없이 질문을 해대며 사람들을 귀찮게 했다. 어떻게 이 새로운 정보들을 삶 속에서 실질적인 결과로 통합해 낼 수 있을까? 어떻게 철학을 경험으로 바꿀 수 있을까? 영화를 시작하면서 나는 양자 물리학이란 단어를 어떻게 쓰는지도 몰랐고, '영성'에 대해 아는 것도 거의 없었다. 예쁜 신발에 관심을 둔 채 현실 속에서 행복하게 살고 있었다. 나는 자신을 '우연한 창조자'라고 생각하고 있었다.

영화 작업을 하는 지난 4년 동안 전 세계를 돌며 책과 관련된 강연을 하면서 마침내 조금씩 이해할 수 있었다. 감정적 중독(혹은 집착)은 처음부터 모든 것들과 관련되어 있었다. 나는 감정적 상태에 근거하여 현실을 창조하고 있었고, 내가 그 상태를 선택한 것은 나의 몸이 같은 경험/감정/화학물질에 중독되어 있었기 때문이었다. 나의 경험들은 낡은 경험과 오래된 데이터에 기초하여 나의 뇌에 자리 잡아 갔다.

그렇다면 이 감정적 중독 상태에서 더 높은 상태, 더 높은 차원으로 올라가 그곳에서부터 새로운 감정을 창조할 수 있을까? 어떻게 감정을 '소유' 할 것인가? 소유한다는 것은 어떤 의미일까?

나에게 감정을 '소유' 한다는 것은 그 감정이 나와 나의 선택에 더 이상 지배력을 갖지 않는다는 의미이다. 내가 감정 상태를 선택하며 감정이 나를 선택하지 않는 것이다. 하지만 감정을 '소유' 했다고 해서 그 감정이 다시 나타나지 않는다는 것은 아니다. 나는 감정이 올라오면 당황하거나 그것을 억누르려고 하지 않는다. 단지 그 감정이 나의 시스템을 파괴하도록 내버려 두지 않는다. 나는 관찰한다.

"어디에서 어떻게 출발할 것인가?" 현실 창조의 과정에서 감정적 중독이 존재한다면 나는 그것들을 지켜볼 것이다. 하나의 감정에 집중하려 하지만 보통 여러 가지 감정들이 서로 연결되어 있다는 것을 알게 되고, 이전에 겪었던 몇 가지 감정들이 발견되는 경우도 있다.

그래서 나는 우선 그것들을 인식한다. 즉 알아채는 것이 중요하다.

다음 단계는 판단을 넘어서는 것이다. 과거에는 중독의 상황을 발견하면 언짢은 느낌 속으로 빠져들거나, 자신을 판단하며 시간을 보내곤 했다. 재미있는 것은 그 중독의 상태에서 자신을 판단한다는 것이다. 예를 들면 나는 실패라는 감정에 중독되어 있었다. 그렇게 중독된 상태에서 자신이 실패를 극복하지 못하는 존재로 판단한다. (이것 역시 실패라고 할 수 있다.) 나 혼자만 이 문제를 가지고 있는 것이 아니라는 것을 안다. 나를 포함한 모든 사람들은 어떤 것, 혹은 누군가에게 중독되어 있지만 동시에 그 중독을 변화시킬 능력도 가지고 있다. 하지만 판단은 아주 깊이 숨어 있다. 죄의식과 판단은 '도덕'이 우리를 억눌렀던 시대부터 우리 안에 숨어 있는 것처럼 보인다. 비록 스스로를 비판적인 사람이 아니라고 생각한다 해도, 판단은 어디엔가 존재하고 있다.

그러면 어떻게 해야 할까?

나는 며칠 동안 내가 느끼는 모든 감정을 써 보았다. 어떤 감정을 느낄 때마다 그 감정과 연결되어 있는 일들까지도 모두 적었다. 이것은 새롭게 눈을 뜨는 연습이었다. 내가 연습들을 쉽게 끝낼 수 있으리라고 느끼지는 않았지만, (아차, 실패의 감정) 이 연습을 통해 내가 어떤 감정에 중독되어 있는지 볼 수 있었다. 나는 이 연습을 몇 개월 동안 계속했다.

중독의 목록을 만들고 난 뒤, 나는 그 패턴들을 차단하기 시작했다. 중독된 감정이 느껴지려고 하면 나는 멈춰서 다음과 같은 질문을 던졌다.

- 내가 이 감정을 계속 느낄 필요가 있을까?
- 이 감정은 누구/무엇에 도움이 될까?
- 이 감정이 문제를 해결해 주는가?
- 나는 왜 이것을 문제로 바라보고 있는가?
- 이 감정이 나를 발전시킬 것인가?

이 질문에 대답하면서 내가 감정 상태를 어떻게 선택하는지 관찰할 수 있었다. 내가 깨달은 것은 감정적인 중독에는 여러 층이 존재한다는 것이었다. 분노는 원망의 산물이고, 또 그 원망은 실패의 산물이다. 실패는 희생 의식의 결과물이었다.

"이것은 불가능해. 나는 결코 이것을 해결할 수 없어."라는 감정을 극복하자 그 속에서 재미를 느낄 수 있었다. 이것은 새로운 경험이었다. 외부가 나를 만들고 있다고 느끼는 대신 내면으로부터 자신을 만들어 나갈 수 있게 되었다.

감정이 늘 큰 문제로 다가오거나 분명하게 나타나는 것은 아니다. 깊은 곳까지 바라보고 아주 사소한 것이 큰 것으로 변하는 것을 자세히 살펴보아야 한다. (양자 물리학 얘기처럼 들린다.) 나는 주변-나의 현실-과 사람들, 장소들, 사물들, 시간들과 사건들을 자세히 살펴보았다. 이런 세심한 관찰을 통해 내가 중독되어 있는 것들이 어떻게 나의 현실을 만들어 내는지를 볼 수 있었다. 또 이런 중독들이 반복해서 나를 특정 상황에 머물도록 조정하고 있다는 것도 알 수 있었다.

예를 들어 매일 지각을 하던 때가 있었다. 아무리 일찍 일어난 날도, 제시간에 출근하려고 노력해도 지각을 했다. 항상 만원 버스에서 시달리며 직장에 출근해서도 조급해 하며 의기소침한 느낌 속에서 스트레스를 받았다. 내가 할 수 있는 일은 아무것도 없는 것처럼 느껴졌다. 나는 불안했고 사람들은 주위에서 표정 없이 걸어 다니곤 했다. 20대 중반에 나는 일반적으로 나이 든 사람들이 하는 직업을 갖게 되었는데 그때 나에게는 콤플렉스가 있었다. "나는 이 일을 할 자격이 없어. 나는 이 일을 할 수 없어. 아무도 나를 존중해 주지 않아. 이곳은 매일 지각하는 내가 있어서는 안 될 곳이야!" 이제 나는 그 버스가 실패에 대한 나의 화학적인 요구를 채우기 위한 나 자신의 창조물이라는 것을 안다! 이런 깨달음에 이르자 나는 밝게 웃을 수 있었다.

매달 이렇게 나의 감정을 인식하면서 스스로 발전해 나가는 자신을 느끼며 스스로를 점검해 볼 수 있었다. 생각과 감정을 인식하고 질문을 던질 때는 마치 시간이 멈춘 것처럼 느껴졌다. 그리고 미래로 가서 나의 가능한 선택들을 미리 맛보고 나에게 가장 도움이 되는 선택을 할 수 있었다. 어쩌면 이런 경험을 하는 것이 진짜 나의 욕망일지도 모른다.

매일 나는 조용히 앉아 의식적으로 나의 현실을 창조하는 시간을 갖는다. 하지만 이것은 가만히 앉아 '하늘에서 백만 달러가 떨어지길' 원하는 것이 아니다. 풍요에 집중하고 내면의 신이 나를 발전시키는 쪽으로 인도하도록 허용하는 것이다. 이것이 요점이다. 즉 의식을 더 높은 차원으로 발전시켜 나가는 것이다. 나는 지금 내게 필요한 감정을 통해 경험을 하고 있으며 그 감정들을 소유하고 있다. 나 자신과 현실, 감정 상태를 관찰하는 시간을 통해 이리저리 부딪히며 신발을 사는 대신, 나를 더 위대한 길로 이르게 하는 선택을 할 수 있었다.

우리는 전 세계로부터 이 지식을 철학에서 경험으로 발전시킨 사람들의 편지를 받았다. 여기 당신에게 영감을 줄 수 있는 몇 통의 편지가 있다.

4년 전, 남편이 죽었다. 남편이 남기고 간 것은 깊은 슬픔에 잠긴 새 한 마리였다. 하지만 아무리 노력해도 새는 계속 나를 물고 소리를 지르며 날개를 퍼덕거렸다. 〈블립〉을 본 뒤 내가 생각과 행동을 바꾸고 새를 위해 기도를 하고 믿으면 상황이 달라지지 않을까 하는 생각이 들었다. 2주 전부터 놀라운 일이 일어났다. 새는 내가 잡아도, 목욕을 시켜도, 함께 놀 때도 나를 물지 않았다. 이것은 정말 놀라운 일이었다. [왜냐하면] 이전에 새는 항상 나를 쪼아댔기 때문이다. 지금 새는 더 행복해졌다. 내 생각과 행동을 바꿈으로서 새에게 영향을 주었다는 것이 놀라울 뿐이다. 이전에는 어떻게 해야 할지 몰랐기 때문에 상황은 절망적이었다. 지금 새는 더 밝은 미래를 가지고 있다.

— 진

나는 심한 꽃가루 알레르기로 고생을 하고 있었다. 아버지와 형도 마찬가지다. 너무 심한 알레르기 때문에 수다페드나 클래리틴 디(꽃가루 알레르기 치료제. 역주)와 같은 약을 복용하며 여름을 나곤 했다. 우리에게 알레르기는 평생의 문제였다. 하루는 〈블립〉에 나오는 의지의 힘을 읽는 도중 작은 깨달음의 순간이 다가왔다. 뇌가 모든 화학 물질을 생산하는 영화의 이미지와 인간의 뇌는 작은 약국이란 디스펜자 박사의 말이 떠올랐다. 그리고 꽃가루 알레르기가 시작될 때마다 (마치 알레르기 약 선전에서 알레르기를 일으키는 입자들을 약이 차단하는 것처럼) 뇌에서 꽃가루 알레르기를 멈추는 데 필요한 물질이 나오는 것을 시각화했다. 지난 2개월 동안 나는 외부적으로 어떤 알레르기 치료 약도 사용하지 않았다. 알레르기는 거의 매일 일어났지만 스스로 그것을 멈추는 방법을 배운 것이다.

알레르기는 점점 줄어들었다. 나는 이것이 내 행동 때문인지 주위의 꽃가루들이 줄어들어서인지 알지 못한다. 그러나 분명 알레르기는 점점 사라져 가고 있다.

- 닉

내가 남 웨일즈의 카디프에서 영화 〈블립〉을 보기까지는 일련의 동시적인 사건들이 일어났다. 지난 2년 동안 나는 양자 역학에 관련된 책을 읽어 왔다(나는 수학자가 아니다). 그리고 이유를 알지 못한 채 양자 물리학에 빠져들었다. 지난해 실버리 힐에 있는 크롭 서클을 방문하고 놀라운 경험을 했다. 그곳을 방문한 지 석 달 후 나는 자연스러운 치유를 경험했다. 당시 나는 망막 퇴화라는 진단을 받은 상태였는데, 이것은 시력이 점점 퇴화되어 가는 병이었다. 이미 많은 시야의 왜곡을 경험하던 상태였다. 그런데 어느 날 아침 일어나 보니 시력이 회복되어 있었다. 내가 다니던 병원의 전문의는 깜짝 놀랐고, 이것을 특별한 사례로 연구하고 싶어했다. 의사는 이런 상태가 저절로 치유된 것을 단 한 번도 본 적이 없다고 했다. 〈블립〉을 보고 난 뒤 나는 내면에 존재하는 아름다운 가능성을 깨닫게 되었다. 영화는 내가 삶 속에서 알고 있던 어떤 것을 다시 한 번 확인시켜 주는 것처럼 느껴졌다. 그날 이후로 시력은 꾸준히 회복되어 책을 읽는 데 더 이상 도수 높은 안경을 필요로 하지 않는다. 나는 하루하루 나의 환경을 스스로 창조하고 있다는 것을 알아 가고 있다.

- 제니퍼

패러다임 : 또 다른 면

패러다임은 검증을 목적으로 하지 않는 암묵적인 가정의 집합이다.
사실 패러다임은 기본적으로 무의식적이다.

패러다임은 개인들과 과학자들, 혹은 사회의 기능 모델의 일부이다.
- 몇 장 앞에서 나왔던 말

지금까지 과학의 패러다임이 우리가 세상을 바라보는 방식과 태도를 어떻게 규정하는지에 대해 많은 이야기를 나누었다. '패러다임의 전환'이란 말의 의미는 뉴턴의 세계관에서 이야기하는 낡고 기본적인 가정들이 사라진 경이로운 세계를 그려보는 것이다.

하지만 패러다임의 세계에는 800파운드가 넘는 고릴라가 방 한가운데 서 있다. 바로 종교다. 많은 사람들이 종교와 작별 인사를 하고 싶어하지만, '검증을 목적으로 하지 않는' '기본적으로 무의식적인' 다양한 형태의 종교들이 패러다임의 모함(母艦) 역할을 하고 있다.

곧 설명하겠지만 뉴턴이 주장했던 과학과 영성의 이원론을 불러온 것은 사실 종교라고 하는 기능 모델이었다. 세상을 둘로 나눈 것은 과학이 아니라 종교였던 것이다.

종교의 세계

동양과 서양 문명을 구분하는 경계에는 분명 신을 둘러싼 믿음이 그 원인으로 자리 잡고 있다. 종교에 의해 동서양의 문화는 완전히 다른 것으로 정의되었을 뿐 아니라 각각의 믿음도 전혀 다르다. 서양 주류의 종교가 전지전능한 하나의 신에 의해 만들어졌다면 동양에서는 수많은 신들이 존재하며, 불교나 도교 같은 곳에서는 '신'이란 말조차 쓰지 않는다.

동양의 종교적 전통에서는 신(도, 브라만, 순수 의식, 공)은 모든 곳에 존재하며 각 개인의 내면에서 가장 잘 체험된다. 또 신은 모든 개인의 자아라고 말한다. 어쩌면 사람들의 자아가 바로 신이라고 말하는 편이 나을지도 모르겠다.

서양의 신은 우리와 떨어져 있다. 이원론을 '발명'한 사람은 데카르트로 알려져 있지만 '외부에 존재하는' 신에 대한 이원론적인 개념은 데카르트보다 앞서 몇 천 년 전에 이미 존재하고 있었다. 어떤 의미에서 보면 신과 인간을 분리하는 이런 관점으로부터 이원론의 문이 열렸고 서양에서 정착되어 많은 문제(물론 놀라운 발견도)의 원인이 되었다고 할 수 있다.

서양 문명이 가장 영향력을 가지고 세계를 지배하는 것처럼 보이는 지금, 우리는 우선 서양의 종교들에 대해 이야기를 나눌 것이다. 서양 종교들의 개념들과 도그마들을 살펴보고, 이 개념에서 나오는 문제들을 지적하겠지만 동시에 동전의 또 다른 면을 잊지 않는 것 역시 중요하다. 즉 다양한 교회의 가르침으로부터 수많은 사람들이 희망과 통찰을 얻고 영감을 얻었다는 사실이다.

인류의 진화

인류는 끊임없이 앞으로 나아가고 있다. 가끔 우리가 앞으로 나아가고 있다고 확신하지 못하는 경우도 있지만, 그럼에도 우리는 앞으로 나아가고 있다. 왜냐하면 생물의 시스템에서 움직이지 않고 변화나 진보가 없는 것은 퇴화되고 사라지기 때문이다. 미하일 레드위드의 말을 들어 보자.

과학은 현실에 대한 추측을 하고 그 추측을 격렬하게 반증한다. 이 과정에서 이물질과 지엽적인 것은 제거되고 잘하면 명확한 핵심을 얻게 된다. 그러나 알다시피 몇 년 동안 새로운 지식의 90퍼센트가 쓰레기통으로 사라졌다. 그리고 이것은 과학이 취해야 할 당연한 방식이다.

지금 이런 인간의 노력 속에서 유일한 예외가 바로 종교다. 왜냐하면 종교는, "진리는 원래부터 존재한다."고 말하기 때문이다. 그래서 종교는 변하지 않으며 우리는 그것을 부정할 수도 없다. 종교에서는 이 가정에서 출발한 지엽적인 부분에 대한 반증도 하지 않는다. 그래서 인간의 사상은 진보하는데 종교는 진화로부터 뒤쳐져 갔던 것이다.

하지만 서양의 종교가 항상 그랬던 것은 아니다. 가장 분명하고 잘 알려진 예가 바로 예수의 가르침이다. 예수의 시대에 기능 모델이었던 구약의 신은 분노와 복수심으로 가득 찬 집념이 강한 존재로 장자와 인간, 가축을 죽이면서 기뻐하는 '질투 많은 신'이었다. 지금 기독교에서 말하는 '신은 사랑이다'라는 이미지와는 완전히 다르다. 레드위드 박사는 이렇게 설명한다. "구약 성서의 가르침이 예수의 가르침으로 옮겨지면서 주목할 만한 변화가 있었다. 예를 들면 예수는 모세의 말을 인용하여 이렇게 말했다.

'눈에는 눈으로 이에는 이로' 라고 말하지만 나는 이렇게 말한다. '원수를 사랑하라.'"

사실 예수의 가르침 중 많은 부분이 흰 수염을 기르고 구름을 타고 다니며 분노에 차 심판하는 신의 이미지 대신 개인적인 신을 더 강조하는 것처럼 보인다. 또 천국이 어떤 장소라는 개념이 아니라 마음의 상태라는 것을 강조한다. 이것은 앞에서도 인용되었지만, "천국은 당신의 내면에 존재한다."는 말과 같다.

예수의 가르침 중에 이런 혁신적인 부분은 수세기가 지난 지금까지 우리에게 영향을 주고 있다. 레드위드 박사는 말한다.

예수는 항상 생각의 중요성을 강조했다. 심지어는 생각이 그 생각 뒤에 따르는 행동보다 중요하다고 말했다. 예를 들어 내가 이웃을 죽이고 싶다는 생각을 하고 실제 그것을 실행으로 옮기지 않았다면 나의 생각과 이웃이 죽지 않았다는 차이는 분명히 존재한다. 하지만 내면에서 스스로 건설하는 왕국의 관점에서 그 생각과 생각 이후 행동에는 아무런 차이가 없다. 지금 우리에게 익숙한 양자론적 관점에서는 분명 그 생각이 결정 요인이고 가장 중요한 요소이기 때문이다.

오늘날에 이르러 서양 종교는 곤경에 빠져 있다. 복음들은 성서에서 삭제되고 편집되었다. 다른 관점들은 무자비하게 짓밟혔고 교회는 모든 길은 로마로부터 나온다고 말하며 힘을 과시했다.

사라진 복음 중에 대부분의 학자들이 예수와 초기 교회의 가르침과 가장 가깝다고 생각하는 것은 도마 복음이다. 이 문서는 1945년 이집트의 내그 하마디(Nag Hammadi) 마을 근처에서 발견되었다.

현재 종교는 다른 교리를 가진 수백 개의 분파들로 나누어졌고, 각자 그들이 최후의 진리를 말하고 있다고 주장한다. 작가인 린 맥타가트는 이렇게 말한다. "조직화된 종교들이 가지고 있는 문제 중 하나는 그 속에서도 분리의 감각이 존재한다는 것이다. 개신교만이 옳다거나, 올바른 길을 알고 있는 사람은 가톨릭을 믿는 사람뿐이라는 것이다. 나는 양자 물리학을 이해하는 길은 단일성을 완벽하게 이해하는 것이라고 생각한다. 우리는 단일성으로부터 영성을 끌어내야 한다."

개인의 진화

주어진 세계관들이 현실을 바라보는 우리의 관점을 어떻게 구속하는 것일까? 또 위대한 가르침에서 발전된 일반적인 관점들이 우리에게 어떤 영향을 주고 있을까? 레드위드 박사가 다음과 같은 이야기를 해주었다.

몇 년 전 오스트레일리아에서 있었던 일이다. 천국과 지옥에 관한 개념에 대해 강연을 마친 뒤, 20대로 보이는 젊은이가 다가와 말했다.
"정말 흥미로운 강의였습니다. 고맙습니다. 저는 종교가 없어요."
"그래요?"
"네. 저도 그렇고 부모님 역시 무종교입니다. 저는 아무런 신앙 없이 성장했습니다."

그리고 그는 여덟 살 때 아버지가 돌아가셨다는 이야기를 해주었다. 나는 물어보았다.

"이런 질문을 해도 될지 모르겠지만 아버지가 돌아가셨을 때 사람들이 아버지가 어디로 가셨다고 말했나요?"

"음. 사람들은 아버지가 천국으로 갔다고 말했죠." 그가 대답했다.

"그 말은 제게 충분히 종교적인 관점처럼 들리는군요."

그리고 우리는 선악에 대한 믿음이나 선행과 악행에 대한 보상 등 스무 가지 정도 주제에 대해 이야기를 나누었다. 그 젊은이는 어느 질문에 대해서도 현실적으로 완전히 종교적인 견해를 가진 답변을 했다. 그는 평생 교회나 예배당, 사원에는 가 본 적이 없지만 완전히 종교적인 사람이었다.

레드우드 박사에 따르면 진화의 가장 크고 유일한 장애물은 종종 우리의 문화가 신을 바라보는 방식이다. 우리는 신이 어딘가에 앉아, "우리가 신의 뜻에 따라 행동하는지, 혹은 신을 모독하지는 않는지 컴퓨터에 기록하고 있다고 생각한다. 이렇게 보면 이것은 정말 비정상적인 개념이 아닐 수 없다. 어떻게 신을 화나게 하겠는가? 또 그렇다고 해도 그것이 신에게 무슨 문제가 될 수 있겠는가? 무엇보다 어떻게 신이 그것을 심각하게 받아들이고 우리에게 영원한 고통을 내릴 수 있겠는가? 이것은 정말 이상한 개념이 아닐 수 없다."

이 광대한 우주에서, 모든 바다의 모래알보다 더 많은 별들이 존재하는 우주에서 한 무리의 사람들(실제로는 남성들)이 천국의 문에 이르는 독점권을 가지고 있다는 것, 그리고 우주의 다른 모든 존재들은 지옥에서 영원히 고통받는다는 것은 정말 이상한 개념이다. 만일 당신이 믿고 있는 신이 이런 신이라면 곰곰이 물어볼 필요가 있다. 이것이 세상을 바라보는 나의 관점에 어떤 영향을 주고 있는가?

여전히 수억 명의 사람들이 죄를 짓는다는 두려움, 벌을 받을 것이라는 두려움, 그리고 삶 자체에 대한 두려움을 배우고 있다. 람타의 말처럼, "지구는 은하계에서 종교에 예속된 사람들이 사는 유일한 행성이다. 그 이유를 아는가? 그것은 사람들이 옳고 그름을 설정해 놓았기 때문이다."

하지만 옳고 그름의 구별 때문에 진정한 의미의 발전이나 진화에 혼란이 생겼다는 것은 처음에는 받아들이기 어려운 개념이다. 다른 사람을 살인해도 괜찮다는 것일까? 이웃의 물건을 훔칠 수 있을까? 도시를 파괴하는 것은?* 이 개념을 이해하기 어려운 이유는 근본적으로 삶과 진화에 접근하는 방식이 서로 다르기 때문이다.

옳고 그름은 일련의 규칙에 근거한다. 이 규칙들은 교리나 문화적 가치, 정치적 편리에 의해 발전되어 왔으며 모두 외부로부터, 즉 우리의 문화적 신념으로부터 나온 것들이다. 진화는 내면에서 시작된다. 이 진화적 관점에서 바라보면 그 핵심에는 각 개인은 신성하다는 근본적인 가정이 존재한다. 이것은 우리가 죄인으로 태어났고 선천적으로 어리석은 존재이므로 어떻게 행동해야 할지 바르게 배워야 한다는 개념과는 아주 다른 것이다. 영원한 고통이라는 위협이 존재하는 이유는 인간이라는 동물이 이런 규칙을 지키도록 만들기 위해서이다.

'분노한 신의 손 안에 있는 죄인들'은 초기 청교도였던 조나단 에드워드의 천벌에 대한 강연 제목이다. 어떤 단계에서는 인류에게 이런 종류의

---

* 이것은 모두 정도의 문제이다. 개인이 이런 행동을 하면 '나쁜' 것이지만, 어떤 나라가 다른 나라에게 한 행위는 정당한 정복이 되어 버린다.

'안내'가 필요하다고 이야기할 수도 있다. 이것은 마치 세 살짜리 아이에게 전기 콘센트에 포크를 대면 안 된다는 것을 가르치는 것과 같다. 하지만 지금 우리는 옳고 그름에 근거한 가치 판단의 시스템을 넘어 개인이 발전하는 시스템으로 움직여야 한다는 이야기를 나누고 있다. 아이가 전기처럼 더 큰 힘을 배우듯 우리는 우주의 더 높은 법칙에 대해 배워 간다. 그 법칙은, "남을 심판하지 말라. 그러면 하나님께서도 너희를 심판하지 않으실 것이다. 남을 정죄하지 말라. 그러면 하나님께서도 너희를 정죄하지 않으실 것이다. 남을 용서하여라. 그러면 하나님께서도 너희를 용서하실 것이다(누가복음 6:37)."와 같은 것이 될 수도 있고, 혹은 앞에서 말한, "내면의 태도가 외부 현실에 반영된다."는 것이 될 수도 있다.

우리가 지혜를 얻으며 진화한다는 개념은 앞에서 언급했던 부처의 사성제와 아주 유사하다. "괴로움의 근원은 덧없는 것들에 대한 집착과 그것으로 인한 무지이다." 괴로움은 화를 잘 내고 질투하는 신의 기분을 나쁘게 했기 때문에 생기는 것이 아니다. 그것은 단순히 무지(알지 못함)의 결과일 뿐이다.

그리고 고통은 벌이 아니라 지시이고 신호이며, 길 위에 있는 표지판이다.

작년에 나는 전 세계를 여행하며 팬들과 기자들을 만나 이야기를 나누며, 윌이 느꼈던 것과 아주 유사한 깨달음을 얻었다. 나는 과학을 이용하여 근본적으로 종교가 잘못되었다는 것을 주장하고 있었다. 즉 '과학이 옳다'는 접근법을 이용하여 종교와 똑같은 태도를 취하고 있었던 것이다. 다른 사람들의 생각을 무시하는 것은 오직 하나의 정답만이 존재한다는 것을 가정하는 것이다. 양자 역학은 그렇지 않다는 것을 분명하게 보여 주고 있다. 이 깨달음은 이후 나를 아주 겸손하게 해주었다.

- 마크

스스로를 구원하라!

기독교의 기본 교리 중 하나는, "예수가 나를 구원할 것이다."라는 개념이다. 죄인으로 태어난 나는 자신을 스스로 구원할 희망이 없다는 것이다. 이 말처럼 힘을 뺏어가는 개념을 상상하기 어렵다.*

여기서 아이러니는 우리를 더 높은 상태로 도약하게 해주는 것이 이런 실수들과 무지한 결정들, '죄들'이라는 점이다. 하지만 항상 누군가가 당신을 구원해 준다면 당신은 어떤 것도 책임을 질 필요가 없을 것이다. 이것은 전형적인 피해자 의식으로 사실 기독교의 여러 개념 속에는 여기저기 피해자라고 하는 의식이 분명히 나타나 있다.

제이지 나잇은 다음과 같이 해석한다. "우리는 신을 기쁘게 함으로써 삶의 책임을 회피하려고 한다. 우리의 죄를 위해 누군가 죽어야만 했다는 것은 일종의 기만이다. 그렇게 생각하지 않는가? 우리는 모두 자신의 죄를 삶 속에서 책임지고, 그것을 통해 풍요로운 지혜를 얻는 특권을 누려야 한다. 생각하기도 싫은 만큼 괴로운 좌절을 경험하지 않고 놀라운 존재로 성장할 수 없을 것이다. 왜냐하면 그런 경험을 통해 비로소 우리는 타인을 이해할 수 있는 지혜를 얻을 수 있기 때문이다."

---

* 마법사를 두꺼비로 만드는 《비마법사의 핸드북》에 추가하고 싶어지는 내용이다.

어렸을 때 나는 일요일마다 교회를 갔다. 어떤 교회를 갈 것인지는 교회 음악을 좋아했던 아빠가 결정했다. 늘 나를 놀라게 했던 것은 교회들이 말하는 사랑, 친절, 유일성에 대한 이해가 너무나 비슷했다는 것이었다. 하지만 동시에 나를 슬프게 했던 부분은 그 교회들이 모두 갈라져 있다는 점이었다. 나는 아빠에게 왜 이렇게 많은 종류의 교회가 있는지를 묻곤 했다. 아빠는 사람들이 자신만이 옳고 그른 것을 알고 있다고 생각하고, 다른 사람은 틀렸다고 생각하는 습관 때문이라고 말했다! 아마 언젠가 인간은 '옳고 그름'이 존재하지 않는다는 것을 이해하게 될 것이다. 그리고 자신의 내면에서 받아들이는 이해의 단계만이 존재한다는 것을 알게 될 것이다.

- 벳시

종교는 나쁜 것일까?

이쯤 되면 우리를 겁에 질린 양 떼로 만들고, 심판의 망치를 기다리게 하는 문제의 원인이 종교라는 말처럼 들리기 시작한다. 역사적으로도 성전, 마녀 사냥, 분서, 카스트 제도와 같은 불행한 기록이 많이 존재한다. 이것들을 신성이 안내하는 모습이라고 볼 수 없다. 하지만 좋고 나쁨이 존재하지 않는다는 이야기를 나눈 뒤, 종교가 나쁘다고 말하는 것은 오히려 모순이 될 것이다.

모든 종교 행위를 하나의 패러다임으로 보거나 의식의 형태로 보면, 종교에서 다양하게 표현되고 있는 패러다임이나 의식의 형태를 발견하게 된다. 그리고 그것들을 지지하는 수많은 정보들도 분명 존재한다. 만일 인간이 전쟁터로 나가야 한다면 종교는 그들의 패러다임 속에서 어떤 이유를 발견할 것이다. 만일 사람들이 다른 사람에 대해 우월감과 그들이 '유일한 길'이라고 느끼고 싶다면, 그들은 그런 정체성을 부여하는 패러다임을 찾을 수 있을 것이다.

한동안 일부 종교는 진정한 신성의 근원을 유지하고 있었지만 결국 인간에 의해 양도되어 관리되었다. '원죄'와 같은 교리는 예수의 가르침에서는 찾아볼 수 없었지만 나중에 추가되었다. "다른 뺨을 대라."는 말은, "성스러운 땅에 있는 아랍인들을 죽여라."로 바뀌었다. 그러나 중요한 것은 이런 변화의 원인이 교리가 아니라 인간성의 후퇴에 있다는 점이다. 빠져나가는 길은 종교를 공격하는 것이 아니라 새로운 인간애를 발전시키는 것이다. 교회나 정부를 없앤다고 전쟁이 사라지지 않는다. 전쟁을 없애려면 과거에 우리의 행동을 이끌었던 이러한 중독들을 개선시켜야 한다. 문제는 종교가 고착되어 무엇이 진실인지에 대한 의견을 받아들이려 하지 않는 것이다. 과거 상태로부터 종교가 발전하려면 동전에 또 다른 면-과학-을 살펴보고 과학을 위대하게 만든 것이 무엇인지를 살펴볼 필요가 있다. 더 위대한 이해를 위한 탐구에서 필요한 것은 기꺼이 틀리려고 하는 마음이다.

변화는 일어나고 있다. 신의 이미지 역시 변화하고 있는 조짐이 보인다. 중세 시대에 유행했던 심판의 왕좌에 앉아 있던 '위대한 백인 아버지'는 이제 인간의 이미지와는 동떨어진 좀 더 추상적인 개념으로 대체되고 있다.

엔드류 뉴버그는, "사람들은 사람과 닮은 신에서 조금씩 벗어나 더 위대하고 무한한 개념으로 옮겨 가고 있다. 신은 어떤 면에서 전 세상에 퍼져 있을 뿐 아니라 세상 그 자체이기도 하다. 하지만 본질적으로 신은 우주가 아니라 근본적으로 우주를 통해 퍼져 나오며, 모든 사물과 입자, 존재들을 포함하고 있다."고 말한다. 물론 여기에는 신은 내면에 존재한다는 개념도 포함될 것이다.

수메르 인들은 신이 지구 위를 걸으며 그들과 상호 작용하는 존재라고 생각했다. 앞에 이야기한 에드 미첼의 비전은 반대이다. "어느 순간 나는 이 우주가 지성을 갖추고 있다는 것을 깨달았다. 가장 근원적인 것은 의식 그 자체다." 미국 원주민들은 영혼이 모든 곳에 존재하며 모든 사물에 깃들어 있다고 보았다. 그래서 그들은 바람의 영혼, 물소의 영혼과 이야기하기도 했다.

그러면 신은 무엇일까? 영혼은 무엇일까? 영적인 것은 무엇일까? 영적이라는 것이 단지 지난 400년 동안 과학이 외면했던 영역일 뿐일까? 그렇다면 그것은 언제 다시 돌아오게 될까?

신/영혼/물질/과학

종교는 하늘의 신과 아래의 노예라는 이원론적인 우주의 개념에서 출발한다. 어떤 면에서 교회는 과학뿐 아니라 모든 종류의 예술에 이르기까지 인간의 노력을 전부 지배하려고 애썼다. 과학이 교회의 오류를 발견하기 전까지 유일한 해결책은 파이를 나누는 것이었다. 신을 따르는 무리는 영혼으로 향하고 과학자들은 물질로 향했다. 하지만 이런 분리 때문에 과학이 정점에 이르렀다는 것이 역설적이지 않은가? 동양에서는 결코 이원론적인 도그마로 사물을 지배하지 않았다. 하지만 영혼과 극단적으로 분리됨으로써 서양 과학은 결국 마음과 물질이 결국 같은 것이라는 것을 발견할 수 있었다.

마음과 물질은 같은 것일까? 정말 그렇다면 과학과 영혼의 분리는 인위적인 것이 되며 모든 현실적 근거도 사라진다. 이 두 세계는 같은 동전의 양면일 뿐이다. 어쩌면 인간의 생각이 이렇게 두 개의 가지로 분리되었기 때문에 과학이 물질에 집중할 수 있었고, 수많은 발견을 통해 삶의 질이 높아졌는지도 모른다. 물론 종교에서 지적되는 독단론은 과학계에도 똑같이 존재한다. 존 헤글린의 말처럼, "과학자들이 과학적이라고 생각하는 실수는 하지말기 바란다. 그들 역시 다른 사람들과 같은 인간일 뿐이다."

낡은 패러다임

제프리 사티노버는, "보통 사람보다 더 많은 편견을 가진 과학자들이 있지만 편견의 영향을 최소화하는 과학적 기법 역시 존재한다."고 말한다. 그는 더 깊이 들어가 과학과 영혼의 분리가 우리 모두에게 (악)영향을 주고 있다고 말한다.

18세기 계몽 운동 중 나왔던 개념들 속에 함축된 의미는 모든 인간의 행위와 사건들은 당구 게임처럼 궁극적인 법칙에 의해 설명될 수 있다는 것이었다. 처음에 당구공들은 서로 부딪히지만 곧 흩어져 버린다. 그 후 하나의 당구공은 다른 당구공의 움직임에 어떤 영향도 줄 수 없다. 그래서 당신이 삶 속에서 목적과 의도, 의미를 가진다고 생각하는 어떤 것도 모두 환상이 되어 버린다.

이 말을 믿지 않거나 이해하고 있다고 생각하는 사람들도 실제로는 머리끝에서 발끝까지 이 패러다임에 완전히 감염되어 있다. 조금 과장해서 말한다면 기계론적인 관점을 믿지 않는다고 주장하는 사람들조차 실제로는 그 관점의 철저한 신봉자이다. 이 관점의 감염으로부터 완벽하게 자유로울 수는 없다. 기계론적 관점은 모든 것을 지배하며 세상과 우주가 실제로 살아 있다는 생생한 감각을 빼앗아 버린다. 이것은 마치 모든 것에 침투해 있는 독약 같은 것이다. 그것을 믿지 않는다고 주장하는 사람들조차 그것에 깊은 영향을 받고 있다.

이 말은 종교적인 세계관이 모든 곳에 스며들어 우리 모두가 그 세계관에 영향을 받고 있다고 말한 레드위드 박사의 주장과 놀랄 정도로 비슷하다. 이 말이 사실이라면 우리는 모순된 세계관과 분열되고 해체된 믿음 체계 속에서 살고 있다는 뜻이 된다.

이 이혼에서 피해를 보는 것은 누구일까? 늘 그렇듯이 아이들이다. 성직자와 교수들이 으르렁거리며 싸우는 동안 인류에게 남겨진 것은 부서지고 혼란스러운 우주의 이야기였다. 그럼에도 양쪽은 각자의 의견을 고집하며 자신들이 얼마나 옳은지를 외쳤다.

사람들에게 기도와 치유, 상념과 텔레파시에 대한 과학적 근거를 원하느냐고 묻는다면 '아니오'보다는 '예'라는 대답이 더 많이 돌아올 것이다. 하지만 여전히 대다수의 과학자들은 이런 영역들을 과학적 방식으로 연구하려고 하지 않는다. 누가 손해를 보게 될까? 바로 우리들이다. '이 명석한 과학자들'이 그것들이 가치가 없는 것이라고 말하는 대신 사람들의 기도가 실제로 도움이 된다고 확신한다면 누군가는 분명 도움을 받게 될 것이다.

우리는 〈블립〉을 본 사람들로부터 수많은 이메일을 받았는데, 많은 사람들이 신뢰할 수 있는 지적인 과학자들이 신과 의식에 대해 이야기하는 것에 영감을 받았다. 그리고 앞서 말한 것처럼 놀라운 일들이 실제로 일어나고 있다. 왜냐하면 이제 사람들은 이런 가능성들이 실제로 존재한다고 생각하기 때문이다.

라딘 박사는 다음과 같이 덧붙인다. "만일 그것들이 실재한다면 대부분의 과학이 깊은 관심사와 중요성을 지닌 것들로부터 완전히 벗어나 있다는 것을 뜻한다. 왜냐하면 지금까지 과학은 '그것에 관심이 없다'고 하면서 어떤 것을 무시해 버리거나, 이 영역을 세상과 분리해 왔기 때문이다. 이것은 현실에 대한 포괄적인 관점을 잃어버리는 것이다."

그리고 지금은?

기쁜 소식은 인류애가 바닥에서부터 다시 끓어오르고 있다는 것이다. 그리고 그 연못에서 공통점이 없어 보이는 두 세계의 접점을 찾기 위해 삶을 바치는 과학자들이 나오고 있다. 엔드류 뉴버그의 말이다.

오랫동안 과학과 종교는 서로 불화해 왔고 사람들은 어느 한쪽을 완고하게 지지해 왔다. 우리가 원하는 것은 여러 쟁점에 대해 다른 관점을 갖는 것이다. 즉 이 둘을 분리하는 것이 아니라 실제로 통합할 수 있는 길을 찾는 것이다.

과학과 종교를 통합하는 길의 탐험에서 가장 풍부한 연구 재료를 제공하는 곳은 신경 과학 분야이다. 나는 신경 과학 분야에서 과학과 종교가 서로에게 상처를 주거나 싸우는 일 없이 접점을 찾아낼 수 있다고 생각한다.

지금까지 연구에서 우리의 목표는 종교 지향적인 사람들과 과학 지향적인 사람들 사이에 대화가 가능하도록 돕는 일이다. 여러 가지 쟁점들을 안전한 방법으로 검토해 볼 수 있다. 나는 과학을 보존하는 동시에 종교가 과학에 대해 가지는 영적인 의미를 존중하면서 이 둘을 통합할 길을 찾는 것은 가능하다고 생각한다.

프레드 알랜 울프는 덧붙인다. "이것은 과학이 영성을 끌어들이는 문제가 아니다. 과학과 영성이 놓여 있는 영역을 확대하는 것이 중요하다. 그러면 과학과 영성이 통합된 또 다른 관점에서 질문을 던질 수 있게 된다. 우리는 '내면의 공간'이라는 주제가 깊이 탐구할 가치가 있다는 것을 깨달아야 한다. 물론 '내면의 공간'을 탐구하는 방법은 '외부의 공간'을 탐험하는 것과 다를 수 있다는 점을 이해해야 한다. 하지만 물질 세계에서 양자의 본성을 이해하는 것은 내면의 공간을 이해하는 데 큰 도움이 된다."

문은 양쪽으로 모두 열린다. 과학에 의식에 대한 연구를 포함시키는 것은 입자가 가지는 양자론적 본질에 대한 이해에 큰 도움이 된다. 분명 언젠가 인간이 추구하고 있는 이 두 줄기의 큰 흐름이 합쳐질 때 완전히 새로운 문명이 탄생할 것이다. 과학은 신비한 우주를 설명해 줄 수 있는 더 큰 모델을 항상 탐구하고 있다.

이렇게 신과 물질, 영혼과 과학 사이의 접점에서 위대한 질문에 대한 답은 람타의 말로 요약할 수 있다. "우리가 존재하는 이유는 무엇인가? 우리의 삶의 목적은 무엇인가?" 이 대답은 과학을 다시 모으는 외침이 될 것이다. 즉 "미지의 것들을 앎으로 바꾸는 것이다."

잠시 생각해 보자.

- 종교적인 패러다임이 현실에 대한 당신의 인식에 어떻게 영향을 미치는가?
- 그 패러다임은 어떻게 옳고 그름에 대한 당신의 믿음을 구축하는가?
- 옳은 것은 무엇인가?
- 틀린 것은 무엇인가?
- 누가 옳고 그름에 대한 진실을 주도하고 있는 것일까? 당신인가? 교회인가? 당신의 부모인가? 당신의 남편인가? 당신의 아내인가? 아니면 과학인가?
- 당신의 패러다임이 확장하는 것을 볼 수 있는가?
- 우리가 이곳에 존재하는 이유는 무엇인가?
- 당신이 이곳에 존재하는 이유는 무엇인가?

관찰자로부터의 편지

음악 감독으로서 나는 영화의 각 장면에 수많은 음악들을 삽입하며 영화를 수백 번 다시 보곤 했다. 영화 〈What the BLEEP〉 작업을 통해 여러 장면들이 전하는 메시지를 보면서 평생 따라다녔던 물에 대한 두려움을 다시 돌아보게 되었다. 그리고 지금 나는 3종 경기 선수로 활약하고 있다.

영화에서 디스펜자 박사는 같은 생각을 계속 반복하면 뇌의 신경망 연결이 굳어진다고 설명한다. 이 반복되는 생각들이 똑같은 행동을 반복하게 만들며 우리의 생각을 바꿈으로써 신경망의 연결을 '부수고' 신경망을 새롭게 연결할 수 있다고 말한다. 이 생각의 변화와 함께 새로운 생각들이 그려내는 존재가 될 수 있다는 진실한 믿음은 행동의 변화로 이어진다는 것이다.

나는 이 이론을 직접 시험해 보기로 했다. 내게는 늘 물에 빠져 죽는 것에 대한 두려움이 있었는데, (실제 1미터도 안 되는 풀장에서도 그런 두려움을 느꼈다.) 이 두려움은 형제 중 하나가 바다에 빠져 죽었기 때문에 더 심했다. 나는 내 자신이 수영을 하고 싶어한다는 것을 잘 알고 있었다. 하지만 실제로 수영을 시작하게 된 것은 다음과 같은 과정을 거치고 나서부터이다. 우선 마음으로 내가 수영을 하고 있는 모습과 풀장에서 수영을 하는 동작을 본다. 그리고 솔직하고 자연스럽게 내 자신이 수영 선수라는 것을 믿고 난 뒤, 수영을 시작할 수 있었다. 이후 2004년 6월부터 겨울을 포함하여 컨디션이 허락하는 한, 매주 바다에서 3에서 4마일 정도를 수영하고 있다.

그렇다. 먼저 그것을 원해야한다. 하지만 더 중요한 것은 아무 노력 없이도 자신이 어떤 상황에 있는 것을 보고, 진실되게 그 상황에 있는 것을 믿으며, 이미 그 상황에 있는 것처럼 행동하는 것이다.

―팀

동조, 서로 얽히는 마음

자연은 비국소적으로 결합한, 서로 엉킨 구조인 것처럼 보인다.

−어빈 레즐로

발생기를 가동시켜 그래프를 보았을 때,
1,000분의 1의 확률로 나타나는 급격한 상승을 분명히 볼 수 있었다.

—딘 라딘 (O. J. 심슨 실험과 관련하여)

동조(entanglement)를 기억하는가? 이것은 양자론에 대해 회의적이었던 아인슈타인이 '도깨비 같은 원격 작용'이라고 불렀던 현상이다. 즉 동조하는 두 개의 입자 중 하나를 우주의 반대편에 놓아두고, 한 입자에 자극을 주면 떨어진 다른 입자 역시 순간적으로 반응하는 현상이다. 이 현상은 멀리 떨어져 있지 않다는 의미인 국소적이란 개념을 빌려 '비국소성'으로 불리기도 하는데, 동조가 일어나는 현상을 살펴보면 거리 같은 것은 마치 존재하지 않는 것처럼 보이기 때문이다. 모든 것들은 항상 서로 닿아 있다.

일찍이 어윈 쉬뢰딩거는, "동조는 양자의 속성 중 하나가 아니라, 양자 고유의 성질"이라고 말했다. 하지만 이것은 물질과 에너지 입자를 연구하는 양자 물리학의 이야기다. 다른 분야에서는 어떨까? 생물학이나 사회학, 혹은 지구 전체 시스템 속에서도 이 현상이 관찰되고 있을까? 이런 분야에서 동조 현상을 예측해 보는 것은 단지 뉴에이지 철학자들의 희망 사항일 뿐일까?

여러 면에서 이런 이론들과 실험들, 논쟁들은 '새로운 패러다임'의 출발점이 된다. 즉 죽어있고 분리된 우주와 본질적으로 살아 있고 상호 연결된 우주가 근본적으로 구분되는 지점인 것이다.

얽혀 있는 마음들

마음들이 서로 얽힌다고 생각하는 것은 (적어도 우리에게는) 그다지 과장된 표현이 아니다. 입자는 서로 얽힌다. 입자가 정보 같은 것이며 마음과 물질이 같은 것이라면 마음들이 서로 얽히지 않는다고 말할 이유는 없을 것이다. 비록 입자를 통한 실험이 마음이 서로 얽힌다는 것을 증명하는 것은 아니지만 분명 이 분야는 충분히 연구할 가치가 있다는 것을 시사하고 있다. 즉 더 일반적인, 그리고 모든 것을 포함하는 이론에 관심이 있는 사람이라면 누구든지 연구해 보고 싶은 분야인 것이다.

최소한 딘 라딘 박사는 그렇게 생각한다. 얽혀 있는 마음(Entangled Minds)*들은 세상에서 일어나는 이례적 현상들에 답을 주는 것처럼 보인다. 라덴 박사는 이런 이례적인 현상들을 실험을 통해 직접 테스트를 하기로 했다. 우선 두 사람에게 실험이 진행되는 동안 서로를 계속해서 생각하라고 지시했다. 그 결과 단순히 서로를 생각하는 것만으로도 마음들이 서로 얽히는 것으로 밝혀졌다. 이 후 두 피험자들을 서로 떨어진 장소로 분리시켜 어떠한 물리적 접촉도 일어날 수 없게 했다. 그리고 생리 반응을 측정하기 위해 몸에 전극을 설치하고 한쪽 피험자의 피부에 자극을 주고 다른 피험자의 몸의 반응을 살펴보았다. 만일 한쪽 피험자에게 자극을 주었는데

---
* 얽혀 있는 마음들은 라딘 박사가 쓴 책의 제목이기도 하다. 이 장에서 언급된 많은 실험들이 그 책에서 인용되었다.

다른 피험자의 몸에서도 반응이 일어난다면 이것은 두 사람은 같은 공간에 있지 않음에도 여전히 얽혀 있다는 라덴 박사의 말을 과학적으로 검증하게 된다. 라덴 박사는, "이런 종류의 실험은 다양한 생리학적 조건에서 이루어졌다."고 말한다.

다양한 방식의 실험 중에는 플래시 불빛을 한쪽 피험자의 눈앞에 비추고 다른 피험자의 뇌의 변화를 살펴보는 것도 포함된다. 지금까지 20년 이상 실시된 이 같은 실험에서, "빛을 비추면 피험자의 뇌에서는 아주 특정적인 반응이 발생한다. 한편, 암실에서 아무것도 하지 않고 앉아 있던 다른 피험자의 뇌 역시 함께 반응하는데, 직접적으로 감각적 자극을 받지 않았기 때문에 직접 자극을 받은 피험자와 똑같은 뇌의 반응을 보이지는 않는다. 하지만 암실에 앉아 있던 다른 피험자의 뇌의 움직임의 변화는 피험자에게 직접 빛을 비췄을 때와 거의 같은 시간에 일어났다. 얽혀 있는 마음이라는 모델에서 보면 그들은 항상 연결되어 있는 것이다. 한 사람을 찌르면 다른 사람이 몸을 움츠린다. 이것은 마법 같은 어떤 것이 전달되었기 때문이 아니라 한쪽을 찌르는 것이 다른 쪽을 찌르는 것과 같은 것이기 때문이다. 그래서 두 사람이 동시에 반응하는 것이다."

라딘 박사는 이 불가사의한 현상의 발생을 확률을 이용해 설명한다. "얽힌 마음과 관련된 연구에서 이런 종류의 연결이 일어날 확률은 천 분의 일 정도이다. 이것은 메타 분석(각각 독립적으로 시행된 연구에서 나온 데이터를 모아 다시 분석하는 방식. 역주)에 근거한 수치이다. 누군가가 지켜보고 있는 것 같은 느낌까지 포함한다면 이런 현상이 우연히 일어날 수 있는 확률은 1조 분의 1이하까지 떨어진다." 이것은 지난 수십 년 동안 실시되었던 실험을 라딘 박사가 메타 분석을 통해 통계적으로 낸 수치이다.

초감각적 지각(ESP)은 단지 이상한 현상일 뿐일까? 라딘 박사는 다양한 ESP 현상을 동조가 각각 다르게 적용된 것으로 바라봄으로써 통일된 이론으로 표현할 수 있다고 말한다. "경험이 동조되어 있다면 그것들이 어떻게 표현되고 있는 것일까? 다른 사람의 마음과 연결이 되는 경우 텔레파시라고 부른다. 만일 다른 어떤 곳에 있는 물건과 연결되는 경우 투시라고 부른다. 시간을 넘어서는 일과 관련된 경우 예지라고 할 수 있다. 나의 의지가 다른 곳에서 표현된다면 그것은 염력이나 원격 치유라고 부를 수 있을 것이다. 텔레파시처럼 여러 가지 심령 현상에 이름을 붙인다면 열두 가지 정도의 목록을 만들 수 있겠지만 실제로 이것들은 빙산의 일각에 불과하다."

빙산은 얼마나 깊을까? 두 사람 사이에서 비물질적인 동조 같은 것이 일어난다면 이런 접촉이 일어나는 정신적인 공간이나 장(場) 같은 것이 존재한다는 것을 의미한다. 즉 수백, 수천, 수백만의 마음이 얽히는 집합체나 결과물이 존재해야만 한다. 이것이 사실인지 아닌지를 밝혀 내기 위해 라딘 박사와 동료들은 지구 의식 프로젝트(Global Consciousness Project)를 시작했다. O. J. 심슨의 판결 결과와 무작위 사건 발생기의 결과에 영감을 받아 그들은 전 세계적인 네트워크를 구축했고 각 생성기의 판독 결과는 프린스턴에 있는 서버로 계속 전송된다.

라딘 박사는 말한다. "우리는 두 가지 종류의 데이터를 가지고 있다. 즉 Y2K처럼 계획된 사건 결과와 9·11 테러처럼 계획되지 않은 돌발 사건의 결과이다. 많은 사람들의 마음이 갑자기 어떤 것에 집중할 때, 전 세계의 무작위성을 물리적으로 측정함으로써 어떤 변화가 일어나고 있는지를 살펴볼 수 있다. 결론을 간단히 말하면, 계획된 사건, 혹은 계획되지 않은 사건들이 일어나는 경우 모두 이론적으로 무작위성이 예측되는 곳에서 무작위성은 나타나지 않는다. 많은 사람들의 관심을 끄는 큰 범위의 사건들은 정신적으로 어떤 응집력을 만들어 내고 그것이 전 세계의 무작위 사건 발생기에 영향을 미치는 것처럼 보인다."

이것은 놀랄 만한 이야기이다. 라딘 박사가 위에서 언급한 이론의 뿌리는 양자론-양자적 사건의 무작위성-이다. 하지만 수백만의 의식이 일제히 집중하면 무작위성은 변화한다. 입자가 가지고 있는 양자의 본질을 발견함으로써 뉴턴의 가정에 구멍이 난 것처럼 이 '귀찮은 사실' 역시 수세기 동안 규정되어 왔던 마음과 물질의 벽에도 똑같은 구멍을 내고 있는 것이 틀림없다. 그 속에 포함된 의미는 놀랄 정도로 엄청난 것이다!

얽힘과 복잡계 이론

마음이나 의식처럼 비물질적인 것이 물질적인 것들에게 실질적 영향을 준다는 개념은 심리학, 사회학, 생물학, 경제학, 초심리학, 의학, 정치학, 생태학, 시스템 이론, 윤리학, 도덕학, 신학 등 모든 분야에서 혁명을 가져온다. (마음은 물질처럼 실질적인 것이 되고) 동일한 생각을 하는 응집된 마음은 실질적인 무엇으로 나타난다. 이것은 양자론의 '법칙'이 예측한 것들에도 중대한 변화를 가져오기에 충분하다.

여기서 잠깐 복잡계 이론(Complex System Theory)을 살펴보자. 이 이론은 과학계에서 상대적으로 새로운 분야로, 복잡한 시스템은 더 작고, 덜 복잡한 시스템으로부터 구성되어 있다는 것이다. 복잡계 이론 '반응 고리(feedback loops)'라는 개념에 근거하는데, 다른 말로 하면 작은 구조는 큰 구조에 영향을 주고 역으로 큰 구조 역시 작은 구조에 영향을 준다는 뜻이다.

사티노버 박사는 이 이론을 응용해 양자 뇌 이론을 구축했다. 이 이론에 따르면 가장 낮은 단계에서 생긴 양자 효과는 계층 구조를 타고 올라가지만, 최초에 불확정의 상태가 반복적으로 반응하여 평균화되지 않고, 다양한 규모로 증폭되어 대규모의 불확정성이 만들어진다. 사티노버 박사는 이 모델, 즉 양자적 불확정성이 각 개인의 뇌에서 집단, 사회, 나아가서는 지구 전체로 확대된다고 주장한다.

복잡계 이론에는 자체 조직화 구조라는 개념이 존재하는데, 이것은 종종 시스템의 복잡한 구조가 자율적으로 형성되어 더 복잡한 구조로 진화한다는 의미인 창발적(創發的) 특징이라고 불리기도 한다. (유물론자들은 이 개념을 이용하여 복잡한 신경망에서 나타나는 의식을 설명한다.)

현재 주류 복잡계 이론에는 얽혀 있는 마음의 측면은 포함되지 않고 있다. 하지만 두 개념은 흥미로울 정도로 닮아 있다. 복잡계 이론과 동조 이론 모두 사물이 확장하여 부분들의 합보다 더 나은 어떤 것을 만들어 내는 문제를 다룬다. 가장 큰 차이점은 동조 이론은 영혼이나 마음이라는 요소가 실질적인 처리 과정에 포함되며 전체에도 영향을 주는 것으로 본다는 점이다.

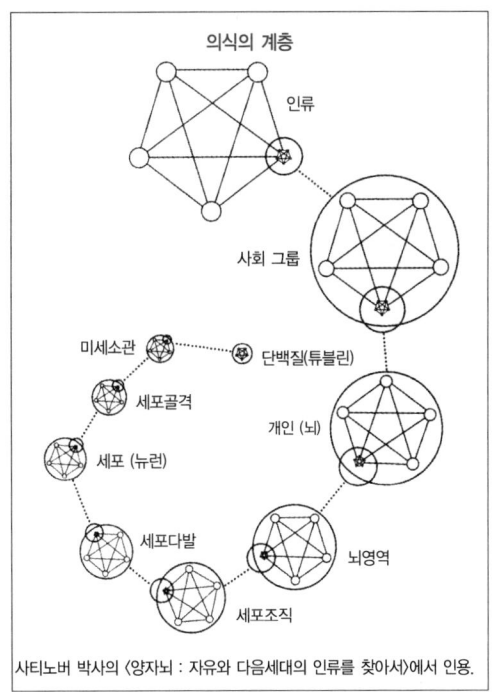

사티노버 박사의 〈양자뇌 : 자유와 다음세대의 인류를 찾아서〉에서 인용.

이제 앞에서 말했던 다양한 분야에서 동조 이론이 어떤 영향을 주고 있는지를 살펴보는 가벼운 산책을 할 시간이다. 여기서는 마음의 얽힘 작용이 현실의 기본적인 특징이라고 지적하는 라딘 박사의 실험 결과가 올바르다는 전제로 논의를 진행시켜 나갈 예정이다. 얽혀 있는 마음과 복잡계 이론을 결합하여 학문에 응용하는 것은 이 시대의 흥미로운 최첨단 분야임이 틀림없다. 우리는 이것이 당신의 흥미를 자극하여 더 깊이 파고들 수 있기를 기대한다.

나는 계속 간디의 말이 떠오른다. "세상에 변화가 생기길 바란다면 스스로 그 변화가 되라." 많은 사람들에게 이 말은 이해하기 어려운 개념이다. 어쨌든 나를 변화시키는 것이 나머지 현실에 영향을 준다는 말은 신선하게 들리는 것 같기도 하다. 하지만 라딘, 쉘드레이크, 헤글린, 라슬로가 일하는 것을 본다면 간디의 말이 명확하게 와 닿을 것이다. 변화를 원한다면 변화가 되어야 하는 이유는 무엇일까? 그것은 우리가 모든 사람과 얽혀 있기 때문이다. 모든 생각들이 중요하며 우리의 존재는 다른 사람에게 큰 영향을 주고 있다. 만일 정말 이렇게 간단하다면 어떻게 될까?
– 마크

심리학

현대 심리학의 창시자 중 한 사람인 칼 융은 '집단 무의식'을 제기했다. 어떤 개념이나 원형('고향', '아이', '신', '영웅', '성인')들은 이 집단 무의식에서 솟아나 결국 의식적인 행동으로 이어진다는 것이다. 융은 이런 원형들이 사람들 사이에서 공통적으로 발견되며, 비슷한 개념들과 꿈들, 그리고 그 밖에 다른 현상들이 나타나는 것에 주목했다. 이 개념에 근거하여 많은 치료 기법들이 개발되었고, 그 기법들은 수십 년 동안 융 학파의 치유가들에게 성공적으로 응용되었다.

모든 것들이 얽혀 있다는 개념에서 보면 이렇게 융의 이론 구조는 현실에서 아주 실질적인 근거를 갖는다. 그의 발견이 뒷받침되는 데는 거의 100년에 가까운 시간이 걸렸는데, 이것은 물리학자들이 추론한 쿼크의 존재가 실제로는 수십 년 후에 발견된 것과 다르지 않다. 당신은 다른 사람들의 생각과 느낌, 경험에 영향을 받는다. 칼을 들고 전쟁터로 나가고 싶어하는 사람들이 있는 방에 들어가는 행위는 당신에게 영향을 주며, 동시에 그 방을 들어가는 당신 역시 그들에게 영향을 준다.

사회학

'사회 의식'이란 단순히 군중의 행동 경향을 뜻하는 말이 아니다. 그 집단적인 성향은 그 자체로 당신이 들고 있는 책만큼 실질적이다. 어떤 주제와 관련해서 응집된 다수의 마음들이 이러한 사회적 협의를 창조한다. 앞 장에서 잠시 이야기했던 패러다임의 '끓어오름'은 응집된 마음들이 모인 결과를 다르게 표현한 것이다.

헤글린 박사는 수년 동안 이런 결과들을 찾아 연구하고 있다. 그는 작은 집단이 집중한 결과가 전체적인 사회에 주는 영향에 관한 다양한 통계학적 결과를 제시한다. "한 개인의 깨달음은 우리가 생각하는 것보다 훨씬 강력하게 주변 사회를 변화시킨다. 영화에서 짧게 언급했던 평화에 대한 연구가 바로 그것이다. 이후 개인들의 강력하고 집단적인 명상이 마음과 물질의 근원인 통일장을 자극함으로써 실제 세계의 평화와 통일의 파장을 창조해 내는지에 대한 많은 연구들이 이어졌다."

우리는 이 에너지를 우리가 미처 꿈꾸지 못했던 현실이라는 형태로 만들어 내는 위대한 마음에 머리를 숙여야 한다. 그것은 우리에게 혼돈으로 인식될 뿐이지만 그 질서는 명확하다. 그 마음은 우리의 위에 있으며 더 깊다.
- 람타

생물학

DNA의 발견으로 생명이 어떻게 탄생되고 유지되는지를 이해하려는 꿈이 마침내 눈앞에 실현된 것처럼 보였다. DNA는 생명의 컴퓨터 부호처럼 여겨졌고, 일단 해독되면 생명이 어떻게 움직이는지를 정확하게 보여 줄 것으로 기대되었다. 하지만 과학자들은 수정된 세포에서 몸이 만들어지는 과정을 설명하기에는 DNA에 존재하는 정보가 충분하지 않다는 것을 알게 되었다.

루퍼트 쉘드레이크는 생물학적 시스템에서 일어나는 이례적인 상황들에 대한 연구를 시작한 생물학자이다. 그의 형태적 인과율(Formative causation) 이론에 따르면, "생물의 모양과 자기 조직 시스템은 형태장(形態場, Morphic Field 중력장이나 전자기장처럼 모든 사물(事物, work and matter)이 그 고유한 형태(形態, shape)와 행태(行態, befavior)를 갖도록 형성(形成, formation)시키는 공간상의 에너지 장(氣場, energy field)을 뜻한다. 역주)으로부터 만들어진다. 형태장은 원자와 분자, 결정체, 세포 기관, 세포, 조직, 기관, 유기체, 사회, 생태계, 행성계, 태양계, 은하계를 만들어 낸다. 달리 말하면 형태장은 복잡한 모든 차원에서 시스템을 조직한다. 형태장은 우리가 자연에서 관찰하는 전체성의 기반이 되며 그 전체성은 모든 부분들의 합보다 크다."

쉘드레이크는 어떻게 애완동물이 주인이 집에 오는지를 미리 아는지, 또 사람들이 공통적으로 가지고 있는 누군가 나를 지켜보고 있는 느낌 같은 것들을 연구해 왔다. 그의 이론은 너무나 방대해서 여기서 자세히 토론하기에는 무리가 있지만, 아래에 나오는 그의 말을 통해 '얽혀 있는 모든 것들' 이론으로 접근해 보자.

말년의 데이비드 봄과의 토론에서 형태 공명이나 형태적 인과율로 표현했던 현상이 물리학에서 비국소성이란 말로 설명될 수 있다는 것이 분명해졌다. 그리고 양자 물리학에서 다루는 비국소성에 대해 더 깊은 토론을 해 나가면서 양자의 비국소성과 형태장을 통합할 수 있는 새로운 이론이 가능하다는 생각을 하게 되었다.

물론 아원자 입자를 다루는 양자 물리학이 살아 있는 유기체들의 형태장을 직접 추론하여 설명할 수 있다고 생각하지는 않는다. 현존하는 양자 물리학도 복잡한 분자나 결정체를 설명하는 데 어려움을 겪고 있다. 그 이유는 계산 방식이 너무나 어렵고 복잡하기 때문이다. 그럼에도 양자의 비국소성과 내가 이야기하는 것들에는 어떤 공통의 근원이나 기원이 있는 것처럼 보인다.

쉘드레이크는 형태장이 특정 성질이 복잡한 시스템 속에서 실제 나타나는지를 결정하는 데 중요한 요소가 되며, 형태장은 비물질적인 (하지만 실질적인 것이라고 할 수 있는) 무엇을 근원으로 하는 응집된 장이라고 말한다.

이 형태장은 양자의 무작위적인 특성이 각인됨으로써 더 높은 질서로 변화해가는 청사진이나 원형으로 생각할 수 있다. 즉 수많은 가능성들 중에 어떤 특징이 물질 세계로 나타나게 만드는 보이지 않는 손 같은 것이다.

두 사람이 이야기할 때 그들은 다른 두 개의 차원에서 의사 소통을 하고 있다. 대화는 고전적인 차원에서 일어날 수도 있지만, 두 사람은 양자의 동조나 양자의 응집에 의해 비국소적인 상호 작용을 하고 있을 수도 있다. 정치 활동을 하는 과학자들은 지금 이 분야에 점점 흥미를 갖고 두 사람이나 사회들, 국가들 사이에서 양자의 상호 작용이 서로 어떻게 얽히며, 또 그것이 정치에 어떤 영향을 주는지를 주의 깊게 바라보고 있다.

– 스튜어트 해머오프 박사

정치

존 헤글린은 사회적인 반향을 더 깊이 연구했다. "우리는 미국 평화 정부(U.S. Peace Government)를 설립했다. 위기 관리에 중점을 두고 있는 현재 정부와 경쟁하기 위해서가 아니다. 이 평화 정부는 집단의식을 일으키는 교육을 통해 문제를 예방하고, 인간의 행동을 자연 법칙과 좀 더 조화롭게 향상시키며, 농업, 에너지, 교육, 범죄 예방의 분야에서 지속적인 해결책들을 촉진하기 위한 정부다."

이 평화 정부는 현재의 정부와 반대 기능을 하는 것이 아니라 헤글린 박사가 '우회 작전'이라고 부르는 일을 한다. 헤글린 박사는 형태장들에 관한 지식과 전체적으로 집중된 마음의 힘을 응용하고, 깨달음에 근거한 교육 시스템을 제공함으로써 세계의 통치 방식이 획기적으로 도약할 것이라고 예측하고 있다. 얽혀 있는 마음에 대한 가설이 올바르다면, 그 이론을 이해하는 사람들은 그것을 다양한 형태로 응용하게 될 것이다.

> 모든 것과 항상 연결되거나 얽혀 있다면 그것을 어떻게 알 수 있을까? 귀를 기울여야 할 어떤 것이 존재하는 것일까? 그리고 그것이 내가 원하거나 필요로 하는 쪽으로 나를 안내할 것인가? 나는 그 신호가 미묘할 정도로 작다는 것을 알기 시작했다. 많은 경우 그것들을 알아채지 못하지만 그 신호들은 실제로 큰 단서들이 된다. 이것은 매일의 삶에서 그것들을 볼 수 있을 만큼 충분히 관찰력을 기르는 문제와 관련된다. 관찰은 내가 연결되어 있다는 것을 아는 하나의 방법이다. 오늘 딸이 갑자기 내 친구의 사진을 잡고 재잘대기 시작했다. 잠시 뒤 전화벨이 울렸고, 전화 속의 목소리는 딸이 잡았던 사진 속의 친구였다.
>
> — 벳시

생태학

물리적 현상을 홀로그램적으로 접근해서 바라본 최초의 이론 중에 하나가 가이아 이론이다. 60년대 초반 제임스 러브락은 미 항공 우주국에서 화성의 생명체 탐사에 관한 연구를 하고 있었다. 결과적으로 그는 지구를 구성하는 생명체들을 살펴보기 시작했고, 지구라는 환경에서 모든 것들은 상호 관계를 맺고 있으며, 무기체와 유기체적 요인들에 통제되고 있다는 것을 깨닫기 시작했다. 러브락 박사는 다음과 같이 기억한다.

개인적으로 가이아 이론의 발견은 깨달음의 섬광처럼 갑작스럽게 다가왔다. 나는 동료인 디안 히치콕과 준비 중인 논문에 대해 이야기를 나누고 있었다. 가이아를 알아챈 것은 바로 그 순간이었다. 경이로운 생각이 나에게 다가왔다. 지구의 대기는 특별하고도 불안정한 가스들이 구성되어 있지만 나는 이런 가스의 구성비가 아주 오랜 시간 동안 변하지 않았다는 것을 알았다. 지구라는 생명체가 대기를 만들 뿐 아니라 그것을 통제하고 있는 것일까? 변함없는 구성비를 유지시켜 유기체들에게 가장 안정된 대기의 조합을 계속 만들어 내고 있는 것일까?

이 주제에 대한 논쟁은 꽤 오랫동안 격렬하게 계속되고 있는 것 같다. 얽힌 마음 이론은 이런 논쟁에 막을 내린다. 얽힌 마음 이론은 생명의 힘을 생존 가능한 생명 그 자체에 크고 작은 마음들이 모인 형태장이라고 주장한다. 즉 생명은 단순한 돌연변이로 나타난 것이 아니라 영원히 진화하는 비물질적 근원에서 나온다. 의식이 현실을 창조한다.

연결성 가설

이 새로운 모델이 포함하는 영역은 거의 무한하다. 비록 두서없는 추론으로 간단히 살펴보았지만, 현재 존재하는 개념들을 넘어 변화할 수 있는 영역은 과거의 어떤 과학적 발견도 훌쩍 뛰어넘는다. 이것은 패러다임의 전환이 아니라 패러다임의 붕괴 같은 것이다. 패러다임을 불사조에 비유하자면, 패러다임이 재로 사라진 뒤 새롭게 솟아나는 것이다.

과학계는 이 분야를 미지의 영역으로 남겨 두지 않았다. 생물학이나 물리학, 사회학처럼 관심사가 일치하지 않는 분야에서 처음으로 과학의 발전을 위한 의견들이 교환되기 시작했다. 모든 것을 설명해 주는 하나의 통일된 이론을 발견하는 것은 과학자들의 꿈이다. 어빈 레즐로는 말한다. "과학자들이 관찰된 사실들을 함께 묶어 줄 가장 단순하며 가능성 있는 체계를 찾고 있다고 말한 아인슈타인의 선언은 연결성 가설에 영감을 줄 뿐 아니라 동경의 대상이 되는 말이다."

라즐로 박사는 시스템 철학과 일반 진화 이론의 창시자로 널리 알려져 있다. 그의 연결성 가설은 우리가 다룬 많은 발견들을 통합하여 간결하게 정리한 이론이며, 그 발견들을 이론적으로 정리한 것이 《양자, 우주, 생명, 그리고 의식의 통합 과학 체계(Foundations of an Integral Science of Quantum, Cosmos, Life and Consciousness)》라는 책이다.

이 책에서 라즐로 박사는 의학, 생물학, 초심리학, 물리학 등에서 일어나는 변칙적인 현상들에 대해 토론하면서 그의 가설의 실용성을 시험하는 수학적 공식을 소개한다. 그의 이론에서 기초가 되는 것은 정보의 역할이다. 그의 말에 따르면 정보는 형태를 부여하는 것(in-formation)이다.

자연 속에 형태를 부여하는 것이 존재한다는 것은 연결성 가설의 기본 원리이다. 이 가설은 형태를 부여하는 존재는 우주에 있는 물질적이며 능동적인 요소로 다음 세 가지 법칙에 따른다.

1. 전기를 띤 입자들로 구성된 입자와 시스템은 물리적으로 활발한 정보를 생성한다.
2. 그 정보는 보존된다.

3. 생성되고 보존된 정보는 전기를 띤 입자와 시스템에 피드백(혹은 정보)을 보낸다.

연결성 가설은 홀로그램의 형태에서 일어나는 활발한 정보의 피드백이 입자와 시스템에 어떻게 통일성을 창조하는지를 보여 준다. 입자들의 시스템은 전자가 될 수도 있고, 광자나 분자, 혹은 세포, 인간, 문명이 될 수도 있다. 이런 형태를 만드는 정보들은 입자들만큼이나 물질적인 실체를 지닌다. 라즐로 박사는 집단 무의식, 형태장, 동조(입자의 동조와 마음의 동조)와 같은 다양한 개념에 과학적인 공식을 적용했다.

그는 연결성 가설이 향하고 있는 것은 우주적 차원에서 '우리의 존재 이유'라는 질문이며 또 그 질문에 대한 답이라는 도발적인 말로 책의 결론을 맺는다. "우주의 순환적인 진화를 통한 메타 우주(우리의 우주가 태어나기 전부터 존재하고 있던 원 우주. 역주)의 진화는 태초부터 우주에 충만하게 입력되었던 발전의 잠재성을 끝까지 깨닫고, 시공간에 존재하는 모든 것들이 완벽하게 조화하는 쪽으로 향해간다. 이것은 신의 창조성을 완벽하게 성취하는 것이며, 신의 마음속에 존재하는 궁극적인 조화의 의미이기도 하다.

궁극의 조화

우리가 마음속에서 이루려고 하는 궁극의 조화는 무엇일까? 인간이 무의식적으로 얻으려고 애쓰는 것일까? 천 명의 목소리가 만들어 내는 노래에 끌리는 이유가 우리가 마음속에서 궁극의 조화를 추구하고 있기 때문일까? 그래서 사랑하는 사람과 함께 본 무지개가 혼자서 볼 때보다 훨씬 아름다운 것일까?

지구 위의 인류들이 더 큰 선(善)을 위해 힘을 모았던 시기가 있었다. 이 때의 선의는 압도적인 힘을 지닌다. 에모토 박사는 아폴로 13호의 위기 (1970년 4월 우주 비행 도중 산소 탱크 폭발로 맞은 절망적 위기를 극복하고 기적적으로 귀환한 일. 역주) 때 일어났던 일을 다음과 같이 말한다. "그때는 막 텔레비전이 보급되던 시기였기 때문에 나를 포함한 많은 사람들이 세 명의 비행사가 무사히 귀환하기를 기도했다. 이슬람교나 기독교, 불교나 유태교를 믿는 사람도 마찬가지였다. 종교나 인종, 민족은 문제가 되지 않았다. 그래서 그런 기적이 일어났다고 믿는다."

2004년 크리스마스에 닥친 쓰나미의 재앙 때도 비슷한 집단 의식이 일어났다. 에모토 박사는 말한다.

전 세계적으로 20만 명 이상 사망한 파괴의 현장을 보았을 때, 사람들은 이런 일이 자신에게도 쉽게 일어날 수 있다는 것을 깨닫고 이 사건을 좀 더 개인적인 관점에서 돌아보게 되었다. 10년 동안의 연구를 통해 나는 기도와 생각이 공간을 초월하여 현실에 영향을 줄 수 있다는 메시지를 전 세계 사람들에게 알리고 있다. 이미 많은 사람들이 이 개념을 받아들이고 있기 때문에 사람들은 이렇게 생각했을 것이다. '그렇구나. 우리가 노력하면 우리의 에너지가 그곳에 닿을 수 있을 거야. 우리 함께 기도하자.' 이것이 쓰나미란 재앙 이후에도 전염병이 그다지 발생하지 않은 이유이다. 이런 일이 반복된다면 사람들은 기도의 힘을 다시 믿게 될지도 모른다.

많은 사상자를 내는 천재지변이나 혹은 인간이 만든 더 많은 재앙이 있을 수 있다. 하지만 이런 경험을 통해 더 많은 사람들이 이 문제들을 그들 자신의 것으로 인식하고 그들도 함께 책임을 져야 한다는 것을 깨닫게 될

지도 모른다.

인류가 전 세계적으로 인류를 돕는 행위를 할 때 그 느낌이나 결과는 글자 그대로 세상의 것이 아니다. 어쩌면 '나를 위한' 세상이나 '나의 것이 더 좋다는 것'을 넘어 지구의 차원인 가이아의 조화로 채워진 더 행복한 세상으로 이르렀다고 말할 수 있다. 우리는 조화가 어떤 작용을 한다는 것을 알고 있다. 응집된 마음은 분명 어떤 방법으로 무작위인 양자적 사건들을 움직이고 있다.

응집된 의도는 더 많은 일을 할 수 있다. 라즐로 박사의 표현을 빌리자면 '신의 창조성을 완벽하게 성취하는' 것이다.

> 우리는 모두 연결되어 있고 얽혀 있다. 그것을 양자적 동조라고 부른다면, 그것도 좋다. 하지만 우리는 연결되어 있다. 우리들 사이에 실질적인 분리는 존재하지 않는다. 그래서 우리가 다른 사람에게 하는 행동은 우리 자신의 어떤 측면에 하는 것이 된다. 물론 외부에는 우리가 좋아하지 않는 어떤 것이 존재한다. 하지만 실질적으로 그것을 외면하는 것은 불가능하다. 왜냐하면 어떤 식으로든 우리가 그것을 함께 창조했기 때문이다. 최선의 미래를 위해 우리는 올바른 일을 해야 한다. 그것이 공동 창조자로서 우리의 책임이다. 우리가 정치인이든, 신학자이든, 과학자이든, 혹은 의사이든 우리는 모두 삶에 기여할 수 있고 우리의 능력을 최대한 끌어올릴 수 있으며, 우리가 가장 좋다고 생각하는 행동을 할 수 있다. 정말 일어나는 일들에 대해 곰곰이 생각해 볼 필요가 있다. 그리고 반성과 행동을 통해 다른 사람들이 모두 형제라는 것을 깨닫게 될 것이다. 이것은 가족 문제인 것이다. 정말 그렇다.
>
> – 윌리엄 틸러 박사

잠시 생각해 보자.

- 얽힌 마음이나 연결성 가설이 다음과 같은 연구 분야를 어떻게 변화시킬까?
- 경제학
- 초심리학
- 의학
- 정치학
- 윤리학
- 신학
- 교육학
- 그렇게 된다면 세상은 어떤 모습일까?

최후의 중첩

나는 지금 최종 결론을 내렸던 유명한 사람들의 목록을 만들고 있다.
그리고 그중 틀리지 않았다고 증명된 사람은 단 한 사람도 없다.

−제프리 사티노버

> 여러 가지 가능성이 중첩되어 있고
> 잠시 후 그것은 이것 혹은 저것으로 결정될 것이다.
> 당신 역시 이것을 할지 저것을 할지 스스로 선택한다.
>
> —스튜어트 해머오프

사티노버 박사의 목록에 오르지 않기 위해서, 당신이 인생을 어떻게 살아야 하는지, 당신이 해야 하고 포기해야 할 일은 무엇인지, 당신에게 필요 없는 것과 당신이 창조해야 할 일이 무엇인지에 대해 최종적인 결론은 내리지 않을 것이다. 우리가 최종 결론을 내리는 것은 마치 여기 앉아 컴퓨터 화면에 글자를 입력하면 당신의 삶을 변화시킬 수 있고, 우리가 우주의 여행을 즐겁게 해주는 가장 중요한 일과 장소, 사건을 알고 있다고 주장하는 것과 마찬가지다. 사람들은 종종 비밀 공식이 있다고 생각하는 것 같다. 그리고 그 공식을 듣기만 하면 만사가 잘 풀려 나갈 것이라고 생각한다. 도널드 트럼프와 단둘이 5분의 시간을 보낼 수 있다면 사업이 도약할 것이라고 생각한다.

우리가 이 책에서 많은 개념들과 실험들, 방법론, 그리고 세상을 바라보는 방식에 대해 설명한 이유는 무엇일까? 이것들을 도구들이라고 생각하기 바란다. 우리는 꽤 무거운 장비를 착용했다.

이론 물리학과 양자 물리학의 모든 개념들은 모두 엄청나며 놀랄 만한 것들이다.
하지만 하루가 끝날 때 스스로 물어보라.
그것들이 마음을 바꾸는 더 좋은 길을 우리에게 알려 주었는가?
-J. Z. 나이트

지금까지 우리가 살펴보았던 많은 개념들이 수천 년 동안 지구상의 가장 명석한 지성들과 영혼들이 논의하고 토론하며 논쟁을 일으켰던 것들이다. 우리는 마음의 영역에서(결국 마음도 실질적인 것이다) 정말 놀라운 사람들과 함께 했다. 어쩌면 당신은 이런 천재들도 할 수 없었던 것들을 어떻게 우리가 해명할 수 있느냐고 물을지도 모른다. 아마 명석한 지성들 역시 같은 생각을 했을 것이다. 하지만 어쨌든 그들은 미지의 영역으로 들어갔다. 결국, "현실이란 무엇인가? 나는 누구인가? 내가 현실을 창조하는가? 물질은 무엇인가? 어떻게 깨달음에 이를 수 있는가? 내가 빠져 있는 패러다임은 무엇인가?"와 같은 질문들에 대한 대답은 극히 개인적인 것이다. 우리는 이 질문들에 대해 스스로 대답해야만 한다.

좋다. 하지만 마음속에서는 또 다른 질문이 바로 나타난다. 당신이 출근하기 싫을 때 이렇게 '고상한' 개념이 무슨 소용이 있을까? 당신이 자신의 현실에 '갇혀' 있을 때 현실이 무엇인가라는 질문을 던질 필요가 있는 것일까? 딘 라딘은 철학과 추상적인 사고에 관심을 갖는 이유를 다음과 같이 말한다.

왜냐하면 그 질문들을 통해 당신이 누구이며 무엇이냐는 가정의 본질에 닿을 수 있기 때문이다. 우리가 어떤 세상에 살고 있다고 생각한다면,

우리는 어떤 식으로 행동할 것이다. 즉 인간을 일종의 기계로 생각하는 세상에 살고 있다면, 우리는 로봇처럼 걸어 다닐 것이다. 하지만 이 세상을 서로 연결되어 있는, 하나의 살아 있는 존재로 본다면 도덕과 윤리에 대한 질문들과 삶을 살아가는 방식, 삶과 죽음에 대한 우리의 생각은 아주 다른 것이 될 것이다.

과학은 우리의 삶에 대한 이야기를 만들어 낸다. 지난 400년 동안 과학이 말했던 이야기는 아주 쓸쓸하다. 즉 우리는 일종의 유전적 실수이며, 유전자의 지배를 받으며 다음 세대로 이어지는, 유전자에 의해 무작위로 변화하는 존재라는 것이다. 또 우리는 우주의 외부에 외롭게 떨어져 있는 존재이며, 이 외로운 지구 위에서 실수로 나타난 존재이다. 과학은 세상에 대한 관점을 제공하지만 동시에 우리 자신에 대한 관점도 형성한다. 지금 우리는 이러한 분리의 관점이 아주 해로운 관점 중의 하나라는 것을 깨닫고 있다. 이 분리의 관점은 세상의 모든 문제를 만들어 낸다. 이 관점으로부터 전쟁들과 내가 상대보다 더 많이 가져야 한다는 태도들, 경제에서 교육에 이르기까지 만연한 공격성이 만들어지고 있다. 우리는 서서히 이러한 패러다임이 틀렸으며, 우리가 분리된 존재가 아니라는 것을 깨닫고 있다. 우리는 하나이다. 존재의 가장 깊은 곳에서 우리는 하나이다. 우리는 연결되어 있다. 그래서 우리는 그 속에 깊은 의미를 이해하고 받아들이려고 노력하는 것이다.

– 린 멕타카트

왜 과학에 관심을 갖는가?

가장 우선적인 이유 중 하나는 과학의 근거, 즉 과학적 방식 때문이다. 우리가 인식하는 것이 이미 알고 있는 지식과 믿음들에 근거한다면, 현실에 대한 정확한 그림을 보는 것은 어려워 보인다. 과학적 방식은 현실에 대한 혁명적인 접근 방식이다. 과학은 가능한 관찰자의 편견을 제거함으로써 현실에 대한 더 진실된 모습을 볼 수 있게 한다. 과학의 중요성은 중세 시대를 생각해 보면 알 수 있다. 그 당시에는 지구는 평평하며 지구 끝으로 가면 떨어진다는 개념이 있었다. 이것은 결코 탐험의 시대를 이끄는 개념이 아니었고, 그래서 사람들은 주로 농장과 마을에 머무를 수밖에 없었다.

달리 말하면 현실에 대한 우리의 이해는 우리의 선택권을 제한하고 있다. 과학과 과학적 방식이 위대한 이유는 이렇게 말할 수 있다는 것이다. "내가 진실이라고 생각했던 것은 단지 근사치일 뿐이었다. 이제 나는 더 나은 근사치에 도달했다." 과거에 진실이라고 믿었던 것들에 대해 생각해 보라.

물론 과학이 삶에 접근하는 유일한 길은 아니다. 예술과 미, 영감과 계시도 존재한다. 그럼에도 틀리고 실패할지도 모른다는 두려움 때문에 어떤 일을 시도하지 못했던 때를 생각해 보라. 과학에서 잘못된 실험이라는 것은 존재하지 않는다. 모든 실험은 성공적이었다. 왜냐하면 그 실험을 통해 현실이 그런 식으로 움직이지 않는다는 것을 알게 되었기 때문이다. 과학이 중요한 이유는 무엇일까? 존 헤글린의 답을 들어 보자.

내가 이야기한 모든 것들이 실험실에서 분석할 수 있는 예측 가능한 결과들이며, 물리학적으로 확고한 이론적 기초를 가지고 있다는 것을 강조하고 싶다. 하지만 더 중요한 것은 그것들이 사회의 이익에 적용될 수 있다는 점이다. 결국 중요한 것은 통일장의 발견이 될 것이다. 초끈 이론(우주를 구성하는 최소 단위를 끊임없이 진동하는 끈으로 보고 우주와 자연의 궁극적인 원리를 밝히려는 이론으로 상대성 이론의 거시적 연속성과 양자 역학의 미시적 불연속성 사이에 존재하는 모순을 해결할 수 있을 것으로 기대되는 이론 후보 중 하나. 역주)역시 아름답지만 통일장의 발견을 통해 머지않아 정치적으로 임의로 그어져 인류와 인류를 갈라놓고 있는 경계선의 세계에서 벗어나 문명은 도약하게 될 것이다.

분열된 세계는 우주에 대한 분열된 이해를 반영한다. 이제 다양한 삶의 근원에 존재하는 통일성에 대한 근본적인 이해를 통해 곧 무지개에 색깔이 입혀질 것이다. 정치적으로 분리된 세계는 평화로운 지구라는 국가가 될 것이다. 그리고 그것이 우리가 지금 세대에 이루고자 하는 것이다.

단순하게 보면 과학은 우리에게 가능한 것을 말해 준다. 사람들은 불가능하다고 믿는 것들로 모험을 하려 하지 않는다. 하지만 무엇이 불가능한 것일까? 양자 물리학은 바로 당신의 몸과 당신이 앉아 있는 의자가 분명한 이유 없이 우주 반대편에 존재할 수 있다고 말한다. 물론 그 일이 일어날 확률은 무한히 작지만 제로는 아니다.

캔디스 퍼트의 말을 들어 보자. "몸은 항상 스스로를 치유하려고 한다. 병이 자연스럽게 경감되거나 회복된 자료들이 존재하고 있고, 암과 같은 병은 특히 그렇다. 흥미로운 점은 이런 치유 현상들이 종종 감정의 해방과 함께 일어난다는 것이다." 어떤 사람은 그런 글을 읽고 무엇인가를 놓아

버리고, 치유된다.

기적을 어떻게 정의할 수 있을까? 기적은 관례를 벗어나서 일어나는 일, 사회적으로, 과학적으로, 종교적으로 용인되는 틀 밖에서 일어나는 일이다. 그리고 그 틀 바로 밖에 인간의 잠재성이 존재하고 있다. 어떻게 그곳에 이를 수 있을까? 우리는 하루하루 삶 속에서 일어나는 감정적 상태를 극복해야 한다. 그것은 개인적인 의심이며 스스로 가치 없다는 느낌이다. 개인적인 무기력과 피로이다. 또 아직 충분하지 않다고, 불가능하다고 말하는 목소리들이다.

– 조 디스펜자

변화가 중요한 이유

충돌은 고통을 수반한다. 당신이 변화하면 주위의 모든 것들이 그리고 모든 사람들은 비명을 지르기 시작한다. 상사, 연인, 부모, 이유, 심지어 당신의 세포들까지 오랫동안 계속되었던 편안한 느낌들 속으로 도망치려 한다. 물론 변화를 포기하고 편안한 소파에 눕는 것도 하나의 방법이다. 하지만 다른 선택도 존재한다. 조 디스펜자 박사는 말한다.

우리는 스스로 선택해야 한다. 사람들은 대부분 있는 그대로의 삶에 만족하며, 텔레비전을 보며 9시부터 5시까지 다니는 직장에 만족한다. 정확히 말하면 사람들은 만족하고 있는 것이 아니라 그런 삶이 정상이라는 최면에 걸려 있는 것이다. 물론 다른 것들에 관심을 가지고, 새로운 일에 대한 충동을 가지고 살아가는 사람들도 있다. 그들에게 필요한 것은 약간의 지식이다. 만일 그들이 그 지식을 가능성으로 받아들이고 반복해서 이용한다면 곧 그 지식을 삶 속에서 적용하기 시작할 것이다.

어떤 사람은 첫걸음을 5분 만에 뗄 수도 있지만, 다른 사람들에게는 엄청난 노력이 필요할지 모른다. 새로운 지식을 그들이 알고 있는 것들과 저울질하는 시간이 필요하기 때문이다. 더구나 그들이 알고 있는 것들은 삶의 방식과 사회적 상식, 인간관계들과 연결되어 있다. 첫걸음을 뗀다는 의미는 지금까지의 지식과 반대되는 쪽으로 향할 때 무슨 일이 일어날지를 평가해 본다는 뜻이다. 기존의 지식과 새로운 지식 사이에는 마찰이 존재한다. 하지만 일단 틀 밖으로 스스로를 움직이도록 허용하면 그곳에 확실한 기쁨과 휴식이 존재하고 있다.

매일 중독되어 있는 같은 감정의 경험을 반복하면서 어떻게 충분히 삶을 누리고 있다고 말할 수 있을까? 우리는 자신의 존재와 개성에 대해 재확인해야 한다. 또 해야 하는 행동들과 가야 할 장소들, 되어야 할 것들에 대한 재확인이 필요하다. 대가(masters)들은 상당히 다른 종족이다. 그들은 하루를 아직 경험하지 않은 현실과 아직 경험하지 않은 감정을 창조할 수 있는 기회로 본다. 그리고 그 하루는 무한한 미래의 자양분이 된다.
- 람타

디스펜자 박사는 '다른 충동'의 이면에는 '확실한 기쁨'이 존재한다고 말한다. 정말 그럴까? 물론 여기서 그 이유들과 성장에 대해, 또 '미지의 것들을 앎으로 만드는 것'에 대한 이야기들을 시작할 수 있을 것이다. 하지만 이것들은 이미 지금까지 책 속에서 이야기해 온 것들이다.

우리가 도대체 무엇을 알고 있는 것일까? 디스펜자 박사의 진실은 나의 진실이나 당신의 진실과는 다르다. 진정한 질문은, "당신은 도대체 무엇을 알고 있을까?"가 될 것이다.

이 질문에 대한 간단한 대답은 다음과 같다. 시도해 보라. 시험해 보라. 실천해 보라. 어쨌든 해답들은 극히 개인적이라는 것을 기억하라. 이것이 우리가 멋진 삶의 레시피가 담긴 양자 요리 책을 당신에게 건넨 이유이다. 좋은 소식인 동시에 나쁜 소식은 오직 당신만이 알 수 있다는 것이다.

하지만 일단 당신의 삶 속에서 실험해 본다면 우리가 살펴본 모든 정보들과 창조, 감정, 중독, 변화, 의지, 연합 기억에 관한 지식들이 함께 펼쳐지기 시작할 것이다. 당신의 자유를 제한하는 패러다임과 신경망들이 당신의 눈앞에서 튀어 오를 것이다. 또 당신의 무한한 영혼을 구속했던 믿음들은 당신의 귓가에서 소리칠 것이다. 그리고 이 무질서와 대혼란 속에서, 당신은 진정 살아 있을 것이다!

깨달음은 우리의 타고난 권리이다.
우리의 뇌는 깨달음을 경험하도록 설계되어 있다.
-존 헤글린

마지막 붕괴

최후의 중첩에서 마지막 붕괴되어 나타나는 것이 바로 당신이다. 변화할 것인가, 변화하지 않을 것인가? 무엇으로 변화할 것인가? 가질 것인가,

물러날 것인가? 어떤 감정 패턴을 지혜로 붕괴시킬 것인가? 어떤 믿음을 시험할 것인가? 이 모든 가능성은 당신의 선택을 기다리고 있다. 미하일 레드위드는 말한다.

    믿음과 지식의 차이는 무엇일까? 다른 사람이나 사물을 근거로 어떤 것을 믿고 그것을 개인적으로 경험했을 때 나는 지식을 얻는다. 예를 들어 내가 물 위를 걷는다면 그것이 가능하다는 지식에 대해 추호의 의심도 없을 것이다. 하지만 단순히 다른 사람의 말을 믿는 데 그친다면 나에게 그 지식은 단지 철학이나 추상적 견해에 지나지 않는다. 진화를 위해 정말 필요한 것은 믿음을 지식, 경험, 혹은 지혜로 변화시키는 것이다. 그리고 지식을 경험을 통한 지혜로 바꾸는 것, 이것이 영적 진보의 위대한 여행이라고 할 수 있다.

    분명 우리는 그 여행에 필요한 것들을 갖추고 있다. 디스펜자 박사는, "뇌는 연구실 같은 것이다. 우리의 계획과 의지에 의해 뇌는 연구실처럼 움직인다. 뇌는 개념과 생각, 모델을 받아들이고 여러 가지 가정과 가능성, 잠재성에 대한 질문을 던진다. 그리고 현재 이해의 울타리 밖에 있는 계획과 이상들을 숙고하며 새로운 이해에 이르거나 울타리를 넓혀 간다."고 말한다.

    영화 〈고스트 버스터〉에 나오는 대사처럼 "우리에겐 도구도 있고, 재능도 있다."

    왜 인간이 이런 도구와 재능을 갖게 된 것일까? 우연일까, 아니면 그것이 우리 존재의 이유일까? 어느 쪽이든 상관없지만 분명 이 책의 요점은 '우리가 존재하는 이유' 쪽이다. 인류의 모든 창조물들은 우리가 소유하고 있는 그 능력과 잠재성으로부터 솟아난다. 우리는 어떤 이유 때문에 그 능력을 가지고 있고, 그것을 발견해 나가는 과정에 있는 것이다.

우리는 우주에서 가장 복잡한 구조로 알려진 놀라운 뇌를 가지고 있다. 뇌는 스스로 재배열되며 당신이 경험하기 원하는 것을 끊임없이 극대화시키고 있다. 뇌는 새로운 경험에 반응하고 재배열되며, 그 경험을 선택하는 것은 바로 당신이다. 또 우리는 자연 치유력과 재생력을 가진 몸을 가지고 있다. 그리고 우리에게는 미세한 시공간을 파고들어 빅뱅과 그 너머의 것들을 살펴볼 수 있는 마음도 있다.

내면으로 가 보자. 의식은 의식을 탐구하며 이상한 개념들과 만난다. 세상은 본질적으로 텅 비어 있으며 우리가 인식하는 모든 것은 마야, 즉 환상이다. 근본적으로 우리는 모두 연결되어 있고 하나이다. 보이지 않는 것들을 탐험해 왔던 사람들과 깨달은 사람들은 수천 년 전부터 이렇게 말해 왔다. 이상하게도 미세한 시간과 공간 속에서 뇌를 면밀히 조사한 메시지 역시 '분명 그렇다' 는 것이다.

도구는 충분히 갖추어졌다. 우리에게는 항상 도약을 위한 도구가 있었다. 빠진 것은 오직 '실행' 버튼을 누르는 일뿐이다. 만일 우리에게 빠진 지식이 있다면 우리는 그것을 발견할 것이다. 우리에게 빠진 경험이 존재한다면 우리는 그것을 창조할 것이다.

더 높은 곳으로 계속 시도해 보자. 차이니즈 박스를 기억하는가? 우리가 더 높은, 더 통합된 차원으로 상승할수록 어떤 자산이 솟아날까? 또 그곳에서 어떤 현실이, 어떤 재능이 나타날까? 우리는 무엇이 될 수 있고 또 무엇이 될까? 한계는 존재할까? 이 질문들에 대한 답을 어떻게 찾을 것인가?

시작과 마찬가지로 질문으로 마무리를 해보자.

마지막으로 전하는 말은, "왜? 어떻게? 무엇을?"이다.
이것은 성스러운 모험에 도전하는 탐험가들의 언어이다.

물론, 중첩의 마지막 붕괴는 새로운 중첩의 최초 조건이 된다. 이것은 변화는 결코 끝나지 않는다는 말을 전문적으로 표현한 것이다.

에필로그 : 양자 파티

때는 마법의 공기가 진하게 서려있던 마법의 시대였다. 나무들은 숨결 속에 노래를 담아 새들에게 부르며 마력의 이야기를 속삭이고 있었다. 마법의 골짜기에는 무에서 반짝이는 황금을 만들어 내는 정확한 주문이 숨겨져 있었다. 모든 곳에 마법이 존재하고 있었고, 나 역시 그곳에 있었다. 내가 현실이라고 부르는 눈부시게 아름다운 창조의 조각에 몰두한 채.

처음에는 단지 먼 곳에서 울리는 바스락 소리에 불과했다. 나무들은 발꿈치를 들었고, 잎들은 맑은 공기를 토해 내고 있었다. 그때 빈(Vienna)의 오래된 돌층계 비탈을 오르는 말발굽 소리가 들렸다. 그리고 안개 속에서 마차들이 나타나기 시작했다. 의사들, 물리학자들, 신비가들, 예술가들이 도착하고 있었다. 그들은 모두 마법사들이었다. 이제 그들은 이 책을 마무리하며, 어쩌면 또 다른 책을 시작할지도 모른다. 그리고 먹고 마시며 축제를 즐기며, 지나간 모험들과 내일 다가올 또 다른 모험에 축배를 들 것이다.

성 안에서는 오래 전 신들에 의해 지명되었던 모르티머 경이 파티 준비에 분주했다. 대규모의 연회는 많았지만 그는 이번 연회가 특별하며, 더 많은 연회들의 예고편이라는 것을 잘 알고 있었다. "오늘밤 공기는 어쩐지······." 그는 혼자서 중얼거렸다. 물리적으로 모든 것을 완벽하게 준비한다는 것이 불가능하다는 것을 알고 있었지만 그럼에도 그는 노력을 아끼지 않았다.

연회장은 초록의 숲으로 장식되었고 노간주나무 향이 코를 찔렀다. 모든 사람이 웅장한 축제를 준비하느라 각자 최선을 다하고 있었다. 연구실에서 생명의 비밀을 탐구하며 조용히 연구에 몰두하는 손님에서부터 명상을 통해 탐구해 온 시인들과 마법사들, 전임자나 후계자가 없는데도 실험실에서 일하는 양자 요리사들, 천재들의 번쩍임은 감각을 자극해 훌륭한 이야기들이 쏟아져 나올 것이다.

진짜 문제는 신이 우주를 창조하기 위하여 실제 무슨 일을 하고 있는가이다.
그것은 하나의 묘기이며, 또 물리학자들이 원하는 답이기도 하다.
나는 불가사의한 것으로 생각했던 것들에 다가서면서 계속 마법에 흥미를 가져왔다.
나에게 중요한 질문은 이것이다.
"우리는 왜 이곳에 존재하는가? 무슨 일이 일어나고 있는가?"
그리고 어린 시절부터 이런 질문들을 내 자신에게 묻곤 했다.
이 묘기가 어떻게 펼쳐지고 우리가 우주의 장엄한 묘기가 어떻게 창조되었는가에 대한 질문에 답하면서 나는 마음이나 의식은 물질과 떨어질 수 없다는 것을 알게 되었다.
물질과 마음은 이전에 생각되어졌던 것보다 훨씬 더 직접적으로 연결되어 있다.

- 프레드 알렌 울프

그 밤, 넓은 방에서의 메인 요리는 바로 그 대화였다. 대연회장 위 돌로 된 아치 통로에는 다음과 같은 글이 새겨져 있었다.

위대한 마음은 사상에 대해 말한다.
보통 마음은 사건을 이야기한다.
좁은 마음은 타인에 대해 말한다.

오늘 밤, 사람들에 대한 잡담은 없을 것이다. 모든 사람들은 새로운 아이디어를 주고받기를 기대하고 있다. 새로운 이론들, 새로운 깨달음들, 새로운 감정들, 그리고 누가 알겠는가! 어쩌면 그것은 새로운 중독이 될 수도 있다. 대화가 어떻게 전개되더라도 오늘밤 이야기는 자연의 힘 그 자체가 될 것이다.

형태장이 흔들리리라,
우주의 충만함은 알려지지 않은 채,
홀로그램처럼 펼쳐지는 현실은
시간과 공간을 가로질러 소리내며 부서지고 있다.

마치 모든 사람이 한꺼번에 도착한 것 같았다. 모르티머 경이 구석에서 이런저런 일을 하고 있을 때 사람들이 하나 둘씩 자리를 잡았다. 양자 물리학 애니메이션에 나오는 박사를 점점 닮아 가는 프레드 알랜 울프는 벽에 걸린 그림을 응시하며 그 그림이 어디로 향하는 문인지를 곰곰이 생각하고 있는 것처럼 보였다. "여기서 살아도 좋겠다!"고 말하며 마크 빈센트는 웅장한 현관을 성큼성큼 걸어 들어왔다. 마사루 에모토와 그의 아름다운 아나는 지구 반대편 어디에선가 막 도착했지만, 다행히 빡빡한 일정 속에서도 오늘 밤 만찬을 즐기며 웃고 창조할 시간을 낼 수 있었다. 갑자기 큰소리가 들렸다.

모든 사람들의 시선이 동시에 고르디를 향했다. 그는 벳시의 딸인 엘로라시아를 팔에 안고 길고 구부러진 난간을 타고 내려오고 있었다. 모든 사람들도 그랬겠지만 새 가죽 킬트를 입은 고르디에게는 짜릿한 스릴이었다. 그는 불타는 석탄 위를 걸었던 두 발로(앞으로 석탄을 뜨겁다고 느낄 일은 결코 없을 것이다) 완벽하게 착지했다.

그리고 벳시 체스도 도착했다. 영화를 제작하는 동안 뒤에서 보이지 않는 손으로 영화의 창조에 큰 기여를 한 그녀는 멋진 옷을 사랑하는 사람이다. 그날 밤 역시 표현할 수 없는, 누구도 본 적이 없는 기발한 의상을 입고 있었다. 그녀가 계속해서 옷을 갈아입었던 것인지, 아니면 '단지 변신했을 뿐' 인지는 파티가 끝나도록 화제로 남아 있었다.

여행용 코트를 맡기고 손님들은 객실로 들어갔다. 편안한 소파에 몸을 묻고 휴식을 취하면서, 손님들은 파티가 시작되기를 기다렸다. 아름다운 모차르트의 소나타가 음악실로부터 흘러나오다 멈췄다.

그리고 갑자기 혼돈의 분위기가 분출했다. 대부분 손님들은 에모토 마사루 박사가 도쿄에서 열린 물과 평화 축제에서처럼 어빈 레즐로에게 짧은 피아노 곡 연주를 부탁한 것을 눈치채지 못하고 있었다. 그가 연주를 부탁한 곡은 바르톡(헝가리의 작곡가, 피아니스트. 역주)의 짧은 루마니안 민속 무곡으로, 혼돈과 소란스러움에 가까운 상태가 계속되며 그 순간에는 지옥이 펼쳐질 것 같은, 그리고 한 가닥의 실처럼 멜로디가 솟아나와 청중들을 광기의 끝으로 몰고 가는 곡이었다. 그 곡은 레즐로 박사의 말처럼 '분기의 순간' 이라고 불러도 좋을 것이다.

그리고 침묵이 흘렀다.

많은 손님들은 어빈 레즐로의 첫 번째 직업이 콘서트에서 피아노 연주자였으며, 10대에는 유명한 교향악단에서 전 세계를 여행하며 연주했다는 것을 알지 못했다. (비로우 바르톡이 소유했던 피아노가 레즐로 박사의 서재에 있었다는 소문도 있다.)

분기되는 광기를 한 모금씩 마신 모든 마법사들의 백일몽에서 깨어난 것처럼 웅장한 연회장으로 이동했다. 평범한 마법사*가 존재하지 않은 것처럼 연회장 역시 평범하지 않았다. 방을 가로지르는 긴 탁자는 누군가 일부러 그렇게 만든 것처럼 도넛 모양을 하고 있었다. 모인 사람들은 '도넛의 마법사' 란 이름은 별로라고 결정하고, 아더왕 분위기가 나는 '원탁의 마법사들' 이라고 부르기로 했다.

> 신비주의자들의 지혜로 예언된 것들이
> 지금 신경학 분야에서 진실로 드러나고 있는 것 같다.
> 절대적으로 통일된 존재인 자아는 다른 사람과 섞이며,
> 마음과 물질은 하나이며 같은 것이다.
> – 엔드류 뉴버그 박사

모인 사람이 자리에 앉자 세 사람의 영화 제작자들은 서로를 바라보았다. 오늘 밤 최초로 건배를 선창하는 사람은 '호스트' 인 그들의 몫이었다. 누가 먼저 웅변을 하게 될 것인가? 하지만 그것은 쉽게 정해졌다. 마치 보이지 않는 손이 의자를 뺀 것처럼, 마크 빈센트가 일어섰다! 그는 오랫동안

---

* '평범한' 마법사가 존재하기나 하는 것일까?

모인 손님들에게 하고 싶은 말을 마음속에 간직해오고 있었다.

"지난 몇 년 동안 진실로 위대한 마음을 지닌 분들과 함께 한 것은 행운이었습니다. 이곳에 계신 분들과 또 다른 분들께 배운 지식과 사상들은 저의 세계관을 엄청나게 넓혀 주었습니다. 이곳에 계신 분들이 아니었다면 저는 이 일을 끝낼 수 없었겠지요. 지식을 이용할 수 있게 해준 모든 분들께 감사드립니다. 우리는 여러분의 지식을 기초로 앞으로 나아갈 수 있었고 여러분 모두의 노력 덕분에 세상은 정말 더 나은 곳이 되었습니다."

"제가 어떤 정보를 아는 순간에도 99퍼센트의 정보를 무시하고 있다는 것을 알고 있습니다. 그래서 저는 새로운 개념들을 가장 넓은 관점으로 배울 수 있도록 노력할 것입니다. 제가 알지 못하는 것들이 이렇게 많다면, 자신의 생각만을 주장하는 것은 어리석은 일이라는 것을 이제 이해합니다. 저는 제 스스로 붙인 눈가리개를 벗고 가능성의 공간을 보고 싶습니다. 그리고 다음과 같이 위대한 질문을 하고 싶습니다 :

내 앞에 보이는 현실 속에서 나는 무엇인가? 내가 모르는 것을 어떻게 볼 수 있을까? 어떻게 나만의 방식에서 빠져나갈 수 있을까? 만일 내가 알고 있는 우주를 건축하고 있다면, 나의 감정 상태와 상관없이 그것을 결합하고 있는 것은 무엇일까? 어떤 하나의 관점이 아닌 모든 관점을 탐험할 수 있는 자유는 어떤 것일까? 선입관을 가지지 않는 기술을 어떻게 개발할 수 있을까?"

"저에게 그 대답은 위대한 마음을 갖는 것입니다. 어린 시절의 호기심과 과학자의 집요하고 분석적인 비판 정신을 다시 찾을 수 있었던 것은 모두 여러분의 덕분입니다. 감사합니다."

마크가 말을 멈추자 벳시와 윌은 서로를 바라보았다. 여기까지의 길은 길고 굽이친 길이었다. 몇 년 전 그들은 오늘 테이블에 앉아 있는 사람들처럼 처음 만나 질문과 답변을 나누었다. 그 대답들 중의 일부는 그들도 예상하지 못한 것이었다. 그들은 모험을 계속했고 또 혼란스러워지기도 했다. 또 그들은 한발 물러나 그들의 편견과 믿음들을 재검토해야만 했다. [윌과 벳시가 함께 일어났다] 지금 이곳에 앉아 있는 훌륭한 사람들은 탐구의 길 위에 있던 세 사람의 영화 제작자들을 비판하거나 깎아내리지 않았다. 그들이 추구했던 것은 무엇이 실재이며, 무엇이 진실인지를 알아내는 것이었고 발견을 즐기는 것이었다. 얼마나(!) 아름다운 만남인가.

마치 마크의 마지막 말을 들은 것처럼 모든 사람들이 자리에서 일어났다.

"여행의 동반자인 여러분들을 위해, 그리고 지식을 위하여!"

"위하여!"의 웅장한 외침과 함께 잔들이 부딪혔다.

빵이 나눠지고, 드디어 축제가 시작되었다.

그 자체로 완벽이었다. 식사와 설득력 있는 이야기들, 그리고 동지애. 모르티머 경은 여기저기를 돌아다니며 음식이 알맞은 시간에 알맞은 온도로 나오는지를 확인하고 있었다. 이런 사람들과 함께 호화로운 음식을 즐기는 것은 정말 흔한 일이 아니다. 제프리 사티노버가 마크를 슬쩍 바라보면서 말했다.

"저 역시 삶에서 가장 흥미로운 질문들을 탐구하는 과정에서 자신이 틀렸다는 것을 수없이 알게 된다는 것을 배웠습니다. 당신이 틀렸다면 맞는 사람도 있겠지요. 하지만 당신은 그곳에서도 기꺼이 배워야만 합니다. 가끔 당신이 맞을 수도 있지요. 그때에도 당신은 친절해야 합니다. 사람들이 당신 말에 귀를 기울이게 하고 싶다면 말이죠."

"그리고 정말 흥미로운 세계를 탐험하고 싶다면 혼란과 불확실에 익숙해져야 합니다. 신비로운 것들이 너무나 많이 존재한다는 사실을 받아들여야 하죠. 프레드 알렌 울프가 자주 쓰는 '신비 속에 머문다'는 말처럼 정확하게 표현할 필요까지 없어요. 일상생활에서 쓰는 말이면 충분합니다. 저 밖에 존재하는 수많은 신비들에 비하면 우리는 얼마나 어리석을까요. 그래서 우리는 미지의 세계를 탐험하는 데 아이들 같은 마음이 필요한 것입니다."

나는 물을 술로 바꾸는 기적을 공부하지 연구하지 않았다.
하지만 이것은 아주 훌륭한 연구 과제처럼 들린다.
- 존 헤글린

김이 나는 요리들이 테이블 위에 놓여질 때도 이야기는 계속되고 있었다. 이번에는 켄디스 퍼트가 말했다.
"한 번은 내 친구인 디펙 초프라는 제 연구에 관해 그가 얼마나 흥분했는지에 대한 이야기를 해주었어요. 그가 인도에서 만난 모든 리쉬들에게 이렇게 이야기 했답니다.
'믿을 수가 없어. 퍼트 박사는 너무나 훌륭한 일을 해냈어. 그녀는 겔과 수용체, 펩티드를 발견했어.'
리쉬들은, '뭐라고, 그게 무슨 말이지?' 라고 말했지만 초프라는, '아니, 당신들은 이해할 수 없어. 그녀는 실제 감정의 분자들을 발견했어. 엔도르핀과 펩티드, 호르몬과 수용체들. 정말 놀라운 발견이지.' 라고 대답했죠.
리쉬들은 모두 머리를 긁적였어요. 디펙 초프라는 몇 번 더 설명을 해주었고, 마침내 가장 나이 많고 현명한 리쉬가 갑자기 일어나서 말했습니다.
'알 것 같군요. 그녀는 이 분자들이 실재한다고 보는 것이군요.' 라고

요."

이 이야기를 듣던 사람들이 모두 웃음을 터뜨렸다. 깨달은 현자의 농담…… 정말 드물게 오는 즐거움……

식사는 막바지로 다가가고 있었다. 그날 저녁은 람타가 가끔 말했듯, "왕과 여왕처럼 저녁 식사를 했다."고 이야기할 수 있을 것이다. 식후 음료로 카푸치노와 라떼, 피지 팁스(영국의 차 브랜드명. 역주)차 병이 치즈와 함께 테이블 위에 놓여졌다.

몸속의 세포 하나하나가 우리의 생각을 감시하고 있다.
- 조 디스펜자

마지막 요리사가 떠나면서 모두 자리에서 그날 저녁의 메인 이벤트를 위해 의자를 정돈했다. 그것은 《비마법사의 핸드북》 마지막 장을 쓰는 것이다. 모두들 마지막 시구에 대해 묵상하는 동안 깊은 평온함과 같은, 거의 게으름에 가까운 느낌이 공기 속에 맴돌았다.

원탁의 한 곳은 비어 있었다. 그곳 주위는 '발언권을 가진' 연설자가 의견을 이야기하며 걸어 다니거나 제스처를 취할 수 있도록 몇 걸음 정도의 공간이 준비되어 있었다. 아이디어야말로 오늘 밤의 메인 요리였다. 하지만 누구도 과감히 중앙을 향해 나서 마지막 장에 대한 이야기를 시작하지 않고 있다. 여기저기 파이프 담뱃불이 보이고, 그중에는 시가를 피우는 사람도 있다. 하지만 여전히 참석자들은 자리에 앉아 영원의 순간에 빠져 있다.

하지만 시간은 모래시계처럼 빠져나가고 있었고 해야 할 일은 많았다.

집필해야 할 책들과 지워야 할 또 다른 책들, 대화와 웃음, 그리고 건배들……

의견을 말하려고 윌이 일어섰다.

"우리가 영화를 시작했을 때, 우리 목표들 중 하나는 여기에 앉아 계신 분들을 영웅으로 만드는 것이었습니다. 세상에 대한 영웅으로 말이죠. 지금 여기 계신 모든 분들은 고대 연금술사들의 말처럼 위대한 작업에 몇 년의 시간을 바쳐 왔습니다. 그 작업은 동료들과 일반 사회로부터의 받을 위협과 조롱을 감수하지 않았다면 불가능했을 것입니다."

"알루미늄 포일로 1킬로미터 밖의 공의 방향을 바꿀 수 있다고 해서, 그가 영웅이라고 생각하지 않습니다. 카메라 앞에서 다른 누군가의 생각을 막힘 없이 말한다고 해서 영웅이 되는 것도 아닙니다. 여기에 앉아 있는 분들과 또 미지의 세계를 탐험하는 다른 사람들이 없었다면 우리는 정체되어 지루한 세상에 살고 있을 것이고, 그것은 우리가 바라는 매력적인 세상과는 거리가 멉니다."

윌은 잠시 말을 멈추었다. "아. 제가 감상적이 되어 버렸군요. 그 와인에 있는 것은 무엇일까요? 아무 상관없습니다. 그것은 진실입니다. 영웅들을 위하여 건배!"

아직 이렇게 감정이 넘쳐나는 건배 제의에 익숙하지 않았던 손님들은 웃으며 함께 건배했다. 현대에서 사라진 기술 중 하나가 건배의 기술이다. '위하여' 라는 말은, "나는 축하할 것도, 꿈꿀 것도 없다."는 말의 줄임 말이 되었다. 언어 속으로 스며든 의지는 곧 묘약이 되어 몸속으로 침투한다. 마음속의 의지는 모든 과정을 통해 물질화되어 간다. 그리고 그 과정과 연결된 마음들은 아주 강력한 마법을 만들어 낸다.

관찰자는 항상 참여하고, 경험의 중심이 되려고 하는 부분일까?
관찰자가 경험이 저절로 펼쳐지도록 내버려 두는 목격자가 될 수 있을까?
문화에 따라서 관찰에 아주 익숙한 경우도 있다.
호피 인디안들에게는 '나' 와 '우리' 라고 하는 말이 없다.
그들은 동사와 일어나고 있는 것을 강조한다.
그들은 비가 오고 있다거나 사랑하고 있다고 말한다.
어떤 일이 일어나고 있는 것일까?
보통 우리는 '나는 이 사람을 사랑한다' 고 말한다. 그렇지 않은가?
그런데 만일 '내가 사랑하는 것이 일어나고 있다' 고 말한다면,
나는 단지 관찰하고 있을 뿐이고, 사랑함이 일어나고 있는 것이다.
여기에는 두 사람이 관련된다.
한 사람은 나 자신이고 다른 사람은 중요한 다른 사람이다.
그리고 일어나고 있는 일은 사랑함이다.
그곳에 나는 없다.
그곳에는 그것도 없다.
단지 사랑함뿐이다.
이 변화의 아름다움이 보이는가?

- 아밋 고스와미 박사

"저도 건배를 제의하겠어요." 벳시였다.
"나머지 모든 영웅들을 위하여. 새로운 사상이나 개념을 그들의 삶에 적용하는 모든 사람들을 위하여. 그리고 혼돈 속에서도 번영하며, 신비 속에서 삶을 살아가고, 미지의 것들을 앎으로 만드는 모든 사람들을 위하여! 이 모든 사람들이 이 자리에 함께 했으면 좋았을 텐데……"

그 순간 사람들은 들려진 술잔을 바라보았다. 방 주위를 돌아보는 그들 사이로 순식간에 어떤 생각들이 지나갔다. 그들은 이곳에 있다!

생각이 탁자처럼, 그들 손에 들려진 술잔처럼 실재하는 것이라면, 그리고 생각이 시간과 공간을 넘어서 움직이며 같은 생각들이 연결되고 얽혀 있다면, 이것은 이 큰 연회장에 마음을 집중시키는 사람은 누구나 그곳에 존재한다는 것을 의미한다. 만일 당신의 마음속에서 연회장과 그곳에 앉아 있는 사람들을 본다면, 당신 역시 그 공간에 존재하고 있는 것이다. 갑자기 더 많은 손님들이 쏟아져 들어오는 것처럼 촛불이 흔들렸다.

시간은 문제가 되지 않는다. 그 순간을 넘어 몇 년의 시간이 차이나더라도 마음은 시간을 일순간 거슬러 올라 원탁 토론에 참석한다.

그리고 누가 누구를 초대했는지는 알지 못한다. 원탁이 그들을 토론에 초대했을까? 아니면 그 사람들의 의지에 의해 원탁이 채워진 것일까? 에고는 언제나 첫 번째가 되고 싶어하지만, 마음의 얽힘 속에서는 단지 무엇인가가 일어날 뿐이다. 차이는 없다. 그것은 모두 닭이나 계란을 창조해 내는 같은 자극일 뿐이다.

사물의 미묘한 본질을 보는 제이지 나잇은 방을 둘러보며 킥킥 웃었다. "맙소사, 이곳이 점점 혼잡해지고 있군요. 이 모든 양자 겨자씨들을 보세요. 수많은 차원이 존재하는 것은 좋은 일입니다."

파티는 점점 더 성대해지고 있었다. 만일 이 책의 이론들과 실험들이 사실이라면 파티는 영원히 계속될 것이고, 더 많은 영혼들이 들어올수록 파티는 점점 더 진화해 갈 것이다.

웅장한 모임의 전율과 함께 그곳에 모인 마법사들은 그들의 임무를 성실하게 시작했다. 마법사들의 시 한 구절이 시공간을 넘어 잔물결을 일으키며 퍼져 나간다는 것을 알고 있었기 때문에 그들은 신중하게 언어를 선택했고, 모든 진동은 생각과 면밀하게 조화를 이루었다. 그곳에 비마법사들은 없었기 때문에 원탁에 어떻게 들어가느냐는 더 이상 중요한 문제가 아니었다. 마법사들은 모두 눈을 깜빡이고 있을 뿐이다. 하지만 스튜어트 해머오프는 예외였다. 그는 마치 지금 막 러시아의 대초원 지대의 유목민 무리에서 갑자기 나타난 것처럼 그는 테이블 위로 뛰어올라 이야기를 시작했다.

"저는 다음 단계는 양자의 세계가 의식, 영혼과 어떤 관계가 가지고 있는지 설명하는 것이라고 생각합니다. 왜냐하면 미래에는 과학, 특히 양자 물리학과 상대성 이론이 인간의 의식, 무의식, 영성과 결합할 것이기 때문입니다. 영성에 대한 과학적 설명이 좋은 것이 될지는 누구에게 묻느냐에 달려 있습니다. 우리가 모든 것을 설명하는 것은 그다지 좋은 일은 아니겠지만 그것이 아주 위험하다고 생각하지도 않습니다. 왜냐하면 우리는 모두 양파의 껍질을 벗기며 깊은 곳으로 들어가고 있기 때문입니다."

그는 핵심을 이야기하듯 '깊은'이라는 말에 힘을 실어 말했다. 참석자들은 모두 숨을 죽였고 스튜어트는 자리로 돌아왔다. 벳시가 눈을 깜박이며 물었다.

"양자 요리(quantum cooking)가 뭘까요?"

"개연성 있는, 가능한, 중첩하는……" 수많은 대답들이 공간을 채웠다. 누가 그것을 붕괴시키는가?

벳시는 대답할 틈을 주지 않았다. 옷이 희미하게 반짝이며 갑자기 그녀는 눈부신 눈동자와 깃털을 가진 매로 변신했다. 매의 눈은 그녀가 가장 좋아하는 질문의 답들을 찾고 있었다. "왜 내가 양자 물리학에 관심을 가져야 하는가? 양자 물리학이 위대한 질문들에 답을 줄 것인가?" 이것이 그녀의 질문이었다.

가장 먼저 울프 박사가 입을 열었다.

"양자 물리학은 모든 위대한 질문의 답을 찾아내기 위한 출발점입니다. 단지 출발점일 뿐이죠. 우리가 잘못된 지도를 가지고 있는 것은 아닌지, 잘못된 질문을 하고 있는 것은 아닌지, '이 안의' 세상인 주관적인 경험과 '저 밖의' 세상을 분리해서 보고 있지는 않은지, 우리가 이런 질문을 하게 된 것은 겨우 지난 몇 백 년 사이의 일입니다."

"양자 물리학은 질문에 답을 주지 않습니다. 양자 물리학은 여기에 더 깊은 연결이 존재한다고 말합니다. 20세기의 양자 물리학처럼, 21세기에 새로운 무엇이 나타나 과학과 영성을 새롭게 이어 줄 것입니다."

그는 잠시 말을 멈추고 몸을 돌려 보이는 사람과 보이지 않는 모든 사람들에게 이야기를 계속했다. 그의 눈은 반짝이고 있었다.

"우주는 아주 아주 무작위적입니다. 우주가 무작위적인 중요한 이유가 있습니다. 무작위성은 저주가 아니라 우주의 축복입니다. 덕분에 새로운 어떤 것이 나타납니다. 만일 모든 것이 정돈되고 구조화되어 있다면 어떻게 될까요? 우리는 로봇으로 전락하고 새로운 생각들을 할 수 없겠지요."

그럼 우리의 생각이 중요할까?
물론이다. 생각은 현실의 구조물이다.
생각은 무엇일까?
어떤 생각은 의식의 흐름이 응축된 순간이다.
뇌는 그것을 처리해, 뉴런이라고 불리는 포장지에 넣고 연상 기억을 추가한다.
당신이 어떤 생각을 하면서,
"이 생각은 의미와 힘을 가질까?"라고 묻는다.

물론 그렇다.

왜냐하면 생각은 현실을 이루는 실제 구조물이기 때문이다.

그래서 당신이 하루를 창조하면서, 당신은 그 하루를 생각으로 조립하고 있는 것이다.

당신이 그 생각을 관찰하면,

생각은 현실 그 자체를 형성해 나간다는 것을 알게 된다.

그러므로 그날의 모험은 당신의 생각으로 정해진다.

- 람타

"이 무작위성에서 엉뚱한 것들과 춤, 연극, 아름다움이 나옵니다. 삶 속의 멋진 것들은 모두 이 무작위성에서 나옵니다. 그리고 이 기회를 통해 삶은 진정으로 아름다워집니다."

모두들 '그래, 삶은 아름다워' 란 표정으로 주위를 둘러보았다. 그들이 여기에 있는 이유 역시 삶을 더 아름답고 경이롭게 만들기 위해서이다. 그리고 두꺼비들에게 그들이 마법사라는 것을 상기시키고 그들을 다시 마법사로 되돌리기 위해서, 인류가 무지라는 암흑 속에 있었던 수백 년의 시간을 되돌리기 위해서이다. 더 이상 암흑의 시대는 없다. 위대한 도약이 일어나고 있고, 비밀의 지식들이 책과 세미나, 예술을 통해 쏟아져 나오고 있었다. '보이지 않는 학교'는 이제 숨겨진 곳이 아니다. 티베트의 동굴은 고성능의 컴퓨터로 대체되었다. 탐구하는 마음 앞에 정보는 더 이상 감춰질 수 없다. 이것은 다른 시대의 다른 질서를 가진 마법인 것이다.

"인간으로서 생각을 현실에 영향을 주는 최고의 전제로 여기는 삶을 살고, 우리가 원하는 현실을 관찰한다면, 우리가 잃을 것은 무엇일까요? 우리는 무엇을 잃어야 할까요? 저는 과학자이고 과학적인 훈련을 받아 왔습니다. 하지만 생각을 어떤 형태나 모양, 방식으로 적용할 능력이 없다면 그것은 단지 식사 시간의 즐거운 대화로 끝나 버릴 것입니다. 우리가 그것을 실제로 적용해 나갈 때 진정한 과학과 진정한 종교가 나타나게 됩니다."

한편 윌은 《비마법사의 핸드북》의 원본을 꺼냈다. 아주 두꺼운 책이다. 각 장마다 쇼핑몰, 시트콤, 사람들에 대한 잡담, 안전한 삶에 대한 예찬이 이어지고, 모든 것을 이해했다고 믿어 버리라고 말한다. 각 장의 끝 부분에는 '~에 대해 생각하지 말 것'이라는 부분이 포함되어 있다. 생각해서는 안 되는 리스트를 실천해 나가면 그다지 나쁘지 않은 인생을 살 수 있다. 특히 주목할 만한 부분은 〈하늘을 날 수 있다고 믿었던 마법사들〉이다. 그곳에서 다루는 내용은 틀과 안전 지대에 대해 의문을 가졌지만 백만 달러를 벌지 못한 사람들에 대한 것들이다. 이 내용은 지금도 여전히 존재하는, "당신이 그렇게 열정적인데 왜 부자가 아니냐?"고 하는 힘 빠지는 질문과도 꼭 들어맞는다.

잠시 불쾌한 냄새가 방으로 스며드는 것 같았다. 윌은 공허한 책을 난폭하게 닫았다. "비마법사의 첫 번째 원칙은 -그들이 마법사가 아니라는 것을 확신시키는 것이다."

그렇다. 첫 번째 원칙이다. 모든 일에서도 그렇지만 스스로 부여한 한계 때문에 사람들은 포기한다. 그렇다. 스스로 부여한 한계만큼 강력한 것은 없다. 그리고 사람들이 이것을 알아채는 것은 거의 불가능하다. 왜냐하면 스스로 규정한 한계 속에서 창조가 일어나기 때문이다.

윌은 《비마법사의 핸드북》 각 페이지마다, "당신이 두꺼비인 이유는 당신이 두꺼비가 되길 원하기 때문이다. 스스로 대처하라."란 문구를 넣자고 제안했다. 미하일은 그 문구가 짧고 듣기 좋게 보일지 모르지만 약간 귀에 거슬린다고 말하고 좀 더 이성적인 접근으로 충분하다고 제안했다.

"사람들이 가지고 있는 가장 큰 문제는 그들의 불행, 가난에 휩쓸린 상황, 부족, 불가능, 무기력함을 수용하지 않는 것입니다. 인간으로서 가장 중요한 문제는 우리의 위대함을 받아들이는 것입니다. 하지만 그렇게 하려 하지 않습니다. 우리는 우리 자신이 전능하다고 말하는 사람으로부터 비명을 지르며 도망칩니다. 그래서 마음속에서 바라는 것을 실현시키지 못합니다."

"만일 진정한 우리의 모습과 우리가 가진 힘을 받아들일 수만 있다면, 기적이라고 부르는 것들, 즉 과거에는 불행하게도 극소수의 개인들에게만 가능했던 것들은 평범한 일이 될 것입니다. 그리고 우리는 이 새로운 성취와 새로운 과학을 통해 하루 24시간, 1년 365일 언제나 자신의 현실을 창조하게 될 것입니다. 새로운 힘을 배울 필요는 없습니다. 우리는 이미 그 힘을 가지고 있습니다. 우리에게 필요한 변화는 우리 스스로 창조해 낸 삶의 방식뿐입니다."

> 만일 현실이 나의 의식 자체의 가능성이라면,
> 바로 다음과 같은 질문이 나온다.
> 어떻게 그것을 변화시킬 수 있을까?
> 어떻게 더 나아질 수 있을까?
> 어떻게 더 행복해질 수 있을까?
> – 아밋 고스와미 박사

제이지 나잇이 미하일의 말을 이어갔다.

"누군가 자신의 현실을 스스로 창조하는 것인지를 묻는다면, 정확한 대답은 이미 당신은 그 질문을 창조하고 있다는 것이 될 것입니다. 당신의 모습은 지금 당신의 현실로 만들어져 있습니다. 그 현실을 변화시키는 것은 사람들이 갖고 있는 사람, 장소, 사물, 시간과 사건들에 대한 개념들을 변화시키는 것입니다. 당신과 함께 있는 사람, 당신이 살고 있는 곳, 당신이 누구를 닮았는지, 당신이 입고 있는 옷, 당신이 오늘 이야기를 나눈 사람, 당신이 내일 할 일 등 당신은 이 모든 것들을 창조했습니다. 당신 삶에 있는 모든 사람은 당신의 한 부분입니다."

"우리는 무엇이 되려고 너무 바쁩니다. 이것은 마치 바닷속의 물고기와 같습니다. 누군가 물고기에게 '물 한잔'이라는 기발한 아이디어를 제시합니다. 물고기는 그 말을 듣고 물 한잔을 달라고 하지만 사람들은 모두 웃습니다. 물고기는 이미 물속에 있습니다."

"이 이야기는 '나는 어떻게 나의 현실을 창조하고 있는가?'란 질문과 비슷합니다. 당신이 바로 현실입니다. 당신은 이미 현실을 창조하고 있습니다. 우리는 오직 그곳에서 빠져나왔을 때 진정한 자신의 모습을 볼 수 있고, 과거 우리의 모습을 돌아볼 수 있습니다."

테이블 주위에서 이야기들이 터져 나왔다. 모든 대화가 서로 관계를 맺고 있기 때문에, 마치 모든 사람들이 동시에 이야기를 하고 있는 것처럼 보였다. 영혼은 물질과, 물질은 의식과, 의식은 창조와, 창조는 의지와 관련되어 있다. 감정, 뉴런망, 낡은 패러다임, 의식으로 돌아가는 것, 관찰자, 선택과 변화가 모두 관련된다. 그리고 모든 것들 사이의 매개 개념인 현실은 이것들에 의해 정의된다.

지루함은 변화의 신호이다.
우리가 마음을 바꾼다는 것은 무엇일까?

뇌에서 관찰자가 존재하는 곳에서부터 우리는 변화한다.
새로운 신경망이 생명력을 얻기 시작하고,
이상한 나라로 통하는 신비의 굴처럼
뇌는 새로운 신경망을 이어주는 웜홀 같은 것이 된다.
- 제이지 나잇

 언어를 사용하지 않고 어떤 말을 어떻게 규정할 수 있을까? 다른 개념 없이 어떤 개념을 이해하는 것이 가능할까? 그것이 진실이라는 것을 정말 어떻게 알 수 있을까? 이야기가 이렇게 전개되고 있을 때 벳시가 마지막 건배를 제의했다.
 "저의 경우 이 개념들은 모두 제가 좋아하는 철학이었습니다. 하지만 저의 삶이 밝아지기 시작한 것은 이것들을 실제 경험과 짝 지었을 때부터였습니다."
 빙고!
 방의 네 구석에서 사람들을 유혹하는 다양한 의견이 교환되기 시작했다. 오랫동안 인류의 생각이란 세계는 모두 경계에 관한 것이었다. '내 것은 이런데, 너는 어떤가? 이 원리는 그것과 관련된 것이 아니야. 동조라는 단어를 쓰지 마. 넌 그 말의 의미조차 알지 못하잖아.' 하지만 결국 과학과 철학의 좁은 길이 향한 곳은 깊은 협곡이었다. 입자 연구의 끝은 단지 더 많은 입자를 발견한 정도였다. 질병 연구의 끝은 건강을 발견하지 못했다. 단지 더 많은 병을 발견으로 이어질 뿐이다.
 놀라운 진보를 가능하게 했던 서양 문명의 초점은 마법의 세계와 단절되었다. 그러나 밤이 깊어 자정으로 갈수록 구석 어딘가에서 무엇인가가 돌아온 느낌이 들었다. 길은 하나로 합쳐지고 있었다. 널리 관찰되는 현상을 가장 단순하게 설명하려는 원대한 꿈은 마치 묘약처럼, 오랫동안 사라졌다고 여겨졌던 어떤 활동으로 다시 이어졌다.

대화, 동료들과의 의견 교환, 훌륭한 이론과 못난 사실들. 가치 있는 파티였다. 참석자들은 모두 잔물결이 세상으로 퍼지고 있다는 것을 알고 있었다. 동시에 그 물결은 세상으로부터 들어와 그들을 처음으로 함께 있게 해준 물결이었다. 홀로그램 우주가 세상 여기저기서 출현하고 있다. 어느 정도까지 이 마법사들이 만든 돌파구로 다른 모든 마법사들도 가능성을 갖게 되었다. 한 집에서 인간 영혼에 대한 승리의 축배가 울릴 때, 그것은 분명 태양이 떠오르듯 다른 집들과 선술집, 여인숙 등 모든 곳으로 울려 퍼질 것이다. 이것이 현실의 본질이다. 이것이 우리가 사는 우주인 것이다.

손님들이 더 편안한 분위기를 찾아 사라진 지 많은 시간이 지났다. 몇몇은 응접실 난로 주위에 앉아 이야기를 나누고 있다. 고향으로 돌아온 나그네들은 공포와 힘에 관한 무서운 이야기를 하고 모든 사람이 그들 곁에 앉아 이야기를 즐기며 웃는다.

    내가 스스로 위대해지는 유일한 길은
    나의 신체에 무엇인가를 하는 것이 아니라
    나의 마음에 무엇인가를 하는 것이다.
    -람타

가끔 연기가 이상한 모양으로 모여 다른 사람들이 몽롱하게 보이기도 했다. 하지만 신경을 쓰는 사람은 아무도 없는 듯했다. 단지, "오랜 친구가 잠시 들렀군" 같은 말이 흘러나올 뿐이었다. 갑자기 바람이 불어 와 촛불이 꺼질뻔 했지만 돌연 바람이 사그라졌다. "싸구려 마술이군." 누군가 말했다. 순간 그 사람 무릎 위로 담뱃재가 떨어졌다. "내가 졌군." 담뱃재가 떨어진 사람보다 심하게 웃는 사람은 없었다. 이것이 마법사들의 유머이다.

모인 사람들이 하나 둘씩 흩어졌다. 몇몇은 준비된 방을 찾아 위층으로 올라갔고, 가끔 차를 빼는 소리와 문이 열리고 닫히는 소리가 들렸다. 그리고 침묵이 흘렀다. 람보르기니에 대한 소문도 있었다.

과학자 중 한 사람은 '새벽까지 낡은 도시를 산책하기'로 했다. 그 후 그는 새로운 아침을 에펠탑 꼭대기에서 맞이했다.

마지막으로 떠난 사람은 네 마리의 말이 끄는 웅장한 마차에 탄 울프 박사였다.

나중에 2층 침대 방에 묵었던 손님들에 따르면 마차는 길 아래로 사라질수록 점점 호박처럼 변해갔고, 물론 말발굽 소리와 함께 작아졌다고 한다. 마차의 뒤에는 박사의 이니셜인 'F.A.W(Fred Alan Wolf)'란 글자가 새겨져 있었다. 곧 그 이니셜은 박사의 웃는 모습처럼 변해갔고, 박사의 얼굴에는 빛이 쏟아지고 있었다. 누군가 낄낄 웃는 소리 뒤에 펑 소리를 들었다. 그리고 마차는 사라져 버렸다.

이렇게 처음으로 《비마법사의 핸드북》을 다시 쓰는 일이 끝났다. 태양이 완전히 뜨기 전에 손님들은 네 귀퉁이 속으로 뿔뿔이 흩어져 버렸다. 오래된 음유 시인들처럼, 항상 다음 마을이 있었고 다음 모험이 기다리고 있었다. 그리고 어떤 충동 아래에는 그 다음 '미지의 것'들이 이어졌다……

"우리의 삶은 거대한 책의 한 페이지에 불과하다."고 람타는 말한다. "그 책 안에서 우리는 항상 지금 우리의 모습이 될 것이다. 본질적으로 우리는 무엇인가를 야심차게 추구한다. 이런 추구를 통해 우리는 자기 반성이나 자기 혐오의 지루한 일상에서 벗어나 새로운 꿈을 꾸는 자기 창조의 길로 들어선다. 이것은 어리석은 짓이나 실패를 보상하는 모델이 아니라, 야심찬 에너지란 열정을 가지고 참여하는 새로운 모델이다."

그렇다. 바로 그것이다. 야심찬 추구. 미지의 것을 앎으로 만드는……

나는 긴 계단을 올라가면서 촛불들을 불어서 껐다. 내 자신에게 그리고 저 밖에서 아직도 귀를 기울이는 사람들에게 마음속으로 이렇게 말했다. "그렇다. 마법은 어디에나 존재한다. 오늘 밤은 특히 그렇다. 그리고 매일 밤이 그렇다. 아! 훌륭한 밤이다……"

여기서 마지막 인사를 전한다.

진심으로 사랑을 담아.

안녕히.

양자(quantum) 마법사들

데이비드 알버트(David Albert, Ph.D.)
콜럼비아 대학 교수로 물리학 철학 재단의 대표이다. 전공 분야는 양자 역학의 철학적 문제, 시공간 철학과 과학 철학이다. 알버트 교수는 《양자 역학과 경험(Quantum Mechanics and Experience)》, 《시간과 우연(Time and Chance)》의 저자이기도 하다. 〈물리학 리뷰(Physical Review)〉지에 양자 역학에 대한 많은 논문을 발표해 오고 있다.

조 디스펜자(Joe Dispenza, D.C.)
뉴 브런스 웍에 있는 러트거스대학에서 생화학을 공부하고 아틀랜타대학에서 척추 교정학 박사 학위를 받았다. 대학원에서는 신경학과 신경 생리학, 두뇌 기능학을 연구했으며 국제 척추 교정학회 명예 회원이다. 대학원생이나 성인을 대상으로 한 강좌를 통해 신경학, 신경 생리학, 뇌의 기능을 가르치고 있다. 저서로는 《꿈을 이룬 사람들의 뇌(Evolve Your Brain)》가 있다.

마사루 에모토(Masaru Emoto, Ph.D.)

물과 파동 의학 분야에서 독창적인 연구를 통해 촬영한 놀라운 물 결정 사진은 전 세계적 반향을 일으켰다. 현재 IHM 종합 연구소 소장 겸 IHM의 대표이사이며, 국제파동회 대표를 맡고 있다. 그 외에도 세계 각지에서 물과 빙결 결정에 관한 강연을 하는 등 활발한 활동을 하고 있다. 뉴욕 타임즈 베스트셀러인 《물의 메시지(The Message of Water 1, 2, 3권)》와 《물의 숨겨진 메시지(The Hidden Messages in Water)》, 《물의 진정한 힘(The True Power of Water)》을 출판했고 그의 책들은 전 세계 25개국 이상의 언어로 번역 출간되었다.

홈페이지: www.masaru-emoto.net

아밋 고스와미(Amit Goswami, Ph. D.)

1968년부터 오레곤대학에서 강의하며 현재는 명예 물리학 교수로 재직하고 있다. 의식 안의 과학(Science Within Consciousness)이라고 불리는 새로운 과학의 패러다임을 개척했다. 큰 성공을 거둔 《양자 역학(Quantum Mechanics)》을 집필했으며, 비과학자들을 위해 과학이 바라보는 신의 관점을 재조명한 책인 《자연을 바라보는 물리학자들의 관점(The Physicist's View of Nature)》의 저자이기도 하다. 양자 물리학과 의식의 연구를 기초로 한 여러 권의 책을 썼다. 저서로는 《자기를 인식하는 우주(The Self-Aware Universe)》, 《상상의 창(The Visionary Window)》, 《영혼의 물리학(Physics of the Soul)》, 《양자의 창조성(Quantum Creativity)》 등이 있다. 개인적으로는 영성과 의식 도약에 관한 가르침 등을 실천하고 있으며 스스로를 실천적인 양자론자(Quantum activist)라고 말한다.

존 헤글린(John Hagelin, Ph.D.)

세계적 명성을 가진 양자 물리학자로 교육가, 저술가, 공공 정책 전문가. CERN(유럽 입자 물리학 센터)과 SLAC(스탠포드 선형 입자 가속기 센터)와 같은 선구적인 연구를 주도하며 초끈 이론에 근거한 통일장 이론의 발전에 크게 기여했다. 진보적인 정책 연구소인 과학 기술 대중 정책 연구소의 책임자로 범죄, 건강, 교육, 경제, 환경과 관련된 중요한 문제를 효율적으로 해결하는 데 힘쓰고 있다. 지난 25년간 인류 의식의 연구에 선두적인 과학적 연구를 계속하며 저서인 《완벽한 정부 지침서(Manual for a Perfect Government)》에서 자연 법칙을 효율적으로 활용하는 교육 프로그램을 통해 인류의 의식을 어떻게 발전시켜 나갈 수 있는지를 보여 주고 있다. 그 공로로 '과학과 기술 분야에서 실질적인 연구를 통해 사회에 기여한' 과학자들에게 수상되는 킬비 상을 수상했다. 킬비 재단은 그를 '아인슈타인과 진스, 보어와 에딩턴의 전통을 계승한' 과학자로 평가하고 있다.

스튜어트 해머오프(Stuart Hameroff, M.D.)

애리조나대학의 의식 연구소장이며 마취학, 생리학 교수로 재직하며 애리조나의대에서 마취학을 강의하고 있다. 그의 주 관심사는 뇌가 어떻게 생각과 느낌, 감정을 만들어 내는가 하는 것이다. 의식 연구센터 소장으로 '의식의 과학을 향해'라는 협의회를 주관하고 있다. 그는 로저 펜로즈와 공동으로 발표한 세 개의 논문을 포함하여 수백 개의 논문을 발표했으며, 저서로는 《의식의 과학을 향해(Toward a Science of Consciousness)》, 《궁극의 컴퓨팅 : 생체 분자 의식과 나노테크놀로지(Ultimate Computing : Biomolecular Consciousness and Nanotechnology)》 등이 있다.
홈페이지: www.quantumconsciousness.org

어빈 레즐로(Ervin Laszlo, Ph.D.)

일반 진화 이론과 시스템 철학의 창시자로 진화 이론 시리즈인 〈World Futures〉를 발간했다. 일반 진화 이론 연구 협회(General Evolution Research Group)를 설립하고 국제 시스템 과학 협회(International Society for the Systems Sciences) 회장을 역임했다. 2004년 일본의 고이 평화상을 수상했으며 2004년과 2005년에는 노벨 평화상 후보로 노미네이트되었다. 전 세계 20여 개의 언어로 번역된 74권의 책의 저자이기도 하다.

미하일 레드위드(Miceal Ledwith, L.Ph., L.D., D.D.)

아일랜드의 웨크스포드 주 출신. 예술, 철학, 신학을 전공한 뒤, 1967년에 가톨릭 사제에 임명된다. 박사 과정을 수료한 후, 1971년에 메이누스 폰티피컬대학에서 신학 강사를 시작으로 1979년에 신학부의 학부장, 1980년에는 부학장, 1985년에 10년 임기의 학장으로 재직했다. 1980년부터 1997년까지 국제 신학 위원회 회원으로 활동했다. 최근 그의 책들을 미리 소개하는 DVD 《교활한 속임수(Deep Deceptions)》를 제작했다.

린 멕타카트(Lynne McTaggart)

베스트셀러인 《필드(www.livingthefield.com)》와 《의사가 당신에게 말해 주지 않는 것들(What Doctors Don't Tell You)》의 저자. 영국에서 큰 성공을 거둔 건강 뉴스 레터 〈What Doctors Don't Tell You〉와 〈Proof!〉의 편집자이며 창립자이다. 민간 요법과 대체 의학의 대변자로 존경받고 있는 그녀는 현재 런던과 뉴욕을 오가며 〈살아 있는 필드〉 워크샵을 진행 중이며, 《필드》 속편을 집필 중이다.

다니엘 몬티(Daniel Monti, M.D.)

1992년에 뉴욕 주립대학 버팔로 의학부를 최우수의 성적으로 졸업, 의학 박사 학위를 받은 한 뒤 토마스 제퍼슨대학 정신 의학 인간 행동학부의 학술 연구 프로그램에 참가했다. 현재는 토마스 제퍼슨 대학의 마나 블라인드 통합 의학 센터의 책임자로 있으며, 암 환자를 위한 깨어 있음을 근간으로 하는 예술 요법, 질병을 위한 대체 요법, 의미론적 표현에 대한 근육 시험 반응 등 다양한 분야에서 연구를 계속하고 있다.

몸과 마음의 치유에 관한 연구로 올해의 신경 감정 기법 학자상과 공동 사회의 건강에 기여한 공로로 생명나무상(Tree of Life Award)을 수상했다. 또 미국립보건원의 지원을 받아 암 환자의 스트레스 감소에 대한 연구를 진행했다.

엔드류 뉴버그(Andrew B. Newberg, M.D.)

펜실베이니아대학 병원 방사선학, 정신 의학 부교수이며 핵 의학 물리학자. 1993년 펜실베이니아 의대를 졸업했다. 뇌 기능, 신경 이미지, 종교 및 신비 체험의 연구를 테마로 한 논문을 다수 발표했다. 또한 신경 과학과 영적 체험의 관계를 조명한 베스트셀러 《신은 왜 떠나지 않는가 : 뇌 과학과 신념의 생물학(Why God Won't Go Away : Brain Science and the Biology of Belief)》, 《신비로운 마음 : 신념의 생물학을 찾아서(The Mystical Mind : Probing the Biology of Belief)》의 공저자이기도 하다.

켄디스 퍼트(Candace Pert, Ph.D.)

20대 중반 대학원생으로 마약 수용체(엔도르핀의 세포 결합부)를 발견했다. 그녀는 이 수용체를 '축복과 결합의 근본을 이루는 메커니즘'이라고 불렀는데, 이 대발견을 통해 인간의 체내의 전달 시스템에 대한 과학적 인식의 대전환이 일어났다.

이후 그녀는 에이즈 바이러스를 선택적으로 수용하는 무독성 약품 개발에 관한 연구를 계속했으며, 신경과 면역 시스템에서 펩티드 분자와 수용체에 의해 조정되는 신체 차원의 상호 관계에 관한 많은 논문을 발표했다. 베스트셀러인 《감정의 분자(Molecules of Emotion)》는 과학 패러다임의 도약에 기여한 책으로 평가받고 있다.

람타(Ramtha)

신비가, 철학자. 지난 10년간 과학자들이 연구해 온 수수께끼의 하나로 제이지 나잇(JZ Knight)을 통해 채널링을 하고 있다. 과학 지식과 영혼의 비의적(秘儀的) 지식의 통합을 통해 생물학, 신경 생리학, 양자 물리학을 설명한다. 봄(Bohm)과 마찬가지로 의식이 모든 존재의 근원이라고 주장한다. 35,000년 전 몸에서 의식을 분리, 진동수를 높여 초탈하여, 보이지 않는 세계와 보이는 세계를 직접 목격한 존재로 알려져 있다.

홈페이지: www.ramtha.com

딘 라딘(Dean Radin, Ph.D.)

캘리포니아주 노에틱사이엔스(IONS) 연구소의 주임 연구원. 매사추세츠대학에서 전기 공학을 전공, 일리노이대학에서 전기 공학 전공으로 석사, 심리학 전공에서 박사 학위를 취득했다. AT&T Bell 연구소의 기술 자문, GTE 연구소 수석 연구원으로 근무하며 다양한 전자 통신 시스템 연구에 참여했다. 미국 초심리학 협회 회장을 역임했으며, 《의식적인 우주(The Conscious Universe)》, 《서로 얽히는 마음들(Entangled Minds)》과 200여 편이 넘는 논문을 집필했다.

윌리엄 틸러(William A Tiller, Ph.D.)

스텐포드 대학 명예 교수이며 정신 에너지학의 선구자로 알려져 있다. 아리조나 페이손에 있는 윌리엄 틸러 재단의 대표이다. 《과학과 의식의 변형(Science and Human Transformation : Subtle Energies)》, 《의지와 의식(Intentionality and Consciousness)》, 《창조적인 의식 활동(Conscious Acts of Creation : The Emergence of a New Physics and Some Science Adventures with Real Magic)》의 저자이다.

제프리 사티노버(Jeffrey Satinover, M. S., M. D.)

의학 박사, 저술가, 정신 의학자, 물리학자, 계산론적 신경 과학, 양자 역학 등 폭넓은 테마에 관한 서적을 집필. 현재는 니스대학의 응축계 물리학 연구소의 멤버로 복합계 이론을 응용하여 금융 시장 예측, 기후 변동, 지진 예측 등에 응용하고 있다. MIT, 하버드대, 프린스턴대, 텍사스대, 예일에서 학위를 수여했으며, 취리히의 융 연구소의 졸업생이기도 하다. 하버드 대학 심리학과 종교학부에서 윌리엄 제임스(William James)를 강의하고 있으며 뉴욕에 있는 C. G. 융 협회 회장을 역임했다.

프레드 알랜 울프(Fred Alan Wolf, Ph.D.)

물리학자, 작가, 강연가. 양자 물리학과 의식에 대한 대중적인 저술로 잘 알려져 있으며, 열두 권의 책의 저자이기도하다. 저서로는 《시간 여행의 요가(The Yoga of Time Travel)》, 《퀀텀 박사 시리즈(Dr. Quantum Presents : A Little Book of Big Ideas)》와 《양자 도약(Taking the Quantum Leap)》, 퀀텀 박사 오디오 CD 시리즈인 〈우주 여행 매뉴얼(Dr. Quantum Presents : A User's Guide to Your Universe)〉, 〈진정한 창조주와의 만남(Dr. Quantum Presents : Meet the Real Creator)〉 등이 있다. 의식과 심리학, 생리학, 신비학과의 관계로 마음에 관한 연구의 폭을 넓혀 가고 있으며, 데이비드 봄, 리차드 파인만, 베르너 하이젠베르그 등과 깊은 토론을 나누었다. 샌디에고 주립대학, 파리 대학, 예루살렘 헤브라이대학, 런던 버크벡대학 외 많은 기관에서 강연했다. 신물리학을 간결하게 설명한 저작 《양자 도약》으로 미 출판협회가 수여하는 올해의 과학 서적상을 수상했다.

블립 Bleep(What the Bleep Do we Know!?)

초판 1쇄 발행 2010년 4월 7일
초판 2쇄 발행 2010년 6월 2일
지은이 | 윌리암 안츠 · 마크 빈센트 · 벳시 체스
옮긴이 | 박인재
펴낸이 | 이의성
펴낸곳 | 지혜의나무
등록번호 | 제1-2492호
주소 | 서울시 종로구 관훈동 198-16 남도빌딩 3층
전화 | (02)730-2211 팩스 | (02)730-2210
ⓒ지혜의나무
ISBN 978-89-89182-56-6 03320

* 잘못된 책은 바꾸어 드립니다.